Les Grèves

Bibliothèque d'Économie sociale

Collection publiée sous la direction de ***M. HENRI JOLY***

VICE-PRÉSIDENT DE LA SOCIÉTÉ D'ÉCONOMIE SOCIALE

VOLUMES PARUS :

Cartells et trusts, par M. Et. Martin Saint-Léon.

Les Grèves, par M. Léon de Seilhac.

Mendiants et Vagabonds, par M. Louis Rivière. *Deuxième édition.*

La Population, par M. des Cilleuls, membre du Comité des travaux historiques et scientifiques.

La Petite Industrie contemporaine, par M. Brants, de l'Académie royale de Belgique, professeur à l'Université de Louvain. *Deuxième édition.*

Chaque volume in-12. Prix : 2 fr.

EN PRÉPARATION :

Les Habitations à bon marché, par M. Cheysson, de l'Institut, professeur d'économie industrielle à l'École des mines.

L'Alcool et l'Alcoolisme, par M. Jacques Bertillon, chef de la statistique de la ville de Paris.

Corporations et Syndicats, par M. Fagniez, de l'Institut.

La Réglementation du travail, par M. Béchaux, correspondant de l'Institut.

L'Enseignement populaire, par M. A. Delaire, secrétaire général de la Société d'économie sociale.

L'Apprentissage et l'Enseignement professionnel, par M. Max Turmann, professeur au Collège libre des Sciences sociales.

La Vie communale, par M. Etcheverry, ancien député.

La Paroisse et ses œuvres, par M. l'abbé Lesètre, curé de Saint-Étienne du Mont.

L'Assurance sur la Vie, par M. Ét. Isabelle, ancien élève de l'Ecole polytechnique.

Les Assurances industrielles, par M. Albert Gigot, ancien préfet de police, fondateur du syndicat des Maîtres de forges.

La Réforme administrative, par M. Auburtin, maître des requêtes honoraire au Conseil d'Etat.

La Famille, par M. A. Mascarel, ancien magistrat.

L'Héritage et le régime des successions, par M. A. Saleilles, professeur à la Faculté de droit de Paris.

L'Enfance coupable, par M. Henri Joly.

Les Populations rurales, par M. G. Blondel, professeur à l'Ecole des Hautes Etudes commerciales.

Le Salaire, par M. M. Dufourmantelle, maître de conférences à la Faculté de droit de Paris.

Les Caisses d'épargne, par M. Lepelletier, professeur à l'Institut catholique de Paris.

La Coopération, par M. Hubert Valleroux.

La Police, par M. Puibaraud, inspecteur général des services administratifs.

La Vie nationale, par M. Charles Benoist.

L'Armée, par M. le colonel Lyautey.

La Vie internationale, par M. van der Smissen, président de la Société belge d'Economie sociale.

TYPOGRAPHIE FIRMIN-DIDOT ET Cⁱᵉ. — MESNIL (EURE).

ECONOMIE
SOCIALE

Léon de Seilhac

Les Grèves

PARIS

LIBRAIRIE VICTOR LECOFFRE

RUE BONAPARTE, 90

1903

AVANT-PROPOS

Il est impossible, dès aujourd'hui, de traiter à fond ce vaste et compliqué problème, il est impossible d'en examiner tous les côtés et d'en donner toutes les solutions. Les statistiques sont, le plus souvent, faussées par l'ignorance où l'on se trouve des véritables causes de la grève et par l'impossibilité où l'on est d'en déterminer les résultats. Souvent le gain obtenu par les ouvriers sera annihilé dans la suite et le patron trouvera le moyen ou tombera dans la nécessité d'en atténuer la valeur. Souvent une grève inconsidérée fera disparaître les avantages obtenus par une première grève victorieuse.

Le plus fréquemment, les réelles causes des grèves restent ignorées et inappréciables. La grève éclate pour des causes tout autres que les motifs indiqués. Ce motif futile est la goutte d'eau qui fait déborder le vase et jaillir le mécontentement longtemps contenu des salariés. Cependant les vraies causes resteront ignorées et le motif futile semblera, à tous les esprits non avertis, la déterminante du conflit.

Une autre question qu'il est difficile de résoudre, d'après l'insuffisance actuelle des données, c'est le gain

réel des grèves pour les ouvriers, ce qu'elles leur coûtent et ce qu'elles leur rapportent. Nous avons, dans
un chapitre spécial, donné des approximations sur le
coût de la grève ; mais nous avons montré combien il
était malaisé d'indiquer les incidences d'une grève et à
quel prix on peut les évaluer.

Les grèves augmentent-elles? Autre question d'une
solution difficile. On peut dire que, si elles diminuent
en nombre, elles augmentent en intensité. On peut surtout affirmer que leur nombre correspond à des périodes prospères. Aux approches des expositions, par
exemple, elles sont plus fréquentes que dans les périodes de marasme. Et ceci n'a pas besoin d'explications.

Dans quelles professions sont-elles le plus fréquentes? Ici, il est permis de contrôler des faits certains.
Les grèves sont plus fréquentes dans les corporations
les plus stables. On a souvent écrit que les ouvriers
mineurs sont liés à la mine, comme les anciens serfs
à la glèbe. Ils y sont attachés par les maisons ouvrières,
mises à leur disposition par les Compagnies, et ils
se trouvent, en face d'elles, à peu près dans la situation de locataires vis-à-vis de propriétaires. Mais on a
omis de faire également remarquer que, par compensation, les Compagnies houillères se trouvent attachées
à leur personnel par des liens étroits.

Jouissant d'un « chez soi » et d'un jardin qui rapporte les produits les plus essentiels à la nourriture, le
mineur peut attendre, pendant de longues périodes de
grève, que la Compagnie dont il dépend, capitule. Et
cette Compagnie, pendant ce temps, doit dépenser
des sommes considérables, entretenir des installations
coûteuses, un machinisme compliqué, et continuer à
payer tout son personnel dirigeant.

Il faut donc envisager, non pas tant la fréquence des grèves d'après les époques, que la fréquence des grèves d'après les professions.

On voit, d'après ces exemples, combien il est difficile d'écrire un traité scientifique de la grève. Nous nous sommes donc contenté de glaner, à travers l'historique des grèves, les exemples qui nous ont semblé les plus clairs et les plus typiques, et d'en faire découler les leçons qu'elles enseignent.

Léon DE SEILHAC.

LES GRÈVES

CHAPITRE PREMIER

Combien différemment apprécié ce droit de grève, que certains jugent néfaste pour l'ouvrier, autant et plus peut-être que pour le patron, et dans lequel les socialistes voient le moyen le plus efficace de libération du prolétariat.

Les adversaires de la liberté de coalition sont restés irréductibles depuis M. de Vatimesnil qui s'exprimait ainsi, dans le grand débat parlementaire de 1849 :

« Les ouvriers qui se coalisent se nuisent à eux-mêmes, la misère est le seul fruit qu'ils recueillent. Ils nuisent encore à ceux d'entre eux dont l'ouvrage est lié au leur et qui voudraient continuer de travailler. Les coalitions diminuent le revenu général du pays en interrompant la production, elles font souvent passer à l'étranger des commandes faites à l'industrie nationale; enfin

elles menacent gravement la paix publique, étant sujettes à dégénérer en violence et même en émeutes. »

M. Jules Simon, dans son livre sur le *Travail*, lan-
çait également des invectives violentes contre la grève :

« La grève, c'est la pire des guerres, une guerre civile. Elle
est meurtrière au pied de la lettre, car les ouvriers en grève se
réduisent eux-mêmes à la condition d'une ville assiégée, et
comme il arrive dans toutes les guerres civiles, ils ne peuvent
pas faire de mal à leurs adversaires sans en ressentir le contre-
coup.

« Qu'est-ce que le droit de faire grève? C'est une arme. On l'a
rendue aux ouvriers, et on a bien fait. Maintenant qu'ils l'ont
reçue, ce qui peut arriver de mieux pour l'industrie, pour la
société et pour eux-mêmes, c'est qu'ils ne s'en servent pas. Il n'y
a qu'une voix sur ce sujet. »

Enfin M. Barberet jetait l'anathème à « cette arme
qui est un piège » :

« Des socialistes de bonne foi nous disent que la grève est
l'arme du faible contre le fort. C'est une bien grave erreur. En
jugeant les choses impartialement, d'après ses effets, tout
homme sensé découvrira en elle un véritable traquenard tendu
au prolétariat.

« En réalité, les sacrifices ont toujours dépassé les avantages
obtenus et, dans la plupart des cas, les réclamations n'en sub-
sistaient pas moins après qu'avant. »

Et cependant, reconnaissait M. Barberet, la grève
offre certains avantages pour les ouvriers fortement
organisés :

« Les ouvriers anglais réunissent d'énormes capitaux. Comment les emploient-ils? Toutes leurs ressources sont accumulées
en vue de la grève, qu'ils peuvent organiser d'un bout à l'autre
de leur pays. C'est là qu'on peut juger le système, car il donne
tous les résultats possibles.

« Les voici : augmentation minime des salaires et diminution
raisonnable des heures de travail. Et puis c'est tout ! »

Mais n'est-ce donc rien que cela? Ne voit-on pas que c'est grâce à l'exercice de la grève *organisée* que les ouvriers anglais ont obtenu les plus hauts salaires de l'Europe? M. Barberet l'affirmait plus encore, quand il concluait ainsi, dans son volume sur les grèves (paru en 1873) :

« A toute chose malheur est bon. En roulant son rocher de Sisyphe, la grève a montré aux travailleurs qu'ils étaient forts par l'union. Il en est résulté le groupement inconscient et brutal, il est vrai, mais instinctif et progressif. »

Les auteurs qui ont reconnu les bénéfices de la grève en faveur des ouvriers sont également nombreux. Et ces auteurs sont bien loin d'être les premiers venus et les plus mal informés des questions ouvrières. Parmi eux, nous nous contenterons de citer les opinions d'un ouvrier, d'un ingénieur en même temps directeur du travail en France et du plus réputé des économistes modernes.

« Les coalitions, dit M. Martin Nadaud, ont été l'âme, l'agent principal du progrès depuis cinquante ans, aussi bien en Angleterre qu'en France. S'il était vrai que les grèves à aucune époque aient été une cause de ruine pour un pays, la Russie, l'Espagne, l'Italie, l'Autriche et toutes les nations où l'ouvrier est encore foulé aux pieds par les lois, seraient plus riches que la France et que l'Angleterre. »

M. Arthur Fontaine, directeur du travail au ministère du commerce, trouve également que la grève n'est pas une arme négligeable pour la population ouvrière :

« Nous sommes trompés, affirme-t-il, sur l'efficacité matérielle de la grève par les souffrances et les pertes de ces conflits retentissants qui, pendant des mois entiers, réduisent à la misère la famille ouvrière et arrêtent la production d'importantes usines. Mais il ne faut pas s'y tromper, ces graves conflits sont l'exception. Au cours des six années 1890 à 1895, sur 100 grévistes, on en compte 31 ayant chômé moins d'une semaine, 54 ayant chômé moins d'une quinzaine ; 24 seulement ont chômé plus d'un mois et 2 plus de cent jours.

« En France, une année moyenne, l'année 1895, nous montre pour les grèves relatives au taux du salaire : en cas de réussite, 120.000 francs de perte et 700.000 francs regagnés en trois cents jours par la plus-value du salaire ; en cas de transaction, un peu moins de 600.000 francs de perte et 1.300.000 francs de plus-value en trois cents jours ; dans l'ensemble enfin, en tenant compte de 600.000 francs de perte en cas d'échec complet, à peu près 1.300.000 francs de perte par grève et 2 millions de francs de plus-value en trois cents jours. — Ces calculs montrent-ils que les avantages des grèves sont payés cher pour l'ouvrier ? Oui, sans doute. Trop cher ? C'est une question d'appréciation[1]. »

Enfin M. Paul Leroy-Beaulieu, dans son *Essai sur la Répartition des richesses*, exprime la même opinion :

« On se tromperait en croyant que, considérée en soi, la grève ait nui à la classe ouvrière. Elle a certainement contribué à faire respecter davantage les ouvriers par les patrons, à prévenir beaucoup d'abus de détail, toutes sortes de modes d'exploitation ou de dégradation... A vrai dire, ce sont moins des grèves effectives qui ont eu ces résultats que la simple possibilité de grève. »

Les causes de ces divergences d'opinion sont faciles à saisir. Il faut, en effet, distinguer entre la grève *organisée*, savamment préparée, éclatant au moment où les revendications ouvrières ont chance d'être acceptées par les patrons et reposant sur des ressources abondantes qui permettent de lutter pendant longtemps, et entre la grève *anarchique*, qui éclate un beau jour, par caprice ou par surprise, sans motifs

---

1. *Les grèves et la conciliation*. A. Colin, 1897.

suffisants et sans caisse bien pourvue et qui est fatalement destinée à l'échec le plus lamentable, d'autant plus lamentable que les ouvriers s'entêtent alors dans une grève sans issue, croyant suppléer par leur ténacité à leur manque d'organisation.

La grève organisée réussit le plus souvent avant même d'avoir éclaté, et un patron, qui a des commandes pressées, ne se laisse pas entraîner, de gaîté de cœur, dans une lutte dont il ne peut prévoir la durée et l'issue.

*
* *

Sous l'ancien régime, les ouvriers parisiens en quête de travail se réunissaient sur la place de Grève, devant l'Hôtel de Ville. Ce marché d'ouvriers inactifs a donné son nom à l'acte des ouvriers qui se réunissent pour s'embaucher à des conditions nouvelles. La grève, c'est le refus concerté du travail par des ouvriers, qui attendent qu'on vienne leur proposer un contrat nouveau.

A l'époque du petit atelier, l'ouvrier, mécontent de son patron, le quittait pour s'embaucher ailleurs. — Comme les ateliers étaient nombreux, il lui était facile, dans le même quartier, peut-être dans la même rue, de trouver un patron qui l'acceptât. La chose se passe ainsi, de nos jours, pour les ouvriers ou employés d'ateliers à personnel restreint : garçons épiciers, garçons de cafés, domestiques, etc.; mais, s'il s'agit de la grande industrie, où le personnel employé comprend des centaines ou des milliers d'individus, la question change de face. Ici l'ouvrier, qui croit avoir à se plaindre de son patron, ou qui n'est pas satisfait des conditions de travail de son atelier, ne peut formuler de revendications individuelles. Il n'est qu'une unité dans l'armée ouvrière que l'usine renferme et l'on se soucie fort peu de le garder, parce que cent candidats se présenteront pour occuper le poste déserté par lui. Il y a en effet, à côté de l'armée active du travail, toute une armée de réserve de la misère, qui désire s'employer à tout prix. Si l'ouvrier mécontent réclame des conditions nouvelles, on lui répondra que les autres ouvriers paraissent fort satisfaits des conditions qui ne peuvent le contenter et qu'on ne peut faire une exception en sa faveur.

Mais, si cette même réclamation, au lieu d'être formulée par un seul, est reprise par la masse des ouvriers de l'usine, la question est tout autre. Le patron peut bien remplacer immédiatement un ouvrier qui l'abandonne, il ne peut pas, sur l'heure, remplacer plusieurs milliers d'ouvriers qui partent d'un coup et se solidarisent dans leur résistance.

Il n'a plus qu'à attendre : ou que les ouvriers, lassés d'une lutte inégale, réintègrent son usine, sans bénéfices obtenus; ou bien que ces ouvriers, assurés de la victoire, la lui imposent par une résistance acharnée.

La grève est donc la lutte entre la force active de l'employeur et la force d'inertie des employés. C'est la guerre entre deux partis, qui ont également à en souffrir; mais qu'importe au parti vainqueur la misère dont il aura eu à souffrir dans le combat? Les privations de toutes sortes qu'ont dû supporter des grévistes victorieux sont bientôt oubliées et ils ne songent plus qu'aux bénéfices acquis.

La situation des ouvriers et des patrons, lorsque éclate un conflit du travail, est facile à préciser. Les patrons d'aujourd'hui sont bien plus vivement atteints par

la grève que les petits patrons d'antan qui ne possédaient pas cet énorme et coûteux machinisme qu'im-
mobilise une grève. Aujourd'hui, la grève est une
lutte courte et décisive. — Le patron, dont le machinisme est immobilisé, ne peut attendre longtemps,
dans l'oisiveté, la ruine qui le guette. Au contraire,
l'ouvrier peut, par des moyens faciles, échapper à la
famine et narguer son patron, en se nourrissant de
soupes syndicales et de ragoûts corporatifs. La méthode a été inaugurée à Montceau et suivie à Marseille,
et j'ai su qu'elle y avait donné d'excellents résultats.
Pour 15 ou 20 centimes par jour, on pouvait nourrir
un gréviste, et un gréviste qui ne meurt pas de faim
a le désir de continuer la grève, s'il appartient surtout
à une profession où les chômages soient rares. Il fait
si bon flâner en dehors de l'usine monotone et prendre
quelques jours de liberté. Chaque jour de chômage est
donc un jour de ruine pour le patron moderne, tandis que
pour l'ouvrier, c'est un jour de repos. L'ouvrier sait que
l'on ne peut pas le remplacer — pas lui seul bien entendu — mais avec lui tout le personnel de l'usine,
dont il est solidaire. Inconnu de son patron pendant
la période de travail, il lui est inconnu pendant la
grève. Il n'est qu'un des trois ou quatre mille grévistes qui formaient le personnel de l'usine. — Un
beau jour, une affiche sera placardée sur les murs de
l'établissement où il travaille, et cette affiche lui ap-
prendra que la grève est finie, sans qu'il comprenne
mieux pourquoi elle se termine qu'il n'a compris
pourquoi elle avait éclaté. Habitué à l'obéissance pas-
sive de l'usine, il se soumet facilement à l'autorité
despotique du syndicat, et il ne songe guère à discuter les résolutions qu'on lui impose. — Le voilà
donc rentrant à l'usine, la conscience tranquille, as-

suré de ne recevoir aucun reproche ni d'encourir aucune vengeance.

Soul, il était le jouet des caprices de son patron ; syndiqué, il devient une partie d'un organisme qui annihile sa volonté et son individualité, mais lui assure, en échange, la tranquillité.

*
* *

M. Pic, dans son *Traité de législation industrielle*, nous a donné la législation comparée du droit de coalition et il l'a fait avec une clarté et une sobriété, qui font de son traité un excellent guide pour étudier cette question.

« Le délit de coalition fut supprimé par la loi du 25 mai 1864 et remplacé par le délit d'atteinte à la liberté du travail. Mais le droit d'association restait interdit, de même que le droit de réunion ; de telle sorte que, sous ce régime, le droit de coalition ne fut encore qu'un vain mot. — Et les ouvriers veloutiers de Saint-Étienne le virent bien, lorsqu'en 1865 ils votèrent la cessation du travail et nommèrent un comité de seize membres, chargé de diriger la grève. Six des membres de ce comité furent traduits en police correctionnelle et condamnés, pour association illicite, à plusieurs mois de prison.

« Cette situation ne changea qu'avec la loi du 30 juin 1881 sur la liberté de réunion et surtout avec la loi du 21 mars 1884 sur les syndicats professionnels. »

Depuis 1864 la coalition fut donc permise.

« Néanmoins la loi prohiba sous peine d'un emprisonnement de six jours à trois ans et d'une amende de 16 à 3.000 francs, ou de l'une de ces deux peines seulement, *les violences ou voies de fait, les menaces ou manœuvres frauduleuses* employées par les coalisés contre les dissidents. Les faits prévus par cette disposition constituaient et constituent encore le délit d'atteinte à la liberté du travail. L'expression « manœuvres frauduleuses » était précisée par le rapporteur de la loi de 1864, M. Emile Ollivier,

L'existence du délit est subordonnée à trois conditions : la fraude, c'est-à-dire un acte accompli de mauvaise foi, la surprise de la bonne foi par des actes combinés artificieusement, et enfin la perpétration d'actes de nature à faire impression sur les gens dont on veut surprendre l'adhésion. — Le délit était encore caractérisé par la nature du but poursuivi. Ce but devait être de porter atteinte à la liberté du travail.

« Les atteintes graves à la liberté du travail tombaient sous le coup des articles 414 et 415 du Code pénal ; les atteintes légères à la liberté du travail étaient poursuivies en vertu de l'article 416, que la loi de 1884 sur les syndicats a abrogé [1].

« Les articles 414 et 415 ont été vivement critiqués et l'on a souvent demandé leur suppression pour revenir au droit commun. C'est en effet le plus souvent contre les ouvriers que sont employés ces deux articles, alors que les délits similaires commis par les patrons sont difficiles à constater et échappent à toute répression. La suppression de ces deux articles n'aurait point pour conséquence d'assurer l'impunité aux auteurs de faits délictueux. Pour les menaces et voies de fait, les articles 305 et suivants du Code pénal édictent des pénalités suffisantes. Et s'il s'agit de manœuvres frauduleuses, il est permis de soutenir que la faculté, pour ceux auxquels elles ont porté préjudice, d'en poursuivre les auteurs par les voies civiles et de se faire indemniser du dommage de ces manœuvres ont pu leur causer, est une sanction suffisante, sans qu'il soit besoin de la renforcer. »

1. *Article 414.* — Sera puni d'un emprisonnement de 6 jours à 3 ans et d'une amende de 16 francs à 3.000 francs, ou de l'une de ces deux peines seulement, quiconque à l'aide de violences, voies de fait, menaces ou manœuvres frauduleuses, aura amené ou maintenu, tenté d'amener ou de maintenir une cessation concertée de travail, dans le but de forcer la hausse ou la baisse des salaires, ou de porter atteinte au libre exercice de l'industrie ou du travail.

Article 415. — Lorsque les faits punis par l'article précédent auront été commis par suite d'un plan concerté, les coupables pourront être mis par l'arrêt ou le jugement, sous la surveillance de la haute police pendant 2 ans au moins et 5 ans au plus.

Article 416 (abrogé par la loi de 1884). — Seront punis d'un emprisonnement de 6 jours à 3 mois et d'une amende de 16 francs à 300 francs, ou de l'une de ces deux peines seulement, tous ouvriers, patrons et entrepreneurs d'ouvrage, qui, à l'aide d'amendes, défenses, proscriptions, interdictions prononcées par suite d'un plan concerté, auront porté atteinte au libre exercice de l'industrie ou du travail.

* *

Souvent les syndicats ont passé pour les grands fauteurs de grèves et les causes inconscientes et brutales de ces conflits violents, dont souffre l'industrie. C'est une erreur. L'expérience a permis de constater que, dans la moitié des grèves qui se sont produites pendant une certaine période, il n'existait pas de syndicats dans la profession des grévistes. L'*Office du travail* a notamment relevé ce fait qu'à Tourcoing, sur 57 grèves qui ont éclaté en 1896, cinq seulement comprenaient des ouvriers syndiqués. D'ailleurs, si les syndicats d'une corporation sont fortement organisés et reliés entre eux par les liens d'une Fédération, un règlement commun leur interdit de déclarer la grève *avant d'avoir épuisé tous les moyens de conciliation* (statuts de la Fédération des travailleurs du Livre). — Si une section de la Fédération passe outre à cette injonction, la Fédération ne soutient pas la grève déclarée *sans son assentiment*. Dans les cas graves, un délégué de la Fédération se transporte sur les lieux, et on ne compte plus le nombre des différends réglés par son entremise pacificatrice, sans arrêt du travail.

Si, au contraire, il n'existe pas de syndicat dans l'industrie, la grève y éclate comme un coup de foudre. Les meneurs du mouvement, novices et inexpérimentés, essaient d'atteindre par la surprise les patrons, avec lesquels ils ne se sentent pas assez forts pour discuter. La grève entre leurs mains est l'arme maladroitement maniée par un poltron, non pas celle dont les syndicats expérimentés se servent avec adresse et loyauté.

Une autre raison qui a contribué à fausser cette arme loyale, c'est le trop facile succès d'une première grève victorieuse [1]. Grisés par leur succès, les ouvriers ne songent qu'à récidiver pour obtenir une nouvelle victoire, qu'ils croient aussi facile. Les exemples sont nombreux de ces grèves que l'on croit terminées et dont le feu couve sous la cendre. Nous en voyons au Creusot, à Montceau, à Marseille, dans les charbonnages du Nord. On pourrait dire que ces grèves sont conjuguées et que la fin d'une première grève heureuse pour les ouvriers ne sert que de prélude à celle qui va suivre. A Marseille, l'exemple est des plus frappants. Les gens du port réclament une augmentation, et cette augmentation leur était bien due, puisque depuis de longues années le prix de la vie avait considérablement haussé, tandis que les salaires étaient restés invariables. Ils obtiennent donc facilement gain de cause. Mais, dans toute l'Italie du Nord, où l'on se tromperait fort si l'on croyait ne trouver que des ouvriers indolents et paresseux, le bruit se répand qu'on paye à Marseille six francs par jour aux simples dockers. Et la nouvelle est d'autant plus facilement colportée dans les villages de la Lombardie et du Piémont que les nourrices de Marseille sont presque toutes originaires de ces provinces. Voilà l'exode qui commence vers Marseille. De solides gaillards viennent prendre la place des dockers de Marseille. Et il se trouve que ceux-ci gagnent bien six francs par jour, au lieu de cinq francs qu'ils gagnaient précédemment, mais que la concurrence des Piémontais accourus en foule ne leur permet plus de travailler que trois journées par semaine, au lieu de six ; de telle sorte que leur gain hebdomadaire, de 30 francs qu'il était anté-

---

1. Voir à ce sujet les remarques si pénétrantes de M. Bureau dans la *Science sociale* 1901 : Les Grèves d'Elbeuf.

rieurement, est réduit à 18 francs, et que la grève éclate de nouveau.

Partout des exemples semblables pourraient être relevés, parce qu'on ne fait pas assez attention à l'armée ouvrière de réserve, inactive aujourd'hui, et ne demandant qu'à remplir les vides qui se produiront dans l'armée active du travail. Le statisticien qui prendra le soin de faire découler de ses arides constatations la philosophie de l'histoire des grèves, rendra un réel service à la population ouvrière, en lui montrant que là aussi il y a « ce qu'on voit et ce qu'on ne voit pas », comme l'a si habilement fait ressortir le grand économiste Bastiat.

« Rien ne sert mieux à fixer pour longtemps les relations entre employeurs et employés qu'une bonne grève prolongée, » avouait à M. Bureau un actionnaire d'Anzin. — « Il faut qu'ils en prennent à leur aise, » disait, dans un langage trivial, un directeur d'usine, de ma connaissance, en parlant de ses ouvriers en grève. Et si ces paroles, qui semblent vraiment inhumaines et cruelles, sont aussi naïvement exprimées, c'est que les chefs d'usines voient toutes choses au point de vue purement industriel. Ils savent, par une longue expérience, qu'une grève trop courte est comme une maladie qui n'a pas suivi son cours normal. — Un remède brutal l'arrête, mais la maladie suit sa marche latente. Les ouvriers sont encore trop ignorants des choses de l'industrie pour savoir quand et comment leurs revendications ont chance d'être exaucées. Gain de cause leur est trop vite accordé ; ils ne voient dans ce rapide succès que la conséquence de la faiblesse de leur patron. « On est généralement brave contre des faibles, on hésite devant des obstinés. » La grève éclate donc de nouveau ; mais alors le patron, effrayé par la concurrence et désarmé par ses premières concessions, se retranche dans une intransigeance entêtée. Les ouvriers, qui ont eu si facilement gain de cause une première fois, s'obstinent à leur tour dans leur ultimatum, et la grève dure longtemps au détriment des deux partis en présence, mais sans chance de succès pour les ouvriers.

*
* *

Lorsque la grève a été victorieuse, dit encore M. Bureau, on peut avoir la quasi-certitude que, dans un délai très court, le contrat qui l'a terminée sera l'objet d'innombrables violations. En effet, la première victoire n'est pas toujours le résultat d'une lutte méthodique longuement préparée, savamment conduite. Il n'y a aucune raison pour que l'un ou l'autre des deux adversaires, souvent tous les deux à la fois, considèrent comme définitif un engagement dont l'issue doit être attribuée, pour la plus grande part, à l'habileté, *parfois à la ruse*, souvent à l'influence d'un camarade plus ardent et plus éloquent, ou d'un patron plus faible ou plus expert; en un mot, à mille circonstances accidentelles beaucoup plus qu'à une bataille loyale établissant nettement la valeur réelle et fondée en principe des forces des deux combattants.

D'où provient cette violation si fréquente de traités de paix? Tout simplement de ce que les syndicats ne sont pas assez forts et ne sont pas rendus responsables des engagements qu'ils ont pris.

L'entente momentanée des ouvriers, dans une grève, n'est pas suffisante pour assurer leur succès définitif. Les concessions qu'un patron est obligé de faire, il peut les reprendre quelques jours plus tard et remettre les choses dans l'état où elles étaient précédemment; ou bien encore le prix de la vie aura augmenté en peu de temps, et, les salaires restés stables ne concordant plus avec le coût de l'existence qui a progressé, il faudra que l'ouvrier reprenne les armes et essaie de rétablir l'équilibre rompu entre ces deux facteurs. Une des premières grandes grèves fut la grève des charpentiers de Paris, en 1822. Ils eurent gain de cause. Dix ans plus tard, les objets de première nécessité ayant augmenté, la situation de ces ouvriers devint aussi précaire qu'avant. En 1833, nouvelle grève et même succès. Et, en 1845, les mêmes phénomènes se reproduisent : cherté de vie accrue, grève et majoration de salaires correspondant à l'augmentation du coût de la vie.

* * *

Lorsque des grévistes ont conclu un accord qui met fin à la grève, ils n'hésitent pas à en contester les bases, s'ils s'aperçoivent que cet accord ne leur a pas donné tous les résultats favorables qu'ils en avaient espérés. Et ceux-là mêmes qui avaient engagé leurs signatures, au nom de leurs commettants, sont les premiers bien souvent à dénoncer une convention, dont l'exécution loyale risque de compromettre leur popularité. Et alors, que reste-t-il en face du patron contractant? Personne. La situation est surtout grave, lorsqu'il n'existe que des syndicats chancelants et sans responsabilité.

Il faut, pour que le contrat soit loyalement exécuté, que les syndicats soient forts et aient, non seulement le pouvoir, mais aussi l'obligation d'assumer une responsabilité réelle.

« Il est de règle dans notre droit, a fait remarquer M. Hubert-Valleroux, que celui qui s'engage soit responsable des suites de son engagement. Jadis, on était responsable sur sa personne et sur ses biens; dans l'ancienne Rome, le débiteur qui ne payait pas devenait esclave de son créancier. En France, l'emprisonnement des débiteurs existait encore, il n'y a guère plus de trente ans. Actuellement, on ne répond plus que sur ses biens, et encore pas sur tous... il y a des restrictions que l'humanité a fait établir : on ne peut saisir le « coucher » d'un débiteur, non plus que ses vêtements et ses instruments de travail. La tendance qui se manifeste est d'augmenter la quantité des objets insaisissables. C'est ainsi qu'on a rendu une loi sur l'insaisissabilité des salaires et que les partisans du *homestead* voudraient obtenir la même faveur pour l'habitation du débiteur.

« Mais pourquoi la règle, qui exige la reconnaissance d'un gage pour celui qui emprunte, va-t-elle fléchir encore, parce que l'engagement n'est pas pris par un individu seul, mais par plusieurs? Il n'y a aucune raison pour cela, et, dans la société en nom collectif, chaque associé est responsable des dettes de la société, comme des siennes propres. Puis on a cherché à restreindre cette responsabilité de chacun, en la reportant sur un seul ou sur quelques-uns des membres de la société, et on a formé la société en commandite, les simples commanditaires ne restant responsables que jusqu'à concurrence d'une somme déterminée. Enfin, on a été encore plus loin et fini par admettre que tous les associés ne s'engageraient que jusqu'à concurrence d'une somme déterminée. C'est la société anonyme, qui prend un nom de son choix : *la Confiance, l'Entreprise...* Et alors le législateur a pris le soin d'exiger de chacun des associés l'apport d'une somme *minima* : 500 francs, ou 100 francs d'abord, 25 francs seulement depuis la loi de 1893. Les tiers obtenaient ainsi quelque garantie : ils étaient également avertis, par les publications légales, qu'ils avaient affaire avec une société, dont le capital était connu et s'élevait, par exemple, à 100.000 francs divisés en actions de 100 francs.

« La loi a donc pris des précautions pour que la responsabilité des sociétés contractantes restât sérieuse, bien que la part de responsabilité des associés fût atténuée. Mais, si nous venons aux syndicats professionnels, quel minimum trouverons-nous? Aucun. — Les sociétaires ne sont tenus que de leur cotisation annuelle; cette cotisation ne s'élevant en général qu'à une somme minime. »

Et, en face d'eux, les patrons se trouvent désarmés,

eux qui risquent leur industrie, leur fortune, leur honneur. La partie n'est pas égale. Quelle différence avec
l'Angleterre, où les unions sont riches et responsables,
et par suite se montrent peu disposées à batailler,
lorsque leur bon droit n'est pas évident !

« L'expérience de la Révolution, observe M. Georges Sorel [1], nous
apprend que le pouvoir effectif appartient, en temps de troubles,
aux individus qui n'ont aucune responsabilité personnelle et
qui, par suite, peuvent se montrer les plus hardis. Des hommes
qui avaient été modérés avant 1789 et qui firent d'excellents
fonctionnaires, après 1801, se laissèrent imposer, pendant la période révolutionnaire, des mesures qui devaient singulièrement
leur répugner; leur faiblesse leur faisait croire qu'ils se montraient héroïques, en sacrifiant leurs préférences sur l'autel de la
patrie! Dans toute agitation politique, les chefs suivent les
soldats. »

Un exemple typique de cet entraînement des chefs
par l'armée qu'ils sont sensés commander nous est
donné par M. Urbain Guérin [2], lorsqu'en parlant des
crimes d'Irlande, il écrit : « Je ne sache pas que le
clergé irlandais ait jamais eu le courage de désavouer
ces crimes. »

Moins les chefs ont de responsabilité, et plus ils sont
violents. Les députés qui conduisent ou conseillent des
grèves sont toujours partisans du calme et adversaires
de toute violence. Ils ont peur d'user leur crédit [3], de
faire des promesses inconsidérées et de présenter au
nom des ouvriers qui sont leurs électeurs des prétentions irrecevables. — Les concurrents de ces députés
profitent de la circonstance pour jouer de la surenchère
électorale et démolir la popularité des gens dont ils
convoitent la place. Le fait s'est produit dans les der-

1. *La Science sociale*, oct. et nov. 1900.
2. *Réf. soc.*, sept. 1900.
3. Sorel, *Science sociale*, oct. et nov. 1900.

nières grèves du Pas-de-Calais (nov. 1902) où l'influence
de M. Basly a été sourdement minée par les représentants du P. O. F. (parti ouvrier français ou guesdiste)
et où un syndicat concurrent a été opposé par eux au
syndicat dont M. Basly était le chef. — Il est donc
juste d'affirmer que les élus des ouvriers sont des mo-
dérateurs de grèves et des adversaires des billevesées
qu'on met si facilement en tête de leurs électeurs, surtout en période de grève. — Les anarchistes qui ne
rêvent que plaies et bosses et qui ne voient dans la
grève qu'un élément de guerre civile, une petite
guerre destinée à tenir en haleine et à exercer les troupes qu'ils croient destinées au « grand combat », se
montrent très hostiles à l'intrusion dans les grèves des
politiciens conciliateurs et pacificateurs. Les agents
qui viennent du dehors et ne sont retenus par aucune
préoccupation électorale ni par aucune responsabilité,
peuvent proposer les choses les plus extraordinaires.
Leur seul souci est de manifester leur amour pour
le peuple. — Et ce peuple croit facilement aux promesses les plus insensées. — Je me souviens qu'à la
fin de la grève des verriers de Carmaux, en 1896,
alors que M. Rességuier avait déjà embauché tout un
personnel étranger, des grévistes me disaient naïvement : « Ah! il va être obligé de céder, M. Rességuier!
Nous allons tous rentrer en triomphateurs à l'usine,
ou bien nous en construirons une en face de la sienne
qui écrasera son orgueil et ruinera son industrie. »
Pauvres gens! deux jours plus tard, c'était en vaincus
qu'ils rentraient à l'usine, et pas tous. Beaucoup étaient
renvoyés. — Seul un hasard heureux les sauva de la
misère.

  « Il faut rapprocher ces faits, dit M. Sorel, de ce qu'on a appelé
la fièvre obsidionale, qui se manifeste dans les villes assiégées,

par suite de la tension trop continue de l'esprit vers l'attente
d'un coup de force, et par suite de la préoccupation de besoins
matériels devenant chaque jour plus pressants. *L'un des effets de
cette fièvre est une excessive crédulité.* En ces moments, toute *idée
de mesure* est écartée, tout conseil raisonnable devient suspect. »

Une des causes qui rendent les grèves si difficiles à
résoudre est encore, d'après M. Sorel, que patrons et
ouvriers ont de leurs droits deux conceptions incon-
ciliables et qu'ils ne peuvent s'entendre, partant de
deux idées diamétralement opposées.

« Les ouvriers s'arrogent certains droits sur l'usine et croient
que le patron ne peut fermer ses ateliers sans leur consentement.
Ils ne se considèrent pas comme des marchands de « force de
travail », mais comme de co-propriétaires. — L'idée que les ouvriers se font de la coalition est absolument conforme à la définition qu'en a donnée le juge Jenkins [1] : « Si l'on n'empêche pas
par des mesures coercitives l'employeur de se procurer des
hommes qui remplacent ceux qui ont cessé de travailler, une
grève n'est qu'une arme de paille... A mon sens, il faudrait dé-
finir une grève ainsi : un effort combiné des ouvriers pour forcer
l'employeur à faire droit à leurs demandes *en l'empêchant d'exercer son industrie, jusqu'à ce qu'il se soit soumis.* »

« Aux yeux des patrons, au contraire, le droit de coalition pour
les ouvriers se réduit au « droit qu'ils ont de rester chez eux »
et ne saurait faire obstacle au droit qu'ont d'autres ouvriers de
travailler non plus qu'à celui des patrons d'embaucher de nouveaux ouvriers. Le contrat de travail est rompu, les deux parties contractantes sont libres. « Si les anciens ouvriers cherchent
à empêcher la marche normale de l'atelier, ils se livrent à une
manœuvre aussi déloyale que si un négociant, après avoir quitté
une boutique, cherchait à détourner les clients de venir chez
son successeur, en répandant des bruits diffamatoires sur son
compte, ou en menaçant les gens de voies de fait, ou en les in-
juriant. »

Les droits très légitimes des deux parties qui se

<hr>

1. Circ. du *Musée social*, av. 1899.
2. *Science sociale*, art. cités.

rencontrent dans une grève se heurtent donc : d'un côté le droit des ouvriers à ne pas travailler et à empêcher qu'on travaille sans eux et, d'un autre côté, le droit des patrons à faire travailler ceux de leurs ouvriers qui le veulent et à remplacer ceux qui ne le veulent pas par des ouvriers du dehors. — C'est à la conjonction de ces deux droits qu'est la vérité, que se trouve la justice. C'est pour cela qu'un tribunal spécial, conciliateur avant la grève, arbitral lorsque la grève a éclaté, est tout désigné pour départager les parties et donner à César ce qui revient à César et au peuple ce qui revient au peuple. Les personnes intéressées dans le conflit le sont trop pour se soumettre à l'évidente justice ; les tierces personnes peuvent seules apercevoir la vérité. Et qu'on n'aille pas dire que ces tribunaux soient inaptes à juger ces questions délicates. Souvent l'opinion populaire, le gros bon sens des foules sait discerner la vérité lorsque les faits lui sont clairement et impartialement exposés, et trancher le débat en faisant éclater la lumière.

*
* *

Les grèves sont bien différentes aujourd'hui de ce qu'elles furent jadis. Alors les ouvriers prêtaient serment de se conformer aux instructions que leur donneraient les chefs.

Au commencement du XIXe siècle, chez les mineurs de Glasgow, la formule du serment était :

« Moi..., devant Dieu Tout-Puissant et devant les témoins ici présents, je jure volontairement d'exécuter avec zèle et avec promptitude, autant qu'il dépendra de moi, toute tâche ou injonction que la majorité de mes frères m'imposera dans notre intérêt commun, comme de *punir les traîtres, d'expédier les mai-*

tres qui nous oppriment ou nous tyrannisent, de détruire les établissements dont les propriétaires sont incorrigibles... »

A Dublin, dix ouvriers furent assassinés en trois ans; à Glasgow, on usa du vitriol et des armes à feu contre les réfractaires.

Les membres de l'association des fondeurs en fer, créée en 1810, se réunissaient la nuit dans des landes tourbeuses, pour recevoir les cotisations, préparer les grèves et distribuer les secours. Avant le matin, les archives de l'association étaient enterrées et tout le monde reprenait le chemin de la ville.

Le mystère était donc obligatoire et la violence ordinaire à ces époques primitives. — En est-il encore ainsi de nos jours? Non, sans doute. Mais cela n'empêche pas les grèves modernes de dégénérer souvent en violences.

« L'émeute accompagne si souvent les grèves américaines des chemins de fer que l'avocat chargé de défendre un des accusés ne peut citer qu'un seul cas de grève pacifique, et encore y avait-il eu des troubles concomitants dont les dégâts s'élevèrent à près de 400.000 francs. — Le juge Jenkins, dans son arrêt, déclare qu'il était « oiseux de parler de grève n'ayant pas été accompagnée de troubles », que cela ne s'était jamais produit.

« Les cours d'équité américaines [1] interviennent très fréquemment dans les grèves pour restreindre ou même supprimer la liberté d'action des ouvriers; c'est qu'elles estiment que la grève conduit normalement — soit les grévistes, soit les masses dangereuses qui encombrent les villes — à commettre des actes délictueux. Il est donc naturel qu'autrefois, dans tous les pays, on ait considéré les coalitions ouvrières comme des rudiments de guerre civile et qu'on les ait sévèrement réprimées. Si aujourd'hui les idées sont changées, c'est que les mœurs se sont adoucies et non que les grèves soient devenues plus pacifiques. — Et la preuve en serait, d'après M. Sorel, que la grève générale hante tous les cerveaux ouvriers, et que la grève générale, c'est

1. Sorel, article cité.

la révolution la plus sanglante, la plus inhumaine qui soit. Et cependant M. Sorel est obligé de reconnaître la justesse du mot de M. Sidney Webb à M. Bourdeau : « La grève générale est une maladie de croissance et elle a hanté les ouvriers anglais vers le milieu du xixe siècle, au temps du chartisme. »

C'est avouer que peu à peu la grève devient plus calme et plus raisonnée. Et il serait facile de trouver à cet aveu des preuves suffisantes. Ne venons-nous pas d'assister, à la fin de l'année 1902, à une grève générale des mineurs, sans avoir à déplorer de violences irrémédiables et de sang répandu! — Sans doute encore, nous verrons des crimes et des attentats faire un sinistre cortège aux grèves qui éclateront; mais peu à peu ces faits se font plus rares, peu à peu les ouvriers prennent conscience de leurs droits et de leurs responsabilités.

*
* *

Patrons et ouvriers, dès qu'une grève se produit, réclament l'appui ou la neutralité des pouvoirs publics. Mais c'est un leurre que cette neutralité.

Ceux qui réclament que l'armée et la police n'interviennent pas, exigent que le travail reste suspendu, tant qu'il restera un groupe ardent, hostile à la reprise du travail. L'autorité s'en est tirée par une habile compensation entre le nombre des grévistes décidés à poursuivre leur grève et celui des ouvriers désireux de reprendre le travail. Le *Journal des Débats* (du 25 août 1899) nous apprend qu'à Gueugnon, le 7 juillet 1899, le préfet a refusé de faire protéger la rentrée dans les usines Campionnet, parce qu'il estimait qu'elle n'était pas assez importante pour motiver des dispositions militaires susceptibles d'amener des conflits.

Dans ces conditions, n'y aurait-il que dix ouvriers

décidés, hostiles à la reprise du travail, la grande
majorité peureuse et moutonnière hésitera à se diriger
vers le chantier. L'exemple nous prouve que le syndicat des terrassiers de Paris qui ne comptait que
200 membres réussit à entraîner à sa suite, en 1898,
15.000 travailleurs. Dans la grève des omnibus de
Paris, en 1895, il y eut, le premier jour, 2.243 grévistes
plus ou moins volontaires, pendant que 3.448 ouvriers
se présentaient aux dépôts pour reprendre le travail.

Ainsi la grève est bien souvent le droit des minorités d'opprimer les majorités. Et, il faut le dire, souvent ce droit d'oppression a des résultats heureux sur
toute une corporation. Veules et apeurés, les ouvriers
n'osent affirmer hautement leurs revendications, ils se
contentent de grogner hypocritement et de maudire en
secret ceux qu'ils appellent bien bas « leurs tyrans ».
La grève a l'avantage d'éclairer de la plus vive lumière
la justice de certaines réclamations et l'inanité de certaines autres. La grève met au grand jour les sujets de
mécontentement des ouvriers et permet aux patrons de
les examiner. — C'est là le côté avantageux de la
grève. Mais, lorsqu'on songe que par les conseils de
conciliation et l'arbitrage, les réclamations peuvent
être plus facilement et plus sagement examinées,
qu'on peut obtenir ainsi les heureux effets des grèves,
sans avoir à souffrir de leurs conséquences funestes
aussi bien pour les patrons que pour les ouvriers eux-
mêmes, on ne peut s'empêcher de reconnaître la justesse de vue de cet éminent économiste qui s'appelle
de Rousiers :

« Il fallait passer de la période guerrière à la période diploma-
tique, substituer au refus collectif de travail le contrat collectif
de travail [1]. »

(1) *Le trade-unionisme en Angleterre.*

CHAPITRE II

LE COUT DES GRÈVES.

Que coûtent les grèves? C'est peut-être la question la plus grave et la plus difficile à élucider, car il ne doit pas être seulement question du prix auquel elles reviennent aux ouvriers et aux patrons *au moment même*. Il s'agit de savoir quelle influence elles peuvent avoir sur l'avenir de l'industrie dans laquelle elles ont éclaté, sur l'avenir de l'industrie en général, et sur l'avenir des ouvriers frappés par la grève, et il s'agit encore de connaître leurs incidences sur la situation économique d'un pays. Grave problème, que l'on pourrait dire presque insoluble.

L'*Office du Travail* expose, avec simplicité, le raisonnement suivant :

Dans les grèves causées en 1901 par des questions de salaires, il y a eu 51 réussites, 79 transactions et 95 échecs, sur les demandes d'augmentation de salaires ; 9 réussites, 9 transactions dans les grèves de protestations contre des réductions de salaires.

Dans le premier cas, il a fallu 70 jours pour regagner les salaires perdus pendant la grève en cas de réussite et 801 en cas de transaction.

Dans le second cas, 64 jours en cas de réussite et 801 en cas de transaction.

Il n'est pas question des échecs complets qui sont cependant les solutions les plus fréquentes des grèves : 95 dans le premier cas et 11 dans le second.

De là on déduit que la grève ne coûte pas trop cher à l'ouvrier, puisque souvent il peut regagner par un certain nombre de journées de travail le nombre de journées perdues pendant la grève.

On a même été plus loin et on a fait le total général des gains et pertes des grévistes, en comprenant les échecs des grèves. C'est ainsi que M. Fontaine, directeur du travail au ministère du commerce, a calculé que les grèves françaises d'une année moyenne (1895) avaient donné 1.300.000 francs de perte par grève et 2 millions de francs de plus-value en 300 jours, en tenant compte des grèves terminées par un échec complet.

Il nous semble que dans ces calculs on ne tient pas assez compte des retours offensifs des industriels obligés de céder, sur le moment, aux revendications de leur personnel et essayant, par la suite, de mille moyens plus ou moins adroits pour diminuer les concessions qu'ils ont été forcés d'abandonner. *Une grève facilement victorieuse est presque toujours suivie d'une nouvelle grève.* C'est un fait acquis. Et les raisons qu'on en peut donner sont que les ouvriers, enthousiasmés par un triomphe facile, s'illusionnent sur la possibilité de chance de nouvelles réclamations et que, de leur côté, les patrons ont parfois abandonné plus qu'ils ne pouvaient raisonnablement le faire. — Il est un fait patent : c'est que le contrat appelé « l'affiche rouge », qui termina la grève des inscrits de Marseille en 1900, est violé et ne peut pas ne pas l'être. Les charges que l'armement a acceptées à la légère — pour mettre au plus tôt fin à une grève désastreuse, dans un moment où la prospérité commerciale était nettement accusée — sont tellement lourdes que leur acceptation actuelle serait la ruine de l'armement marseillais.

Les calculs optimistes de l'Office du Travail ne peuvent tenir compte de l'importance de ces retours sur des concessions nettement accordées, parce qu'on les ignore. Le plus souvent, la grève éclatera de nouveau, mais les circonstances, dans lesquelles elle se présentera, seront moins favorables et le succès moins assuré. Les grévistes se résigneront donc à perdre les avantages de leur première victoire et les statisticiens ne songeront cependant pas à tenir compte de ces faits qui modifient complètement le sens de la première grève.

En outre, dans ces statistiques, il n'est question que des ouvriers ; il n'est pas question des patrons, dont les pertes sont cependant nombreuses et ne sont point compensées par une majoration de bénéfices, non plus que des pertes de la nation entière qui est durement frappée par ces cataclysmes économiques à échéances si rapprochées.

On peut donc dire que les grèves sont des fléaux qui sévissent avec violence dans toute une région et dont l'influence se manifeste souvent sur un pays tout entier.

Pour les ouvriers eux-mêmes, la grève n'apporte pas toujours des bénéfices en rapport avec les misères subies pendant ces dures et longues périodes de chômage. Mais alors même que ces gains existeraient, il est difficile de les prouver. Il est exact que les gains d'une grève partielle sont fréquemment partagés par les ouvriers de la même industrie et que les conditions du marché du travail établissent un nivellement entre les salaires des ouvriers victorieux d'une grève et leurs camarades d'une même industrie. Cette répercussion est facile à vérifier ; mais il en est de même des échecs qui rejaillissent aussi fatalement sur les ouvriers d'une même industrie qui n'ont pas pris part à la grève.

Et il faut ajouter que de nombreuses grèves éclatent, sans avoir pour motif une élévation des salaires ou une protestation contre leur abaissement. Là, les pertes des grévistes sont des pertes sèches, que rien ne vient compenser.

*
* *

Essayons d'établir par des chiffres approximatifs les pertes causées par certaines grèves.

A Calais, en 1901, les ouvriers tullistes se mettent en grève pour protester contre la non-application de la loi de 1900 (sur le travail dans les ateliers mixtes), qu'ils croient les concerner et qui, en réalité, ne s'applique pas à eux, ainsi que l'a jugé la Cour de Cassation.

Au début de la grève, le syndicat « l'Union » a en caisse 160.000 francs (60.000 francs provenant des cotisations, très élevées dans ce syndicat formé à la méthode anglaise, et 100.000 francs provenant d'un lot d'obligations de la Ville de Paris ou du Crédit Foncier). A la fin de la grève, qui se termine par un échec, il ne reste plus au syndicat que 20.000 francs environ et il doit au syndicat de Nottingham 27.500 francs qu'il lui a empruntés.

Il a, de plus, dépensé 80.000 francs qu'il a reçus à titre de don des tullistes et des mécaniciens anglais, 18,000 francs d'une souscription de la *Petite République*, 1.250 francs provenant d'un syndicat allemand, 10,000 francs des syndicats français; ensemble : 109.250 francs.

La grève a duré 12 semaines. Les grévistes n'ont reçu que des subsides de 3 francs à 15 francs par semaine, au lieu des salaires de 30 à 80 francs qu'ils étaient habitués à recevoir.

Dans la grève des mécaniciens anglais, qui éclate en Angleterre au mois de juillet 1897 [1], et qui a pour seul objet la fixation de la journée de travail à 8 heures, 10 syndicats ouvriers y prirent part, groupant 110.000 membres. L'un surtout de ces syndicats était visé par les patrons, qui voulaient diminuer sa redoutable puissance : l'*Amalgamated Union of Engineers* groupant 92.000 membres. Bien que les constructeurs de chaudières et de navires (*Boiler Makers and Iron Shipbuilders Society*), partisans aussi de la journée de 8 heures, n'aient pas fait cause commune dès le début avec les mécaniciens, et aient paru attendre les résultats de la grève pour en profiter, l'Union des mécaniciens a lutté avec une grande énergie. Le nombre des grévistes était de 32.000 à la fin de juillet, de 45.000 au commencement d'octobre; il a encore augmenté jusqu'au début de novembre. 64.000 membres non grévistes de l'*Amalgamated Society of the Engineers* s'imposent, pour soutenir la grève, une contribution hebdomadaire de 5 fr. 60; mais les 300.000 francs ainsi recueillis, joints aux secours qui parvenaient d'autres unions anglaises, étaient loin de pouvoir suffire à la paye de

1. Voir à ce sujet le très intéressant historique de la grève, par M. Albert Gigot dans le *Correspondant* (1898).

grève qui a fini par atteindre 1.000.000 de francs pour une semaine. La caisse de l'*Amalgamated* dut être mise à contribution bien au delà de ses fonds de résistance ; elle déboursa 7 millions de francs. L'étranger, ét surtout l'Autriche, l'Allemagne et la Suède fournissaient 37.500 francs par semaine ; les autres *Trade-Unions* 125.000 francs. — Et cela, pour arriver au plus piteux échec.

Nous ne parlons pas ici des désastres que cause autour d'elle une grève si importante. Que de ruines accumulées, dont on ne peut évaluer l'importance !

Les grèves qui éclatèrent à Marseille en 1901 causèrent également des préjudices dont on ne peut apprécier qu'une faible partie.

D'après *l'Éclair* [1], voici quelques données :

D'abord 4.000 journaliers des ports ont chômé durant quinze jours. Pendant les quinze autres jours de grève, 2.000 ouvriers seulement ont travaillé. Comme le salaire de chaque journée est de 6 francs, nous posons deux chiffres : 360.000 francs d'une part et 180.000 francs de l'autre, qui donnent un total général de pertes de 540.000 francs.

Ce point réglé, nous nous attaquons au dossier des ouvriers de toutes catégories ayant chômé cinq jours au cours de l'essai de grève générale. Après des pointages méticuleux, on me donne comme certain le chiffre de 20.000 ouvriers se décomposant ainsi : mécaniciens et chaudronniers, 900 ; arracheurs d'arachides et fabricants de graisses (en grande partie des Italiens), 6.000 ; manipulateurs de graisses (Italiens), 3.500 ; minotiers, 600 ; les tailleurs et cordonniers (80 % Italiens) ; les menuisiers, raffineurs de sucre, pâtissiers,

____

[1]. *Éclair* du 31 mars 1901.

boulangers, charretiers, peintres, etc., entrant dans le chiffre global de 20.000 chômeurs dans la proportion de 40 %. Comme ces divers ouvriers touchent des salaires inégaux, les tailleurs, arracheurs d'arachides ou manipulateurs de graisses recevant 3 francs et 3 fr. 50 ; tandis que les mécaniciens ont 5 à 6 francs, les chaudronniers sur fer 7 francs, les scieurs de long jusqu'à 12 francs, les charretiers à deux colliers 36 francs par semaine et ceux à trois ou quatre colliers davantage, force est de prendre une moyenne ; celle de 5 francs paraissant indiquée, nous obtenons au total, pour cinq jours sans travail, la somme de 500.000 francs.

En outre, dès le début de la grève, nombre d'usines ont réduit leur personnel. On estime à 6.000 les renvois momentanés d'ouvriers pendant 30 jours ; donc, 900.000 francs. Enfin, 2.000 ouvriers environ chôment encore et ce chômage, volontaire ou forcé, durera au moins quinze jours ; soit 150.000 francs.

D'après ces évaluations, le nombre total des pertes de salaires serait de 2 millions au minimum.

Mais on ne compte pas dans ce bloc toutes les incidences de la grève, toutes les ruines accumulées, toutes les cargaisons emportées loin de Marseille parce qu'on ne pouvait les y décharger, tout le désarroi en traîné par cette grève ruineuse, toutes les usines temporairement arrêtées, tout le trouble apporté dans la vie économique de la grande cité commerçante.

Le calcul est impossible à faire. On prétend que Marseille a perdu au moins 25 millions par semaine.

Aux États-Unis, dans la dernière grève houillère de 1902, on estime que les compagnies minières ont perdu plus de 4 millions de livres sterling (100 millions), et les grévistes 6 millions de livres de salaires (150 millions). Les pertes des compagnies de chemins de fer sont de 2 millions et demi de livres. Les dommages dans les mines et pour les machines sont de 1.500.000 livres, enfin les pertes du commerce et de l'industrie dans la région minière sont évaluées à 5 millions de livres.

En France, lors de notre dernière grève générale des mineurs (novembre 1902), les ouvriers perdirent dans le Nord 36 jours de salaires. Or, il y a dans ce département 25.911 ouvriers qui, pendant l'année 1901, avaient reçu 40.210.356 francs en salaires : ce qui représente, pour 300 jours de travail, 130.034 fr. 50 de salaires par jour et, pour 36 jours, 4 millions 681.142 fr. — Dans le Pas-de-Calais, les ouvriers sont au nombre de 62.441 et le total de leurs salaires s'est élevé pour l'année 1901 à 89.582.853 francs. Le sacrifice consenti par eux pour 36 journées de grève s'est donc élevé à 10.749.942 francs.

Si nous passons aux pertes subies par les compagnies, nous voyons que ces pertes sont de deux sortes : d'abord les pertes effectives qui résultent de ce que certains frais généraux continuent à courir pendant la grève : ils sont évalués à 1 fr. 25 à la tonne. Puis il y a d'autres frais permanents : solde de directeurs, ingénieurs et employés, impôts, tout cela représentant 3 francs par tonne. Comme la production du Pas-de-Calais et du Nord s'est élevée en 1901 à 19.679.282 tonnes, la perte de ce côté, pour 36 jours de chômage, peut être évaluée à 10.056.404 francs. — En second lieu, il y a eu, pour les compagnies, ce qu'elles appellent « un manque à gagner » et qu'elles classent en pertes, n'ayant pas réalisé de bénéfices sur leur production. Ce bénéfice aurait été d'environ un douzième de la production d'une année, soit 1.639.940 tonnes. Or, le prix de vente étant de 14 francs et le prix de revient ressortant à 11 francs, y compris les salaires, les fournitures (boisage, etc.) et tous les frais divers, le bénéfice à la tonne est donc de 3 francs. Sur 1.639.940 tonnes, cela fait une somme de 4.919.820 francs de « manque à gagner » à ajouter au chiffre de pertes par frais généraux et frais d'entretien. — Nous arrivons ainsi à un total de 13.841.068 francs.

Ajoutons que des industriels ont dû passer des marchés à long terme pour l'étranger, que les recettes des chemins de fer ont largement diminué, que le budget de la guerre a été surchargé par l'entretien d'une nombreuse force armée dans le pays noir, que les industries secondaires ont dû payer plus cher leur charbon acheté à l'étranger, que le prix du charbon domestique a été fortement surélevé. Et de toutes ces répercussions de la grève des mineurs, on pourra conclure que ce fut un désastre général, déchaîné d'un cœur léger par les mineurs qui n'ont retiré de la grève aucun bénéfice immédiat.

*
* *

De ce qui précède, on peut conclure que les ouvriers retirent le plus souvent un gain des grèves déclarées à bon escient, qu'ils n'ont pas toujours à se plaindre même des grèves déclarées à la légère ; mais que *toujours* les grèves sont une cause de ruine, sans compensation, pour les patrons et — ce qui est encore plus grave — pour toute une région et même toute une nation. Il suffirait de citer le seul exemple de Marseille, de cette cité industrieuse et puissante, que les grèves de 1901, de 1902, de 1903 ont presque ruinée, au détriment de sa rivale italienne : Gênes. — Les incidences des grèves sont presque impossibles à saisir, lorsque la grève frappe une industrie première, dont s'alimentent les autres industries. Le chômage des mines ou des ports désorganise toutes les industries locales, et parfois même l'industrie nationale tout entière. C'est sur ces incidences ruineuses que comptent les ouvriers révolutionnaires pour imposer la grève générale à toutes les industries. Ils n'ont pas la prétention d'imposer la grève à toutes les corporations à la fois ; mais ils croient qu'en arrêtant les industries vitales, qui sont les chemins de fer, les mines et les entreprises de transport par mer, leur but serait atteint. La masse des ouvriers se trouverait acculée à la grève, faute de force productrice. Le charbon, qui est le pain de l'industrie, venant à manquer, toutes les industries secondaires sont forcées de chômer.

. Il est donc impossible d'apprécier exactement toutes les conséquences d'une grève et tous les frais qu'elle occasionne. Et on peut dire que, si c'est parfois encore une arme utile et même nécessaire et fatale pour les ouvriers, c'est une arme bien imparfaite qui atteint souvent ceux qui essaient de s'en servir. Dans l'intérêt de tous, patrons, ouvriers et citoyens d'un même pays, il est donc d'un intérêt primordial que cette arme ne soit employée qu'avec la plus grande circonspection, et que l'état de guerre déclarée soit à bref délai remplacé par l'état de paix armée, au moyen des procédés plus perfectionnés de la conciliation et de l'arbitrage. Ce sont les procédés que les hommes de cœur préconisent pour mettre fin aux guerres internationales. Combien plus désastreuses et plus inconcevables sont ces luttes intestines que l'on nomme les grèves !

CHAPITRE III

RAPIDE HISTORIQUE DU MOUVEMENT GRÉVISTE.

Avant la Révolution. — La suppression des corporations. — La grève des charpentiers de Paris en 1845. — Le débat de 1849. — La loi de 1849. — La grève des typographes en 1862. — La loi du 25 mai 1864 sur le droit de coalition simple. — Les grèves d'Aubin et de la Ricamarie en 1869. — Frénésie de grèves à la fin de l'Empire. — Les grèves après 1870. — Les grèves minières. — Grèves de 1891 et 1893. — La grève générale de 1902. — Un nouveau mode de grève. — La grève par échelons.

Les grèves de l'ancien régime et celles qui éclatèrent jusqu'au milieu du xixe siècle furent bien plus des émeutes que des grèves pacifiques. L'interdiction du droit de coalition laissait libre cours à l'effervescence des passions populaires. Plus rares, les grèves étaient plus violentes. L'éducation du peuple ouvrier n'avait pu se faire, et il pensait obtenir par la force ce qu'il croit aujourd'hui conquérir par sa ferme résolution.

Lorsque la Révolution de 1789 abolit les corps de métiers, les ouvriers s'imaginèrent qu'on ne les avait délivrés des chaînes de la corporation que pour leur donner le moyen d'imposer à leur tour la loi à leur maître [1]. La cherté des vivres suscita des émeutes, et les ouvriers essayèrent de se concerter pour lutter contre l'abaissement des salaires.

1. Levasseur, *Hist. des classes ouvrières après 1789*, t. Ier, p. 135.

« Je viens, dit le député Le Chapelier à l'Assemblée nationale le 14 juin 1791, vous déférer une contravention aux principes constitutionnels qui suppriment les corporations..... Sans doute, il doit être permis à tous les citoyens de s'assembler; mais il ne doit pas être permis aux citoyens de certaines professions de s'assembler pour leurs prétendus intérêts communs. Il n'y a plus de corporations dans l'État; il n'y a que l'intérêt particulier de chaque individu et l'intérêt général... »

Des mesures graves furent immédiatement édictées contre les auteurs, chefs et instigateurs de ces coalitions, qui devaient être condamnés à 500 livres d'amende et suspendus pendant un an de l'exercice de tous droits de citoyen actif. Si l'on relevait le délit de menace contre les entrepreneurs, artisans, ouvriers ou journaliers étrangers qui viendraient travailler sur les lieux ou contre ceux qui se contenteraient d'un salaire inférieur, alors l'amende s'élevait à 1.000 livres et la peine était portée à trois mois de prison.

Sous le Consulat, de nouvelles mesures de répression furent prises. — Les ouvriers coupables du délit de coalition se virent exposés à des peines sévères qui pouvaient s'élever à trois mois d'emprisonnement; les patrons pouvaient être également condamnés à une amende variant entre 100 et 3.000 francs, mais dans le cas seulement où ils s'étaient coalisés pour forcer injustement et abusivement l'abaissement des salaires.

Le Code pénal modifia quelque peu ces conditions; mais on n'eut pas lieu immédiatement d'en faire l'application. — La conscription, fait remarquer M. L. Smith [1], enlevait à l'industrie un grand nombre d'hommes et les entreprises industrielles étaient prospères..

Sous la Restauration, nous avons la grande grève des charpentiers de Paris (en 1822). Les ouvriers fini-

---

1. *Les coalitions et les grèves.* Guillaumin, éditeur.

rent par obtenir satisfaction et furent payés 35 centimes par heure de travail. Puis, la grève du Houlme près de Rouen, où un gendarme fut tué d'un coup de fusil. — Enfin, en 1826, se produisit une crise industrielle, qui causa de nombreuses faillites. Des émeutes éclatèrent à Lyon et dans plusieurs centres industriels.

A Lyon, les salaires étaient tombés à 90 centimes pour une journée de travail de 16 heures. — D'un côté les chefs d'atelier avaient constitué une société de mutuellistes; de l'autre les ouvriers avaient formé une société de ferrandiniers. Ces deux sociétés étaient de simples sociétés de secours mutuels. Le préfet prit un arrêté pour rendre obligatoire un salaire minimum. Mais un certain nombre de marchands-fabricants refusa d'accepter ce tarif. Fureur des ouvriers et émeute. Des ouvriers furent tués et l'émeute régna en maîtresse dans la ville pendant une dizaine de jours. — Sur le drapeau noir de l'insurrection, on lisait la fameuse divise : « Vivre en travaillant ou mourir en combattant. »

En 1845, à Paris, nous assistons à la seconde grève des charpentiers de Paris.

****

Ceux-ci se divisaient en trois classes :

Les premiers étaient les Compagnons du Devoir au nombre de 800, ils exerçaient une certaine autorité sur les autres membres de la corporation.

Les Compagnons de Liberté, au nombre de 200, semblaient beaucoup plus pacifiques.

Enfin, il y avait 2.200 ou 2.300 ouvriers n'appartenant à aucun rite, fort peu disposés à se mettre en grève, mais que les Compagnons du Devoir entraînèrent facilement.

Tous ces ouvriers avaient obtenu en 1833 un salaire quotidien de 4 francs; mais comme ils subissaient un chômage de trois ou quatre mois par an, chômage que n'arrivait pas à compenser le travail supplémentaire de mai, juin et juillet, il s'ensuivait que les ouvriers charpentiers gagnaient à peine 1.030 francs par an et 2 fr. 85 par jour.

Le 17 mai 1845, ils menaçaient leurs patrons de se mettre en grève, si on ne leur accordait pas un salaire quotidien de 5 francs.

« Cette journée de cinq francs, écrivaient-ils aux patrons, qui vous paraît si élevée, ne représente cependant, foncièrement parlant, aujourd'hui, que les quatre francs que nous avons obtenus en l'année 1822. Alors, pour cent francs de capital, on avait facilement cinq francs d'intérêt; maintenant, pour une même rente, il faut cent vingt-cinq francs; c'est, sauf erreur, la proportion de 4 à 5. »

Sur le refus des patrons, la grève éclata le 9 juin.

Immédiatement les patrons obtinrent du Ministre de la guerre qu'il mît à leur disposition des soldats connaissant le métier; mais ces ouvriers se montrèrent peu habiles et les patrons n'eurent pas lieu de se féliciter de ce concours d'une autorité partiale.

Les grévistes acceptaient de finir, avec le salaire de 4 francs, tous les travaux déjà entrepris, moyennant la promesse des patrons de donner 5 francs pour les travaux à venir. — Les maîtres refusèrent encore cette transaction, bien qu'il fût évident que les architectes tiendraient compte de cette majoration du prix de main-d'œuvre pour l'avenir et qu'en réalité les maîtres charpentiers n'auraient rien à y perdre.

Le 27 juin, M. Ledru-Rollin interpellait le Ministre

de la guerre au sujet de la grève et du concours qu'il avait donné aux patrons.

« Que demain, disait l'orateur, d'autres ouvriers soient réduits à se mettre en grève, vous ferez donc prendre tour à tour à votre armée le ciseau ou l'aiguille, le marteau ou le rabot? Belle découverte, vraiment! L'armée deviendrait ainsi le grand régulateur du travail! et vous ne sentez pas qu'entre le soldat ne manquant de rien et l'ouvrier affamé, la position n'est pas égale, et que vous n'avez pas le droit, pour des travaux privés, pour des travaux libres, d'élever une aussi redoutable concurrence!... Vous venez faire une coalition formidable du pouvoir avec le capital. »

Le 1ᵉʳ juillet, un certain nombre de petits entrepreneurs, pressés d'argent, avaient accepté l'ultimatum des ouvriers. Mille charpentiers environ allaient donc reprendre le travail. Il fut décidé que, sur les 5 francs de leurs salaires, il serait prélevé un franc en faveur des grévistes.

Le 12 juillet, les entrepreneurs de charpente adressaient un manifeste au *National*.

Ils affirmaient que le contrat de 1833 n'avait jamais été violé par eux, tandis que leurs ouvriers avaient à plusieurs reprises manifesté les prétentions les plus injustifiées. C'est ainsi qu'en 1836 des ouvriers appartenant à la société des Compagnons du Devoir avaient voulu forcer un entrepreneur, M. Terville, à chasser de son chantier tous les Compagnons de Liberté, ainsi que les Limousins et les autres charpentiers qui seraient désignés par eux comme susceptibles de nuire à leur société. — Et sur son refus, ils interdisaient son chantier et le forçaient à transporter ce chantier dans un autre quartier. — Aujourd'hui c'était une coalition générale de tous les ouvriers... Quelle foi pouvait-on faire sur des traités, qui pouvaient être aussi impunément violés?

Le marchandage, contre lequel protestaient les grévistes et dont ils demandaient la suppression, n'était-il pas, pour l'ouvrier, la transition pour arriver à la maîtrise? Sur deux cent vingt entrepreneurs du département de la Seine, les deux tiers étaient ouvriers il y avait douze ans. On en comptait à peine un sixième qui ne l'eussent pas été.

Cent quatre-vingt-quatorze maîtres, sur deux cent vingt, avaient signé ce manifeste.

A cela les ouvriers répondaient que le traité avait été signé pour dix ans et qu'il avait été exécuté jusque-là ; aujourd'hui il était expiré. — Quant à la question du marchandage, on pouvait affirmer qu'il n'existait presque plus dans le métier. La grève n'avait donc pas eu pour but de protester contre une institution déjà condamnée. — Les patrons n'avouaient que 26 entrepreneurs défaillants ; les ouvriers répondaient qu'ils avaient, eux, une liste de 95 patrons acceptant leurs conditions. Il est vrai, ajoutaient-ils, qu'il y a, dans le département de la Seine, près de 300 entrepreneurs, alors que les patrons n'en comptent que 220.

« Ces messieurs n'acceptent pas, sans doute, comme entrepreneurs, tous ceux qui n'ont pas une certaine importance. »

Pendant ce temps, les grévistes nommaient des commissaires chargés d'exercer une surveillance quotidienne sur les chantiers et de dresser la liste de tous les ouvriers « renégats ».

Les maîtres-charpentiers, au nombre de cent soixante-douze, prenaient l'engagement formel de ne plus signer avec leurs ouvriers de contrat, de nature semblable à celui qui avait pris fin cette année et de répondre à l'interdiction de certains chantiers par un *lock-out* général.

Les grévistes dénoncèrent cette résolution comme un acte de coalition tombant sous le coup de la loi.

*
* *

Le Gouvernement, favorable aux patrons, se décida à frapper un grand coup, espérant ainsi éteindre le foyer de la grève. — Le 17 juillet, il faisait arrêter la *Mère* des compagnons. — Il faut voir, dans le remarquable ouvrage de M. Martin Saint-Léon sur *le Compagnonnage* [1], quel amour filial les compagnons avaient pour leur *Mère*, si l'on veut bien comprendre les résultats que pouvait avoir l'acte du Gouvernement.

Voici le récit qu'un *reporter* de l'époque fait de ce grave événement :

« C'est à la petite Villette, route de Flandre, rue d'Allemagne, n° 139, qu'est situé l'établissement du *Père* et de la *Mère* des compagnons charpentiers, M. et Mme Linard. Il a pour enseigne *Aux Sciences et aux Arts réunis.* C'est là que les compagnons se réunissent, qu'ils prennent leurs repas, qu'ils couchent et que leur caisse de secours est déposée. Le commissaire reçut l'ordre d'aller sommer les charpentiers de se séparer immédiatement.

« Vers trois heures de l'après-midi, le commissaire de police de la Villette s'y présenta. Cent cinquante à deux cents ouvriers étaient à ce moment chez la *Mère*. Le commissaire communique l'ordre qu'il a reçu, les ouvriers se dispersent paisiblement, et il retourne à sa demeure. De retour au commissariat, il trouva à sa porte deux fiacres et vingt agents de police, qui lui présentent un nouvel ordre de les accompagner chez M. et Mme Linard. On arrive chez le *Père* et la *Mère* des compagnons, on fouille tous les meubles, tous les dortoirs, tous les sacs des ouvriers; tout ce qu'on trouve de papiers, on le saisit, et l'on met la main sur la caisse des secours généraux. C'est un meuble en bois de chêne, solidement construit; on le brise. On allait briser la caisse en fer qu'il contenait, quand le com-

---

1. Paris, 1901. — A. Colin, éditeur.

pagnon caissier survient et l'ouvre sur la première invitation.
On saisit certains papiers de comptabilité et on emporte 2.500 ou
3.000 francs. Ce n'est pas tout : M. et Mme Linard, *Père* et *Mère*
des compagnons, sont arrêtés. Outre le *Père* et la *Mère*, sept
ouvriers sont arrêtés ; parmi eux se trouvent M. Vincent, le secrétaire des Compagnons du Devoir, M. Dublé et le dépositaire
de la clé de la caisse, qu'on nomme *le Rouleur.* »

On arrêtait le *Père* et la *Mère*, sous le prétexte
qu'ils avaient affiché dans leur boutique les noms des
130 maîtres-charpentiers qui avaient adhéré au nouveau tarif.

Le 21 juillet, le *Père* et la *Mère* étaient relâchés.
Ils revinrent en fiacre, pendant que les compagnons
accourus à la bonne nouvelle leur faisaient cortège et
baisaient la main de leur *Mère* avec effusion.

Quelques jours plus tard, se produisit un fait assez
curieux. Les patrons proposèrent l'arbitrage de M. de
Rambuteau, préfet de la Seine, ou de M. Delessert,
préfet de police. Les ouvriers refusèrent. Les patrons,
dirent-ils, ne risquent rien dans la sentence de l'arbitre, puisque les majorations de salaires ne tombe-
ront pas à leur charge, mais à la charge des clients.
Les ouvriers, au contraire, risquent de voir « leur
prétention réduite d'une quantité quelconque. Une
erreur de l'arbitre peut donc leur causer un dommage
réel ».

Le 20 août 1845, dix-neuf ouvriers charpentiers
comparaissaient devant la police correctionnelle pour
y répondre du délit de coalition. L'un d'eux, du nom
de Vincent, était désigné pour être le chef de la
grève.

On avait trouvé en effet, dans les perquisitions chez
la *Mère*, une enveloppe portant cette inscription :
« Monsieur..., marchand de vin, pour remettre à M. Vin-

cent, et, en son absence, à tout compagnon charpentier », et la lettre que renfermait cette enveloppe avait trait à la propagande à faire en faveur de la grève.

Berryer défendit les ouvriers. On n'a pas prouvé, dit-il, que les ouvriers aient pris en commun et d'accord la résolution de cesser leurs travaux... Et l'auraient-ils fait, leur acte serait légitime. — Déjà, en 1833, une convention a été signée entre la Chambre syndicale des patrons et les représentants des ouvriers. A ce moment, l'union entre les charpentiers de la rive droite et de la rive gauche s'était faite et des engagements solennels avaient été pris par les ouvriers de « lever » la grève dès la convention conclue avec les patrons.

« Par quelle bizarrerie, disait le grand orateur, accuse-t-on aujourd'hui les compagnons de s'être coalisés, c'est-à-dire de s'être concertés, quand cette coalition, quand ce concert ont été provoqués par les maîtres eux-mêmes, qui, les premiers, ont invité les ouvriers à entrer en relations avec eux; et si vous poursuivez si scrupuleusement le délit de coalition, pourquoi les maîtres-charpentiers ne sont-ils pas assis sur les bancs des accusés?

« Les lois participent elles-mêmes au mouvement qui transforme les choses sociales à toute heure, à tout instant. On ne les applique pas toujours dans toute leur sévérité, parce que les circonstances se modifient. — On ne pouvait pas appliquer rigoureusement aux prévenus les articles 415 et 416. Si des actes de violence ont été commis, ils sont purement individuels et ils doivent être punis sans excuse. Mais, du côté des patrons, des faits de la même espèce ne se sont-ils point passés? N'a-t-on pas voulu jeter par la fenêtre M. Cuvilier, un des entrepreneurs, qui, à l'assemblée générale des maîtres, proposait de transiger avec les ouvriers?

« Enfin, le principal accusé était Vincent... On a saisi une lettre à son adresse, ayant trait à la propagande pour la grève. Si on s'est adressé à lui, c'est qu'il était le plus connu, mais on avait ajouté sur l'enveloppe : « ou à tout autre compagnon charpentier ». — Cette missive n'avait rien de mystérieux. Les bons de pain et les permis de travail qu'il a distribués n'avaient pour objet que de faire reconnaitre les ouvriers travaillant de ceux qui ne travaillaient pas. Vincent, auquel étaient toujours confiées toutes les missions de prévoyance, avait dû être investi de celle-là.

« La grève n'a eu aucun caractère de violence. Les patrons l'ont reconnu, et ils ont été jusqu'à dire que *les ouvriers, dans leur malice, avaient résolu de se comporter avec calme et modération*, pour éviter des condamnations et obtenir le succès de la grève. »

Six ouvriers furent renvoyés des fins de la plainte.

Vincent fut condamné à trois ans de prison; un autre, nommé Dublé, qui avait signé une circulaire aux patrons, fut condamné à deux ans, sept compagnons à trois mois, et quatre à quatre mois d'emprisonnement. Ce fut un moment de stupeur. Les grévistes, qui déjà avaient préparé un banquet pour célébrer la libération espérée de leurs amis, ne pouvaient se rendre à l'évidence des faits.

Huit condamnés firent appel de ce jugement, sauf ceux qui avaient été condamnés pour actes de violence. Berryer les défendit encore et le jugement de première instance fut confirmé le 9 octobre.

Le 5 novembre, la grève fut « levée ». Une grande partie des entrepreneurs de charpente avaient adhéré aux conditions des ouvriers. Il n'en restait plus qu'un petit nombre qui ne demandaient pas mieux que de se conformer au nouveau tarif, mais qui, par amour-propre, persistaient dans leur refus d'adhérer par écrit.

⁎
* ⁎

En mars 1846, les concessions des houillères de la Loire s'étant fondues en une seule compagnie, un directeur, M. Hamat, laissa soupçonner par ses paroles que la compagnie générale allait réduire les salaires. Une grève éclate et une douzaine de mineurs furent tués par la troupe. Vingt-huit ouvriers comparurent devant les tribunaux. — Quatorze d'entre eux furent acquittés et les autres condamnés à des peines d'emprisonnement.

Nous arrivons au grand débat de 1849 sur les coalitions.

C'est là que Bastiat prononça son célèbre discours sur la liberté de coalition.

« Y a-t-il une conscience, dit Bastiat, qui puisse admettre que le chômage, en lui-même, indépendamment des moyens qu'on emploie, est un délit? — On me dit : Cela est vrai, quand il s'agit d'un homme isolé, mais cela n'est pas vrai, quand il s'agit d'hommes qui se sont associés entre eux. — Une action qui est innocente en soi ne peut pas devenir criminelle parce qu'elle se multiplie par un certain nombre d'hommes. Lorsqu'une action est mauvaise en elle-même, je conçois que, si cette action est faite par un certain nombre d'individus, on puisse dire qu'il y a aggravation; mais, quand elle est innocente en elle-même, elle ne peut pas devenir coupable, parce qu'elle est le fait d'un grand nombre d'individus... Il est impossible de dire qu'en lui-même le chômage est un délit. Si un homme a le droit de dire à un autre : Je ne veux pas travailler à telle ou telle condition, deux ou trois mille hommes ont le même droit. »

« On nous dit que le chômage est nuisible au patron, que cela nuit à sa propriété, de manière que l'ouvrier porte atteinte à la liberté du patron; c'est là un renversement d'idées. Quoi! je suis en face d'un patron; nous débattons le prix; celui qu'il m'offre ne me convient pas, je me retire, et vous dites que c'est moi qui porte atteinte à la liberté du patron parce que je nuis à son industrie! Faites attention que ce que vous proclamez n'est pas autre chose que l'esclavage.' Vous voulez que la loi intervienne, parce que c'est moi qui viole la propriété du patron; ne voyez-vous pas au contraire que c'est le patron qui viole la mienne? S'il fait intervenir la loi pour que sa volonté me soit imposée, où est la liberté, où est l'égalité? »

« Vous dites que les ouvriers se font tort à eux-mêmes en se coalisant. Je suis d'accord avec vous que, dans la plupart des cas, ils se nuisent à eux-mêmes. Mais c'est précisément pour cela que je voudrais qu'ils fussent libres, parce que la liberté leur apprendrait qu'ils se nuisent à eux-mêmes. »

Mais les patrons firent entendre que c'était la ruine de toute industrie et son abandon à toutes les concurrences étrangères, si cette épée de Damoclès — la grève — était toujours suspendue sur leurs têtes.

La loi de 1849 ne différa du Code pénal de 1810 que sur ce point : les patrons et les ouvriers étaient mis, sous le rapport des peines à encourir, sur le pied d'égalité. Ces peines pouvaient s'élever de six jours à trois mois d'emprisonnement et de 16 francs à 10.000 francs d'amende.

Les sociétés de résistance, patronale ou bien ouvrière, s'appelaient alors des sociétés de secours mutuels, créées en vue de chômages involontaires et aussi volontaires. Des sociétés secrètes se formèrent également. En 1852, une grève d'ouvriers imprimeurs sur étoffes révéla l'existence d'une ligue, ou plutôt d'une fédération de sections réparties entre différentes villes. Les chefs de la fédération furent condamnés à la prison.

En 1862, une grève importante éclata dans l'imprimerie parisienne.

Au commencement de cette année, M. Paul Dupont faisait connaître à son personnel son intention de prendre et de former des compositrices dans les ateliers de Clichy.

Et, au même moment, M. Le Clerc, imprimeur rue Cassette, ne se contentait pas d'énoncer une simple intention, il renvoyait six compositeurs pour faire place aux femmes et il introduisait des compositrices dans son atelier, qui fut immédiatement déserté par les ouvriers.

L'acte de M Le Clerc jeta le plus grand trouble dans les ateliers parisiens. Le jeudi 10 mars 1862, les séances de la commission mixte furent brusquement rompues. Les patrons faisaient savoir à leurs ouvriers qu'ils étaient disposés à accorder une augmentation de 5 centimes sur le mille de lettres.

Au même moment, les maisons religieuses faisaient des offres d'apprentissage pour les jeunes filles dont elles avaient la charge et pour lesquelles elles voyaient avec joie s'ouvrir une nouvelle carrière.

Le 24 mars, M. Dupont met à exécution son projet d'introduire des femmes dans ses ateliers de Clichy, qui sont immédiatement abandonnés par les ouvriers.

Un procès est intenté aux déserteurs, à qui l'on reproche le délit de coalition.

En vertu de l'article 414 du code pénal, quatre ouvriers sont condamnés à dix jours d'emprisonnement.

Le 26 juin, la section ouvrière, s'appuyant sur ce fait que la section patronale avait rompu les conférences de la commission arbitrale, en se démettant de son mandat, crut devoir donner le signal de la grève.

Elle adressa à ses mandataires une circulaire explicative, dont le résultat immédiat fut l'abandon général de toutes les maisons qui avaient refusé d'adhérer aux conditions des ouvriers.

Cette seconde grève donna lieu à un second procès, où le grand Berryer se fit le défenseur du droit méconnu.

Comme il était impossible d'atteindre tous les ouvriers grévistes, on poursuivit tous les membres de la section ouvrière et tous ceux qui, dans les différents ateliers, avaient présenté les réclamations de leurs camarades. Vingt-deux typographes furent ainsi traduits devant le tribunal de 1re instance de la Seine, à la fin de septembre 1866.

M. Benoist, substitut du procureur impérial, fit remarquer la coïncidence singulière qui existait entre le moment où la circulaire de démission avait été répandue dans les ateliers et où une injonction formelle avait été faite aux patrons d'y adhérer, et celui où les ateliers avaient été désertés.

C'était le délit de coalition nettement caractérisé.

« Dans toutes les classes d'ouvriers, répondait Berryer, un homme qui, dans l'exercice de son métier, n'obtient pas, en travaillant chez autrui, le salaire qu'il croit indispensable à son existence, peut, ou seul, ou d'accord avec un autre, entreprendre directement pour son compte la profession dans laquelle il est artisan habile. Il n'en est pas ainsi des ouvriers typographes. Il faut, pour être maître-imprimeur, obtenir un brevet. »

Et, en effet, si la liberté de coalition devait être accordée à une classe d'ouvriers, c'était avant tout aux ouvriers typographes, qui se trouvaient dans cette situation exceptionnelle, de ne pouvoir rien obtenir, sinon par la coalition et par la grève, de leurs patrons qui jouissaient alors d'un véritable monopole et n'avaient à craindre aucune concurrence.

Malgré l'éloquence de Berryer et la justice de leur cause, les typographes furent condamnés, neuf à dix jours d'emprisonnement, deux à quinze jours et neuf à un mois.

Le jugement fut confirmé en appel, où Berryer tint encore à honneur de défendre les ouvriers.

*
* *

Les ouvriers firent alors appel au Gouvernement et

la plupart de ces condamnés furent amnistiés au bout
de peu de temps.

« Notre salaire est insuffisant, disaient les ouvriers, nos travaux sont rétribués d'après un tarif qui n'a pas changé depuis
bien des années, quoique les conditions matérielles de la vie
soient devenues beaucoup plus onéreuses. Cependant, nos patrons se refusent aux augmentations que nous demandons, et
la loi nous interdit de quitter de concert nos ateliers. Que le
Gouvernement soit notre protecteur, qu'il soit au moins notre
juge; nous réclamons son arbitrage, nous demandons qu'il règle
nos salaires. »

Puis vint la loi du 25 mai 1864, qui reconnaissait *la
coalition simple;* mais le droit des ouvriers était fort
contestable, puisqu'il était annihilé par l'interdiction
du droit de réunion et d'association. Et ce qui nous
semble aujourd'hui une contradiction fut à l'époque une
raison déterminante pour faire agréer par les Chambres
le droit de coalition.

On parla du droit de réunion dont jouissaient, d'une
manière illimitée, les ouvriers anglais. Dans ces réunions, les ouvriers entendent les discours les plus pas-
sionnés et l'on pouvait comprendre quelles excitations
pouvaient naître de ces assemblées tumultueuses! La
loi française devait être plus prudente. La liberté de
coalition pacifique n'allait pas ouvrir la porte aux coalitions tyranniques et aux grèves tumultueuses.

Si l'on veut, d'ailleurs, connaître les résultats de cette
loi *libérale,* il suffit de se reporter à l'année suivante.
Une grève des ouvriers veloutiers éclata, en 1865, à
Saint-Étienne. Un comité de seize membres fut nommé
par les ouvriers pour diriger la grève. Immédiatement
les six membres les plus influents de ce comité furent
traduits en police correctionnelle et condamnés à la
prison.

« La coalition, disait le jugement confirmé par deux arrêts à la Cour d'Appel et à la Cour de Cassation, la coalition suppose seulement une entente accidentelle, mais non point une organisation, en quelque sorte permanente et d'une durée indéterminée. »

En juin 1869, le travail fut arrêté dans les mines de la Loire. C'était en réalité une grève politique, car il n'était nullement question de salaire ni d'autre revendication. — On criait : « Vive Bertholon! à bas de Charpin[1]! » — Le premier était le candidat du Gouvernement, le second avait été élu par l'opposition républicaine. Les grévistes coururent de puits en puits, ordonnant d'éteindre les feux et d'arrêter les machines. A la Ricamarie, ils se trouvèrent en face de cent cinquante hommes de troupe qui firent une quarantaine de prisonniers. Les grévistes essayèrent de les délivrer, des coups de feu éclatèrent, et les cadavres de neuf ouvriers et d'une femme furent relevés. — A Aubin (Aveyron) la répression de la grève fut également sanguinaire. Les mineurs du Gua s'emparèrent du directeur de la compagnie d'Aubin et voulurent le noyer. Le préfet le délivra. Mais le lendemain, armés de pics et de haches, les mineurs du Gua revinrent à la rescousse. La troupe qui défendait les bâtiments de la compagnie, tira sur les grévistes qui laissèrent quatorze morts et vingt-deux blessés.

Les noms d'Aubin et de la Ricamarie furent souvent invoqués contre l'Empire qui allait être abattu par la guerre.

Pendant cette fin du régime impérial, il y eut une véritable frénésie de grèves. « Les papillons qui se brûlent toujours à la chandelle, reviennent toujours s'y brûler, » disait M. Barberet.

1. L. Smith, *Les coalitions et les grèves.* Guillaumin, éditeur.

A Torteron, à Fourchambault, en cent endroits, la grève était déclarée ; partout elle était à l'ordre du jour, partout les échecs se succédaient. A Paris, il en était de même. Les robinetiers se mettaient en grève, sans prévoir que leurs patrons pouvaient faire venir leurs robinets du dehors. La résistance s'organisait de tous côtés. Les sociétés ouvrières avaient constitué la Chambre *fédérale;* les sociétés patronales s'étaient, de leur côté, groupées autour de l'*Union nationale du Commerce et de l'Industrie.*

Une bataille en règle allait avoir lieu, dit M. Barberet, les ouvriers mégissiers en fournirent l'occasion. Avant de poser leurs conditions de travail, ils se rendirent à la Chambre fédérale, qui leur promit aide et soutien. — Forts de cet appui, ils n'hésitèrent plus. Sur le refus des patrons, la grève fut déclarée.

De tous côtés les secours arrivaient aux grévistes. A eux seuls, les ouvriers typographes prêtaient 28.000 francs. Pendant six mois, le combat se maintint avec un égal acharnement des deux côtés. Les patrons refusaient toute concession.

Enfin, le 29 décembre 1869, la Chambre fédérale des sociétés ouvrières avouait sa défaite et conseillait la coopération.

« Afin d'empêcher, disait le manifeste publié, qu'à l'avenir de pareilles luttes puissent se reproduire,

« Faisant application du premier paragraphe de l'article 2 de ses statuts;

« La Chambre fédérale a résolu :

« De rendre possesseurs de leur outillage les ouvriers mégissiers et de les créditer afin qu'ils puissent se soustraire à l'arbitraire du patronat et aux exigences du capital;

« Mais tout d'abord, comme la Chambre fédérale ne

veut pas aider à constituer de nouveaux privilèges,
elle déclare :

1° Qu'elle traite avec la corporation entière solidarisée des ouvriers mégissiers, et non avec un groupe plus ou moins nombreux de membres de ladite corporation ;
2° Que les bénéfices résultant des travaux exécutés pour l'association devront servir à constituer un capital collectif, destiné à
amener l'affranchissement de tous les membres de la corporation. »

. . . .

Ceci convenu, la Chambre fédérale ouvrait un emprunt
de 40.000 francs en faveur des ouvriers mégissiers,
pour qu'ils pussent établir un atelier social, et occuper
leurs grévistes et chômeurs ;

Ces obligations étaient au porteur et ne donnaient
droit à aucun intérêt ni dividende.

Les sommes minimes qui furent alors souscrites, au
lieu de créditer un atelier coopératif, servirent à prolonger l'agonie de la grève. Pendant un mois encore,
les grévistes, qui ne touchaient que *deux francs par
semaine*, attendirent en vain des ouvertures de la part
des patrons.

Cette corporation était pour longtemps atteinte, elle
avait contracté de lourds emprunts que dix ans d'efforts pouvaient à peine parvenir à liquider ; les autres
corporations étaient découragées par ce lamentable
échec.

Plus tard, les employés de commerce essayaient de
la grève et couraient à un échec complet, dans lequel
sombrait leur Chambre syndicale, puis c'étaient les tisseurs sur canevas et les doreurs sur bois, et le 15 avril
1870, les ouvriers fondeurs en fer. Partout des insuccès.
Pour les ouvriers fondeurs en fer, immédiatement les

patrons se réunissaient et signaient un compromis, par lequel ils s'engageaient à maintenir entre eux la plus étroite solidarité. Aux ouvriers qui demandaient à débattre contradictoirement leurs griefs, ils répondaient par un refus humiliant. Pendant la grève des fondeurs en fer de Paris, du mois de mai au mois de juillet 1870, dans l'espace de deux mois, de quelque côté de la France qu'on se tournât, d'autres grèves apparaissaient : c'étaient celles des cordiers de Givors, des chaisiers de St-Martin-la-Plaine, des mégissiers d'Annonay, des tisseurs de Bolbec, des fileurs de Malmerspach, des chapeliers-fouleurs d'Albi, des cordonniers de Boulogne-sur-Mer, des métallurgistes de Rive-de-Gier, des teinturiers de Bédarieux, des veloutiers de Logelbach, des menuisiers d'Aix, des maçons de Pau, etc.

Des grèves presque générales se déclaraient à Voiron, à St-Étienne, à Rouen, à Bordeaux, à Marseille, à Nantes, à Lyon, à Mulhouse et dans toute l'Alsace.

La grève de Mulhouse, à elle seule, mettait plus de 40.000 ouvriers sur le pavé.

Seuls, dans toute cette longue énumération, les ouvriers marbriers de Paris obtenaient un résultat appréciable.

Cette corporation qui se divisait en trois branches distinctes (marbriers en meubles, marbriers en pendules et marbriers en cheminées) décida de faire *alimenter* par deux des branches la résistance, pendant que la troisième lutterait. Trois grèves successives eurent lieu et la victoire en fut le résultat, non cependant sans coûter de grosses sommes.

Voici d'ailleurs le bilan de cette grève, en trois actes :

Il avait été avancé à la Chambre syndicale des ou-

vriers marbriers, par les ouvriers de la corporation,
une somme d'environ. . . . .   16.000 fr.
et par diverses corporations. . . . . . .   600 fr.
                                         ____
                                         16.600 fr.

Au 5 juin 1870, la Chambre syndicale
avait remboursé. . . . .   8.900 fr.
Depuis, 5.550 fr. avaient été versés à
l'atelier coopératif de la rue St-Maur :   5.550 fr.
                              Total :   __________
                                         14.450 fr.

Le fonds de caisse propre à la Chambre syndicale
avait, il est vrai, été épuisé et cinq années ne suffi-
rent pas au remboursement, puisque, à la fin de 1872,
il était encore dû une somme de 1.000 francs.

Ce n'est pas tout. Au lendemain de la grève, les conventions stipulées avaient été violées par certains patrons; et de là était venue l'idée de fonder un atelier
coopératif pour occuper les ouvriers chassés de l'atelier.

Enfin il ne faudrait point passer sous silence la grève
qui éclata en janvier 1870 dans les établissements du
Creusot.

Douze mille ouvriers cessaient à la fois le travail.
Voici les causes du conflit. Ils possédaient une caisse
de prévoyance, dont le fonds de réserve s'élevait à
450.000 francs, et dont l'administration appartenait aux
« employés » du Creusot. Les ouvriers eurent à se prononcer par une sorte de plébiscite sur le mode de gestion
de la caisse. Les deux tiers des votants se prononcè-
rent pour la remise de la gestion aux mains des ouvriers eux-mêmes. Une délégation provisoire, chargée
de recevoir les comptes, fut nommée. Elle ne fut pas
reçue par l'administration et les membres qui la com-
posaient furent renvoyés de l'usine. La grève fut
déclarée. On fit des arrestations en masse et on

répartit deux cent quatre-vingt-dix-huit mois de prison entre vingt-quatre condamnés, dont deux à trois ans et quatre à deux ans.

Le 14 avril, le Comité gréviste se déclarait vaincu et invitait les ouvriers à reprendre le travail.

Devant cette affluence de grèves et cette série d'échecs presque ininterrompue, les initiateurs de l'idée syndicale devinrent perplexes et maudirent la « grève ». Ils ne réfléchissaient pas que la grève, comme la guerre, pour réussir, doit être préparée, que la caisse syndicale doit être remplie avant d'entamer les hostilités et que les patrons sont au courant de sa situation exacte et savent s'ils peuvent ou non affronter les menaces de leurs ouvriers.

Qu'importent ces menaces, si ceux qui les profèrent sont incapables de les mettre à exécution ? Mais, au contraire, n'a-t-on pas vu fréquemment des patrons, à la seule annonce d'une grève, qu'ils savaient bien préparée et pouvoir durer longtemps, céder à leurs ouvriers et faire droit à des revendications légitimes ?

Après la date fatale de 1870, les grèves devinrent rares pour deux raisons. D'abord les chefs du mouvement ouvrier s'étaient compromis dans l'insurrection communale et ceux d'entre eux qui n'avaient pas été condamnés s'étaient vus forcés de s'expatrier. Ensuite l'industrie et le commerce eurent un essor brusque après cette période d'accalmie.

Deux grèves de l'année 1880 méritent cependant d'être signalées pour les désastres qu'elles causèrent dans l'industrie parisienne.

La première ruina l'industrie de la chapellerie, la seconde fit un tort immense à l'industrie de l'ébénisterie.

Un patron chapelier possédait deux ateliers. — La société de secours mutuels des ouvriers chapeliers (c'était sous cette forme que se dissimulait alors l'organisation syndicale) voulut lui imposer des tarifs et les ouvriers dont elle se réservait le choix. Le patron céda pour un de ses ateliers; mais il se montra récalcitrant pour le second, où la fabrication se faisait presque entièrement par des moyens mécaniques. La société ouvrière mit à l'index les deux ateliers et les ouvriers qui continuaient à y travailler. Alors le fabricant porta plainte et se constitua partie civile. Les huit membres du bureau de la société de secours mutuels furent condamnés chacun à 25 francs d'amende et solidairement à 500 francs de dommages-intérêts. Mais une autre conséquence plus grave de cet index fut que les fabricants transportèrent, en dehors de Paris, leur industrie.

Pour les fabricants de meubles du faubourg St-Antoine, la question se présenta de la façon suivante. Les ouvriers à la journée gagnaient 75 centimes de l'heure; mais pour les travaux à la tâche, les ouvriers demandaient que la commission mixte, instituée entre patrons et ouvriers, fût chargée de fixer le prix de toute pièce achevée, alors même que ce prix aurait été convenu entre le patron et l'ouvrier, avant la mise en œuvre. — Bien plus [1], ils demandaient qu'en cas de désaccord, les ouvriers de l'atelier fussent appelés à voter au scrutin secret, sans discussion, quel que fût le nombre des ouvriers présents, entre les prix fixés dans la commission par les patrons et les prix fixés par les ouvriers, et que la majorité fît loi. Les premiers patrons qui refusèrent de se soumettre à cette exigence furent mis

---

1. L. Smith, *La coalition et les grèves.*

en interdit, les autres fermèrent leurs ateliers et dénoncèrent la convention qui les liait avec les ouvriers. Le
résultat de cette prétention des ouvriers fut qu'on em-
ploya de plus en plus les moyens mécaniques pour la
fabrication du meuble et qu'une partie de cette fabrication passa à l'étranger.

*
* *

Les conflits du travail sont fréquents dans le bassin
du Nord et du Pas-de-Calais. Il suffit, sans signaler
d'autres grèves moins importantes, de marquer les
années 1872, 1884, 1889, 1891, 1893, pour rappeler des
événements dont la prospérité industrielle du pays eut
à souffrir.

Au mois de juillet 1872, c'est une grève du Borinage
belge qui déborde sur notre territoire.

Le rapport annuel de l'ingénieur en chef des mines
du Pas-de-Calais au préfet du département contient un
passage bien caractéristique, sur le rôle et l'attitude
des représentants du pouvoir dans les grèves [1], à cette
époque :

« Une répression aussi énergique que prompte nous pouvait
seule préserver. Je l'ai senti. Au premier signal, je l'ai organisée
là où je pouvais l'assurer de ma présence. J'ai trouvé, dans cette
œuvre de salut public, le concours le plus dévoué dans l'administration locale et dans la gendarmerie d'abord, dans l'armée
ensuite, dans la magistrature enfin, et, si de plus grands mal-
heurs sont épargnés à cette riche et honnête contrée, c'est à eux
qu'il en faut témoigner notre reconnaissance. »

La grève fut donc étouffée.

En 1884 éclatait une nouvelle grève dans le bassin
d'Anzin. Son motif était la suppression du marchandage

---

1. Ed. Lozé, *Conciliation et arbitrage dans le bassin houiller du
Nord et du Pas-de-Calais*. — Berger-Levrault, 1899.

et la suppression des raccommodeurs des voûtes remplacés par les mineurs eux-mêmes.

A la suite de concessions faites par la compagnie, le
conflit paraissait apaisé, lorsque le 24 février, la compagnie renvoya 144 ouvriers, presque tous administrateurs des sections du syndicat. La grève reprit et
dura jusqu'au 18 avril, sans que les mineurs obtinssent
la moindre concession — le syndicat fut gravement
atteint par cet échec, et lorsque, au mois d'octobre
1884, MM. Clémenceau et Germain Casse, députés, se
rendirent à Anzin pour y étudier les causes de la grève,
conformément à la décision de la commission d'enquête parlementaire, il n'existait plus que 3 sections
syndicales sur les 20 sections du syndicat d'Anzin.
Cependant la compagnie n'abusa pas de sa victoire
et les modifications qu'elle fit dans l'organisation du
travail furent si bénignes que M. Basly pouvait affirmer : « Si on avait proposé tout d'abord le système
actuel, la grève n'eût pas éclaté. »

Le 9 octobre 1889, une nouvelle grève se manifestait dans l'exploitation de Lens. — Les principales revendications des mineurs étaient les suivantes :

Augmentation du salaire journalier du fond, suivant les chiffres ci-après : ouvrier mineur, 1 franc ;
herscheur, 0 fr. 75 ; galibot (enfant), 0 fr. 50 ;

Suppression des longues coupes ;

Plus grands égards pour les vieux ouvriers ;

Suppression des amendes, en cas d'absence ;

Maintien des veuves dans les corons.

Le mouvement se propagea avec rapidité. Il fran-
chit bientôt les limites du Pas-de-Calais, et déborda
dans les trois concessions de l'arrondissement de
Douai : l'Escarpelle, Aniche et Azincourt.

Les cours du charbon étaient élevés. Le comité des

houillères du Nord et du Pas-de-Calais fit afficher une augmentation de salaire de 10 % : — la compagnie de Lens ne faisait point partie de ce comité. Elle ne tarda pas à accorder cependant toutes les concessions qui lui avaient été réclamées.

La prime de 10 % fut augmentée l'année suivante d'une nouvelle prime de 10 %.

*
* *

Nous arrivons à la grève de 1891. Au mois d'octobre de cette année, le Syndicat des mineurs du Pas-de-Calais présenta au Comité des houillères du Nord et du Pas-de-Calais et à la compagnie de Lens la liste de ses revendications :

Une répartition plus équitable des salaires ;

Un salaire moyen de 5 fr. 50 par jour (prime non comprise) ;

La réorganisation des caisses de retraites et de secours ;

La journée de huit heures ;

La réintégration des ouvriers congédiés pour faits de grève ou pour organisation de syndicats.

Le mouvement gréviste se répandit rapidement dans tout le bassin — seule la compagnie d'Anzin ne fut pas atteinte par la grève. Des mineurs, comme ceux de Dourges et de Courrières, se joignirent à leurs camarades, par pure solidarité, déclarant n'avoir rien à réclamer pour eux-mêmes.

D'où vient cette spontanéité ? — Le Comité des houillères, nous dit M. Lozé, n'y fut pas étranger.

Il était décidé à soutenir la première compagnie qui serait atteinte par une grève partielle. Il n'avait pas caché sa résolution à cet égard et on le savait en mesure d'appliquer sa décision. La grève, pour être efficace, devrait donc être générale et s'étendre à tout le bassin. — D'autre part, les compagnies, par leur hostilité déclarée contre les syndicats, avaient exaspéré les ouvriers.

Le 19 novembre 1891, les grévistes réclamaient au Parlement l'institution d'une commission arbitrale. Le 22, les ouvriers nommaient cinq arbitres choisis parmi eux et récusaient cinq arbitres·nommés par le Gouvernement. Ils demandaient à discuter eux-mêmes avec leurs patrons et refusaient de s'en remettre à des tiers du soin d'apaiser le conflit. — Les patrons désignèrent de leur côté cinq arbitres, et le comité d'arbitrage se réunit à la préfecture d'Arras le 27 novembre.

Ce fut la première convention d'Arras. Elle ne porta que sur le taux des salaires. On prit comme base pour les ouvriers du fond les salaires de la période de douze mois qui avait précédé la grève de 1889 et on y ajouta les deux primes successives de 10 % qui avaient été obtenues en 1889 et en 1890 par les ouvriers. La Compagnie de Lens se rallia à ce compromis.

Les ouvriers se déclarèrent satisfaits de ces concessions, et ils le furent bien plus encore d'avoir forcé leurs puissantes compagnies à négocier avec eux et à reconnaître implicitement leurs organisations syndicales. — La convention d'Arras fut en effet l'œuvre des syndicats.

Mais, dès la fin de 1893, les mineurs reprochaient aux compagnies de violer la convention de 1891. Il est certain que, la situation économique étant moins favorable, les compagnies avaient été amenées à prendre certaines mesures défavorables aux mineurs. L'idée d'une nouvelle grève générale hanta les cerveaux des mineurs, qu'avait grisés leur premier et facile succès. Une grève houillère qui éclata en Angleterre leur fit croire que le moment était propice pour la réussite de leurs nouvelles revendications.

On a appelé la grève de 1893 *la grève des lieute-
nants*. MM. Basly et Lamendin, que leur zèle pour la
cause des mineurs avait fait élire au Parlement, avaient
vu leurs mandats législatifs renouvelés. — Il y avait
place pour d'autres ambitions. Bien des présidents ou
des secrétaires de syndicats devaient se demander :
« Pourquoi pas nous aussi? » — Ils scrutaient l'horizon,
calculaient les chances d'une nouvelle grève pour eux
et pour les mineurs ; — pour eux d'abord, sans doute.

La masse des ouvriers ne songea, pour sa part, qu'à
contrôler l'exécution de la sentence arbitrale de 1891,
qu'on prétendait violée.

A la suite d'un congrès tenu à Lens, le 10 septembre
1893, les revendications suivantes furent formulées :

Remise, chaque quinzaine, d'un double carnet de paye;
Augmentation de 10 % sur les salaires et fixation à 5 fr. 50 du
minimum de la journée, plus la prime de 20 % accordée antérieurement;
Plus de renvois d'ouvriers ayant atteint leur quarantième
année;
Suppression des amendes pour charbons malpropres;
Irréductibilité des prix de tâche;
Plus de renvois d'ouvriers ayant encouru une condamnation,
dès que cette condamnation ne résultera pas d'un préjudice
causé à la compagnie.

En résumé, les revendications principales consis-
taient en un rappel à l'application sincère de la sentence arbitrale de 1891.

A cet ultimatum, les compagnies répondirent par un
simple refus.

Toutes les circonstances commandaient d'éviter la
grève, à cet instant où la situation industrielle était
difficile. — Pourquoi réclamer, d'autre part, ce double
carnet de paye et en faire une condition de reprise du

travail, alors que la loi sur les caisses de secours et de retraite (qui fut promulguée six mois plus tard) allait forcer les compagnies à livrer ce double carnet? — La grève perdit d'ailleurs son caractère professionnel. Les politiciens en masse accoururent à l'appel de Basly. Députés et journalistes radicaux ou socialistes vinrent porter aux grévistes l'appui de leur parole. L'échec était certain. Le syndicat du Pas-de-Calais perdit une grande partie de sa force, à la suite de cet échec.

*
* *

Les mineurs ne devaient plus recourir à la grève générale qu'en 1902.

En 1901, les mineurs de Montceau, étant en grève, voulurent entraîner toute leur corporation dans leur mouvement. Les mineurs de France sont au nombre de 162.000, et une grève générale de cette importance aurait eu quelque intérêt pour les stratégistes de la Révolution qui croient à la prochaine issue du « chambardement général » et qui exercent, en attendant, leurs troupes peu disciplinées et facilement impressionnables. Mais les mineurs du Nord et du Pas-de-Calais, qui touchaient à ce moment des salaires satisfaisants, ne crurent pas que l'heure eût sonné du bouleversement complet. Cependant, comme il ne parut pas convenable d'abandonner les camarades montcelliens à un complet isolement, il fut décidé qu'un *ultimatum* serait adressé au gouvernement, pour qu'il fît, *dans les quinze jours*, cesser la grève de Montceau. Sinon, la grève générale pourrait éclater... à moins que les mineurs consultés, par voie de *referendum*, n'y fussent opposés. La grève générale n'était d'ailleurs qu'ajournée au 1ᵉʳ novembre suivant, si le gouvernement ne donnait pas satisfaction à toute la corporation des mineurs, sur les trois points suivants :

I. Journée de huit heures.
II. Retraite de deux francs par jour, après vingt-cinq années de services à la mine, *sans fixation d'âge.*
III. *Minimum* de salaire.

*
* *

Le *referendum* au sujet des Montcelliens ne donna que 30.907 partisans de la grève sur 162.000 mineurs et 51.472 votants. Le 6 mai 1901, au moment où le congrès de Saint-Étienne se réunissait pour prendre « les mesures nécessaires », la grève de Montceau avait cessé, faute de *munitions,* et le congrès n'eut qu'à enregistrer cette solution pacifique. La grève était bien finie, mais le gouvernement n'était pour rien dans cette solution plutôt attristante.

L'heure du second délai imposé au gouvernement n'avait pas encore sonné. On n'eut pas encore à s'occuper de ce deuxième *ultimatum.*

Dès le mois de juin, d'ailleurs, une commission parlementaire avait été nommée pour étudier la question du travail dans les mines. Les mineurs sollicitèrent alors un nouveau *referendum* qui donna, à peu près exactement, les mêmes résultats que le premier.

Cependant, la grève générale n'éclata pas encore.

Le 5 novembre, le ministre des travaux publics, M. Baudin, déposa un projet de loi pour l'amélioration des pensions de retraites en faveur des mineurs, trop âgés au moment de la promulgation de la loi de 1894 (sur les retraites des mineurs) pour bénéficier de ses

4

effets. D'après ce projet, ces retraites étaient majorées
jusqu'à 360 francs.

Enfin, quelques jours plus tard, la Chambre adoptait
le projet de M. Odilon-Barrot, qui réduisait à huit
heures, par étapes successives, la journée de travail
dans les mines.

Ces concessions n'eurent pas le don de satisfaire les
mineurs. Le 5 mars 1902, un congrès, réuni à Alais,
votait la grève générale *immédiate.*

« Qu'attendons-nous alors pour rentrer dans nos
bassins houillers? dirent les temporisateurs, usant de
subterfuge. C'est sur l'heure que nous devons déclarer
la grève. » — « Nous ne sommes pas prêts, » furent
obligés d'avouer les plus impatients. — *Et on convint de
réunir, pour le mois de septembre, un nouveau congrès, à Commentry.* Là, il ne devait plus y avoir de reculade. — Le congrès se réunit en septembre 1902 et
déclara la grève générale *immédiate* définitivement,
cette fois. — Le moment semblait d'ailleurs bien choisi,
puisque les primes des mineurs du Pas-de-Calais et de
la Loire venaient d'être réduites les unes de 10 %, les
autres de 6 %.

Immédiatement des lettres comminatoires sont adres-
sées au Président du Conseil pour le charger de
s'interposer entre les mineurs et le Comité des houillères; et au Comité des houillières pour lui demander
d'être l'arbitre de la situation. Des proclamations étaient,
au même instant, lancées au prolétariat! aux soldats!

« Ce n'est pas à propos des retraites et de la journée de huit
heures, lisait-on dans *la Petite République,* que la grève actuelle
éclate. Sur ces deux points, en effet, les mineurs vont avoir satisfaction, sinon totale, du moins suffisante. »

Cependant les mineurs demandaient « tout » pour
obtenir « quelque chose ».

Retraite de deux francs par jour après trente ans de service e cinquante ans d'âge;

Fixation à huit neures de la journée de travail;

Établissement d'un salaire minimum;

Relèvement des salaires.

Sur les deux premiers points, ils allaient avoir satisfaction, puisque le projet Baudin majorait les retraites des vieux ouvriers, qui ne pouvaient bénéficier suffisamment de la loi de 1894, et que la Chambre semblait prête à accepter ce projet, et puisque la proposition de M. Odilon-Barrot, amenant progressivement la limitation de la journée à huit heures, avait passé à la Chambre et obtenait la sanction favorable de la Commission sénatoriale.

Sur le troisième point, par exemple, gouvernement et compagnies houillères se montraient irréductibles.

Enfin, la question des salaires concernait simplement les compagnies, qui déclaraient nettement leur impossibilité à les augmenter, devant la baisse rapide des cours du charbon industriel. Cette question n'était pas d'ordre général et on ne pouvait espérer que les compagnies s'entendissent pour accorder les mêmes concessions à tous les ouvriers.

Il ne restait donc que cette seule cause de grève, de laquelle résultait précisément l'impossibilité d'une action commune. La pseudo-grève générale ne fut donc et ne pouvait être qu'une série de conflits entre les différentes compagnies et leurs ouvriers, pour l'établissement d'un salaire concordant avec le cours des charbons. Seules les grandes exploitations du Pas-de-Calais et celles du bassin du Nord purent s'entendre pour accorder des concessions communes. — Ce ne fut, en réalité, qu'un série de grèves partielles, ayant commencé au même instant, mais devant se terminer à des échéances successives.

On peut citer le mot bien caractéristique d'un gréviste du Pas-de-Calais, pour bien montrer que les mineurs se mettent en grève sans savoir même le bénéfice qu'ils en peuvent retirer. « Voyez-vous, disait-il à un reporter du *Réveil du Nord*, journal socialiste de Lille, *ce qui nous étonnait le plus*, c'est qu'on fît grève si longtemps sans envoyer de délégation. » La délégation, voilà tout ce que voient les mineurs dans une grève. Ils savent qu'on s'occupe de leur affaire et ils sont satisfaits. On discute leurs intérêts, et ils espèrent obtenir de nombreux avantages de cette discussion. Ils se plaisent à ces arrêts de travail, pendant lesquels on expose leurs éternelles revendications. — Ils aiment la grève, mais ils ne la comprennent que si on commence par envoyer une délégation. — Comment oser espérer, après cela, une entente commune entre tous les mineurs de France? Comment une grève générale serait-elle possible? Et ne voit-on pas la colère qui s'emparerait des mineurs du Pas-de-Calais si, ayant obtenu pour eux un certain nombre d'avantages, ils se voyaient empêchés de reprendre le travail, à cause des difficultés qu'éprouveraient les gens de Montceau ou de Carmaux à obtenir les mêmes bénéfices! Non, la grève générale des mineurs n'est pas possible, si elle est basée sur des revendications économiques, qui diffèrent d'après les exploitations et d'après les bassins. Elle ne pourrait éclater que pour les raisons politiques. Et ceux qui dirigeaient le mouvement avaient bien trop peur de le laisser dévier et de permettre à la grève de devenir une arme contre le Gouvernement. D'ailleurs, quelles revendications politiques pourraient bien formuler les mineurs français? Les mineurs belges peuvent déclarer la grève générale pour la conquête du suffrage universel intégral; les mineurs français n'ont même pas ce prétexte.

Au lieu du magnifique mouvement que les révolutionnaires avaient espéré, les diverses grèves se terminaient donc par des solutions diverses et bien différentes de celles qu'avaient espérées les mineurs. Les salaires restaient réduits, et si quelques faveurs étaient accordées, au point de vue des retraites, par les compagnies du Nord et du Pas-de-Calais, c'était bénévolement que ces faveurs étaient concédées.

On avait dit aux ouvriers : « Le cours des charbons permet aux compagnies de relever vos salaires. » Les arbitres choisis dans les différentes grèves répondirent d'une seule voix : « Le cours des charbons oblige les compagnies à abaisser vos salaires. » Ce qui avait été vrai pendant les années précédentes ne l'était plus. Pendant trois ans, il y avait eu dans l'exploitation des mines une prospérité inouïe. La guerre de Cuba, celle du Transvaal, avaient consommé une grande quantité de charbon; l'Exposition universelle de 1900, le vigoureux élan de l'industrie métallurgique, avaient également exigé de fortes commandes de ce « pain de l'industrie ». Et pendant ces quelques années, les gros actionnaires des mines avaient empoché des bénéfices considérables. Mais le temps des vaches grasses était passé, c'est celui des vaches maigres qui commençait; les mineurs arrivaient trop tard pour réclamer leur part de gros bénéfices, qui étaient déjà absorbés.

Le texte de la sentence arbitrale du Pas-de-Calais le dit expressément :

« Il résulte, affirme ce document impartial, de l'examen des documents établis par l'administration des mines que *la prime actuelle (abaissée de 40 à 30 %) est bien proportionnelle aux prix actuels de vente du charbon. »*

Et le document ajoute :

« D'autres considérations auraient peut-être pu conduire les compagnies à se montrer un peu plus larges dans l'application des conventions dites d'Arras; mais les arbitres n'ont pas qualité pour apprécier ces considérations et en tenir compte. »

Cependant, par bonne volonté, les compagnies pallièrent la rigueur de la décision arbitrale, en accordant aux vieux ouvriers qui ne pouvaient pas profiter complètement de la loi de 1894 sur les retraites, des retraites majorées à 550 et 600 francs.

Mais qu'auraient pu faire les meneurs de la grève, si les compagnies n'avaient pas manifesté cette aimable intention? La sentence des arbitres n'accordait rien, absolument rien aux mineurs. Alors à quoi donc avait abouti la grève?

Dans le Nord, les conclusions arbitrales étaient identiques.

A Carmaux, où M. Viviani et M. Ménard, avocat, furent choisis pour arbitres, les mineurs bénéficiaient avant la grève d'une prime de 7 % et d'une *gratification* de 5 %. La *gratification* disparut et la prime fut réduite à 5 %. Il ne fut pas question d'amélioration des retraites.

Dans la Loire, où M. Ballot-Beaupré, premier président de la Cour de Cassation, fut choisi comme arbitre suprême, la prime antérieure était de 7 %. M. Ballot-Beaupré la réduisit à 5 % jusqu'au 30 juin 1903, à 4 % pour le second semestre de 1900, à 3 % pour le premier semestre de 1904.

Dans certaines mines du Midi, la grève se termina sans bénéfice aucun, sauf quelque augmentation de

la ration de charbon destinée au chauffage des ouvriers.
Ailleurs, à Épinac par exemple, la compagnie fit, à ses
ouvriers rentrés à la mine, une libéralité de 50.000 francs.
Ailleurs encore, les ouvriers n'obtinrent absolument
rien en compensation des longs jours de chômage
qu'on leur avait *imposés*.

Ceux de Montceau n'avaient pas pris part à la grève.

Dans le Pas-de-Calais, M. Basly supporta les conséquences de cette grève, qu'il avait conduite pour de
si misérables résultats. Une fédération rivale, inspirée
du parti guesdiste, se fonda pour battre en brèche son
autorité.

*
* *

. Un nouveau mode de grève est préconisé depuis
quelque temps par les ouvriers français. La grève par
échelons est d'importation anglaise. Il y a longtemps
qu'elle est employée par les trade-unions et elle a donné
aux ouvriers, paraît-il, d'excellents résultats pour le
triomphe de leurs revendications. Voici en quoi elle
consiste :

Lorsque toute une corporation est intéressée dans
le succès de communes revendications, elle ne déclare
la grève que successivement, atelier par atelier, les
ateliers continuant le travail pouvant alors soutenir de
leurs subsides le champion qui combat pour eux. Lorsque
ce champion est vainqueur et qu'il a fait sa rentrée
triomphale dans l'atelier déserté, c'est au tour d'un autre
atelier à se mettre en grève et il doit y rester jusqu'à
la victoire complète. Les subsides des ouvriers des
autres ateliers lui permettent d'attendre.

Les congrès internationaux ont comme résultat
d'apprendre à tous les méthodes de combat employées
par certains. Et déjà cette méthode anglaise a été expé-

rimentée en France. C'est ainsi que le syndicat des apprêteurs et décatisseurs de la Seine a employé à la fin de 1900 la méthode de la grève par échelons.

Mais les patrons avertis ne se laissèrent pas prendre au piège, et, à la grève par échelons, ils répondirent par un *lock-out* (mise hors de l'atelier). Ils licencièrent d'un coup tous les ouvriers de toutes leurs maisons.

Les ouvriers se révoltèrent contre cette savante défense, qu'ils qualifièrent de malhonnête. Et M. J.-Paul Boncour mit tout son talent à faire triompher cette prétention. Il soutint devant le tribunal de commerce, que la loi de 1890, qui modifia l'article 1780 du Code civil, obligeait le juge à rechercher les motifs légitimes invoqués par le patron pour renvoyer l'ouvrier; que, de plus, le fait, pour un ouvrier, d'aider par ses subsides des camarades en grève, est un droit reconnu par la loi et ne constitue pas pour le patron un motif légitime de renvoi, qu'en conséquence il y avait lieu de confirmer la sentence du conseil des prud'hommes condamnant les patrons.

Le tribunal de commerce rendit le jugement suivant :

« Attendu qu'il résulte des débats que C..., au service de G... ou de ses prédécesseurs depuis huit années, n'a commis, contrairement aux allégations de ce dernier, aucune faute de nature à provoquer son congédiement;

« Qu'il est établi, d'autre part, que la mesure dont il a été l'objet, n'est que la conséquence d'une décision de G... prise par ce dernier, en raison de convenances personnelles; qu'il est constant, dans ces circonstances, que G..., en n'avisant C... que huit jours à l'avance de son congédiement, n'a point observé le délai de préavis que justifiait, indépendamment de tout usage, la longue durée des services d'un ouvrier qui a rempli son emploi sans défaillance;

« Qu'il s'ensuit que G..., dans l'espèce, a fait un usage abusif de son droit de rupture de contrat de louage et a causé par suite

à C... un préjudice certain, en privant ce dernier d'une situation
sur laquelle il était en droit de compter momentanément ;

« Le tribunal a, par ces motifs, attribué aux ouvriers apprêteurs et décatisseurs, en réparation du préjudice subi, une somme
de 120 francs par personne, en plus du salaire afférent à la hui-
taine de préavis » (avril 1901).

On le voit, ce jugement n'était basé que sur le défaut
de préavis à date suffisante. — Il est donc évident
qu'en respectant ces délais, fixés par les contrats ou par
l'usage, les patrons peuvent répondre à la grève par
échelons par un *lock-out*. Et c'est évidemment ce qu'ils
ne manqueront pas de faire. La grève par échelons
est donc une piètre innovation pour nos ouvriers. Le
plan serait habile, si on ne pouvait le deviner. Il est
trop facilement dévoilé.

CHAPITRE IV

LE DROIT DE GRÈVE.

I. — La législation.

La loi du 27 mars 1791 proclama, après l'abolition des maîtrises et des jurandes, la liberté du travail.

L'article 7 de cette loi stipulait :

« A compter du 1er avril prochain, il sera libre à toute personne de faire tel négoce, ou d'exercer telle profession, art ou métier qu'elle trouvera bon; mais elle sera tenue de se pourvoir auparavant d'une patente… »

A ce moment, le droit de réunion et d'association était régi par un décret de l'Assemblée nationale, du 21 août 1790, promulgué le 19 novembre suivant et ainsi conçu :

» L'Assemblée nationale déclare que les citoyens ont le droit de s'assembler paisiblement et de former entre eux des sociétés libres, à la charge d'observer les lois qui régissent tous les citoyens. »

Mais la crainte de voir se reconstituer, à l'abri de ce droit, les corporations dissoutes, fit bientôt porter une atteinte à cette liberté nouvelle. Des grèves en fournirent le prétexte.

Les premiers ouvriers qui se mirent en grève furent les maçons, les chapeliers et les imprimeurs. La municipalité parisienne fait aussitôt paraître l'avis suivant :

« Le corps municipal est instruit que des ouvriers de quelques professions se réunissent journellement en très grand nombre, se coalisent au lieu de s'employer à travailler et font des arrêts par lesquels ils taxent arbitrairement le prix de leurs journées. Tous les citoyens sont égaux en droit, mais ils ne le seront jamais en facultés, en talents et en moyens. La nature ne l'a pas voulu. Il est donc impossible qu'ils se flattent de faire tous les mêmes gains. »

Les ouvriers ne réclamaient pas le même gain ; ils demandaient un minimum de salaire. Les charpentiers avaient voulu, sur ce point, s'entendre avec les patrons, et, sur leur refus, ils avaient décidé entre eux que la journée serait de cinquante sous au bas mot.

La municipalité déclara nulles les décisions des ouvriers. Le travail des ouvriers devait être fixé de gré à gré. Tout ouvrier, portant atteinte à la liberté du travail, devait être considéré comme perturbateur de l'ordre public et traité comme tel.

Une députation d'ouvriers employés à la construction du pont Louis XVI (pont de la Concorde), se rendit alors à l'Hôtel de Ville, pour demander trente-six sous par jour au lieu de trente qui leur étaient payés. La municipalité refusa de les entendre.

Cet incident inquiéta l'Assemblée nationale. Elle y vit le réveil des jurandes et maîtrises. Le député Le Chapelier rédigea un rapport sur cet objet. Il avoua que le salaire de l'ouvrier pourrait être élevé, ce qui provoqua des murmures dans l'Assemblée, mais il ajouta que ce n'était pas aux ouvriers à imposer cette hausse corporativement. Le salaire devait être le résultat de conventions librement acceptées. A la suite de ce rapport, fut votée la loi du 14 juin 1791, qui interdisait tout concert corporatif, tout attroupement d'artisans, ouvriers ou compagnons, dans le but de porter atteinte à la liberté du travail.

Aussitôt après son adoption, le rapporteur ajouta :

« J'ai entendu dire autour de moi qu'il faudrait faire une exception pour les chambres de commerce des villes. Certainement, vous imaginez bien qu'aucun de nous n'entend empêcher les commerçants de causer ensemble de leurs affaires. »

La loi était donc uniquement dirigée contre les ouvriers. Le droit d'entente et de coalition leur était refusé par la Révolution.

Les ouvriers papetiers qui fabriquaient les assignats, se sachant indispensables, étaient extrêmement turbulents. Ils frappaient d'interdiction certains ateliers, ou exigeaient des maîtres de fortes sommes, pour se racheter de l'interdit; ils chômaient fréquemment, continuaient à célébrer les fêtes de leur confrérie, excluaient de leurs rangs les compagnons dont ils étaient mécontents, ou leur faisaient payer des amendes.

L'Assemblée nationale rendit, le 26 juillet 1791, un décret qui les empêchait de quitter leurs maîtres pour aller chez d'autres, sans les avoir avertis six semaines d'avance et en présence de deux témoins, à peine de 100 livres d'amende et de 300 livres pour les maîtres qui emploieraient des ouvriers illégalement débauchés.

On trouva encore que la loi Le Chapelier n'était pas assez explicite pour les ouvriers agricoles, et, dans un décret concernant les biens et usages ruraux et la police municipale, deux articles furent ajoutés, qui frappaient d'amende et même de prison les maîtres coalisés pour faire baisser les gages des domestiques et les domestiques coalisés pour les faire hausser.

La Révolution s'accomplit sans avoir donné le droit de grève aux ouvriers. — Avec le Consulat commence toute une série de mesures qui font bon marché de la liberté du travail. C'est d'abord un arrêté du 30 mars 1800 qui impose le commissionnement aux bouchers, un autre du 11 octobre 1801, qui l'impose aux boulangers. Plus tard, la même règle fut imposée aux bouchers, dont le nombre, comme celui des boulangers, fut limité. — Une ordonnance du 14 mars 1803 rétablit le livret pour les ouvriers boulangers. Enfin la loi du 12-22 avril 1803 étendit l'obligation du livret à tous les ouvriers et prescrivit les pénalités suivantes contre les coalisations.

Toute coalition contre ceux qui font travailler des ouvriers, tendant à forcer injustement et abusivement l'abaissement des salaires, et suivie d'une tentative ou d'un commencement d'exécution, sera punie d'une amende de 100 francs au moins, de 3.000 francs au plus, et, *s'il y a lieu*, d'un emprisonnement qui ne pourra excéder un mois (art. 6).

Toute coalition de la part des ouvriers pour cesser en même temps de travailler, interdire le travail dans certains ateliers, empêcher de s'y rendre et d'y rester avant ou après certaines heures, et en général pour suspendre, empêcher, enchérir les travaux, sera punie, s'il y a eu tentative ou commencement d'exécution, d'un emprisonnement qui ne pourra excéder trois mois (art. 7).

Tout ceci naturellement sans préjudice des délits de violences, voies de fait, attroupements, qui se trouvaient poursuivis en vertu des articles spéciaux du Code de police correctionnelle et du Code pénal.

La prison n'atteignait guère que les ouvriers; les patrons en étaient quittes, en général, pour l'amende. . Cette injustice de traitement se retrouve dans les articles 414, 415 et 416 du Code pénal [1], promulgué en février 1810 : articles qui ont remplacé la loi précédente.

Ainsi les pénalités étaient relativement douces pour les patrons délinquants (6 jours à 1 mois de prison et 200 à 3.000 francs d'amende) et au contraire très sévères pour les ouvriers coupables du même délit (2 à 5 ans de prison pour les auteurs principaux, 1 à 3 mois pour les complices). Enfin il fallait, pour que les patrons pussent être poursuivis, que leur coalition ait eu pour but de forcer *injustement* et *abusivement* l'abaissement des salaires.

---

1. Voici cette première rédaction des fameux articles :

ART. 414. — Toute coalition entre *ceux qui font travailler des ouvriers*, tendant à forcer *injustement* et *abusivement* l'abaissement des salaires, suivie d'une tentative ou d'un commencement d'exécution, sera punie d'un emprisonnement de six jours à un mois et d'une amende de 200 à 3.000 francs.

ART. 415. — Toute coalition *de la part des ouvriers* pour faire cesser en même temps de travailler, interdire le travail dans un atelier, empêcher de s'y rendre et d'y rester avant ou après de certaines heures et, en général, pour suspendre, empêcher, enchérir les travaux, s'il y a eu tentative ou commencement d'exécution, sera punie d'un emprisonnement d'un mois au moins et de trois mois au plus. Les chefs ou moteurs seront punis d'un emprisonnement de deux à cinq ans.

ART. 416. — Seront aussi punis de la peine portée par l'article précédent et d'après les mêmes distinctions *les ouvriers* qui auront prononcé des amendes, des défenses, des interdictions ou toutes proscriptions sous le nom de damnations et sous quelque qualification que ce puisse être, soit contre les directeurs d'ateliers et entrepreneurs d'ouvrages, soit les uns contre les autres.

Dans le cas du présent article et dans celui du précédent, les chefs ou moteurs du délit pourront, après l'expiration de leur peine, être mis sous la surveillance de la haute police pendant deux ans au moins et cinq ans au plus.

L'esprit qui animait les législateurs du premier Empire se manifeste également dans l'article 1781 du Code civil :

Le maître est cru sur son affirmation :
Pour la quotité des gages;
Pour le paiement du salaire de l'année échue;
Et pour les acomptes donnés pour l'année courante.

Cet article ne fut abrogé que par la loi du 2 août 1868.

* *
*

Ce n'est qu'à dater de 1825 que le *Moniteur* donne le compte rendu des poursuites pour faits de grève. Il y en a 92 en 1825. — De 1825 à 1847, on juge 1.251 affaires, qui comptent 7.148 prévenus. Sur ce nombre, 63 sont condamnés à plus d'un an de prison, 4.397 à moins d'un an, et 701 à l'amende seule.

Leclaire, en 1842 et en 1843, veut réunir les ouvriers pour leur expliquer le système de la participation aux bénéfices, dont il veut les faire profiter. L'autorisation lui est refusée.

« C'est là, dit la lettre du Préfet de police, une question de règlement de salaires qui ne nous paraît pas devoir être encouragée et qui est même défendue par les lois : l'ouvrier doit rester entièrement libre de fixer et régler son salaire, et *il ne doit pas pactiser avec le maître.* »

Les ouvriers typographes de Paris avaient établi, en 1843, de concert avec les maîtres-imprimeurs, un tarif de main-d'œuvre. Chaque année, patrons et ouvriers réunis fêtaient, dans un banquet, l'anniversaire de cet événement. Ces réunions ne furent autorisées qu'à la condition d'écarter des toasts toute allusion à la question du tarif. Le mot ne devait pas être prononcé.

La révolution de 1848 apporta aux travailleurs une complète liberté. Le décret du 25 février contient même la déclaration suivante : « Le gouvernement provisoire reconnaît que les ouvriers *doivent* s'associer entre eux... » Et un décret du 27 mai admet, pour la première fois, les ouvriers dans les conseils de prud'hommes. Enfin le décret du 2 août 1848 sur les clubs autorisa les cercles et les réunions non publiques, dont l'objet ne serait pas un but politique.

La loi du 25 novembre-1er décembre 1849 sur les coalitions fit disparaître l'injustice qui existait jusque-là dans les pénalités applicables au droit de coalition, pour les patrons et pour les ouvriers. Les contrevenants, qu'ils fussent patrons ou ouvriers, encoururent désormais une même peine de 5 jours à 3 mois de prison et de 16 à 3.000 francs d'amende [1].

De l'année 1848, date de l'affranchissement réel du

---

1. Voici le texte des articles 414, 415 et 416, modifiés par la loi du 27 novembre 1849 :

ART. 414. — Sera punie d'un emprisonnement de 6 jours à 3 mois, et d'une amende de 16 francs à 40.000 francs : 1° Toute coalition entre ceux qui font travailler des ouvriers, tendant à forcer l'abaissement des salaires, s'il y a eu tentative ou commencement d'exécution ; 2° Toute coalition de la part des ouvriers pour faire cesser en même temps de travailler, interdire le travail dans un atelier, empêcher de s'y rendre avant ou après certaines heures, et, en général, pour suspendre, empêcher, enchérir les travaux, s'il y a eu tentative ou commencement d'exécution. Dans les cas prévus par les deux paragraphes précédents, les chefs ou moteurs seront punis d'un emprisonnement de 2 à 5 ans.

ART. 415. — Seront aussi punis des peines portées par l'article précédent, et d'après les mêmes distinctions, les directeurs d'atelier ou entrepreneurs d'ouvrages et les ouvriers, qui, de concert, auront prononcé des amendes autres que celles qui ont pour objet la discipline intérieure de l'atelier, des défenses, des interdictions ou toutes proscriptions sous le nom de damnations, ou sous quelque qualification que ce puisse être, soit de la part des directeurs d'atelier ou entrepreneurs contre les ouvriers, soit de la part de ceux-ci contre les directeurs d'atelier ou entrepreneurs, soit les uns contre les autres.

ART. 416. — Dans les cas prévus par les deux articles précédents, les chefs ou moteurs pourront, après l'expiration de leur peine, être mis sous la surveillance de la haute police pendant 2 ans au moins et 5 ans au plus.

travail, à l'année 1864, où le droit de coalition est enfin reconnu, 1.141 coalitions sont poursuivies, qui comptent 6.812 prévenus, dont 4.845 sont condamnés. En 1855, il y a 168 affaires : c'est le chiffre le plus élevé; il coïncide avec les travaux de l'Exposition. — Mais il semble que les juges protestent eux-mêmes contre l'existence du délit qu'ils ont mission de réprimer. La loi qui interdisait les coalitions paraissait caduque et le pouvoir semble s'être mis d'accord avec la magistrature pour absoudre les condamnés et les libérer rapidement, tant la loi, qui interdisait les coalitions, semblait inique et impuissante.

La loi des 25-27 mai 1864 abolit enfin le délit de coalition, et les grèves n'en furent pas plus nombreuses. La liberté de coalition et de grève fut donc proclamée [1].

*
* *

La loi du 30 juin 1881 fit disparaître les restrictions qui s'étaient opposées jusque-là au droit de réunion. Il suffit dorénavant, pour tenir une réunion, d'une simple déclaration signée par deux personnes jouissant

---

1. Loi du 25 mai 1864. — Les articles 414, 415, 416 sont ainsi modifiés :

ART. 414. — Sera puni d'un emprisonnement de 6 jours à 3 ans et d'une amende de 16 à 3.000 francs, ou de l'une de ces deux peines seulement, quiconque, *à l'aide de violences, voies de fait, menaces ou manœuvres frauduleuses*, aura amené ou maintenu, tenté d'amener ou de maintenir une cessation concertée de travail, dans le but de forcer la hausse ou la baisse des salaires ou de porter atteinte au libre exercice de l'industrie ou du travail.

ART. 415. — Lorsque les faits punis par l'article précédent auront été commis par suite d'un plan concerté, les coupables pourront être mis, par l'arrêt ou le jugement, sous la surveillance de la haute police pendant 2 ans au moins et 5 ans au plus.

ART. 416 (abrogé par la loi de 1884). — Seront punis d'un emprisonnement de 6 jours à 3 mois et d'une amende de 16 francs à 300 francs, ou de l'une de ces deux peines seulement, tous ouvriers, patrons et entrepreneurs d'ouvrage qui, à l'aide d'amendes, défenses, proscriptions, interdictions prononcées par suite d'un plan concerté, auront porté atteinte au libre exercice de l'industrie ou du travail.

de leurs droits civils. — Un bureau devait être constitué, composé de trois personnes au moins, pour empêcher que la réunion sortît des limites de l'ordre du
jour qu'elle s'était fixé, et qu'il se produisît des infrac-
tions à la loi. — Le représentant de la loi, qui assis-
tait à la réunion, ne devait la dissoudre qu'au cas où
le bureau l'en requérait ou bien s'il se produisait des
collisions et des voies de fait.

Enfin la loi de 1884 donna aux ouvriers le droit
d'association, dont ils avaient été privés pendant si
longtemps et qu'ils n'avaient cessé de réclamer depuis
la Révolution.

La loi du 21 mars 1884 abrogea l'acticle 416 du
Code pénal qui punissait « tous ouvriers, patrons et
entrepreneurs d'ouvrage, qui, à l'aide d'amendes, défenses, proscriptions, interdictions prononcées par
suite d'un plan concerté, auront porté atteinte au libre
exercice de l'industrie ou du travail ». Désormais un
syndicat pouvait mettre à l'index l'ouvrier non syndiqué qui persistait à travailler dans une usine frappée
d'interdit. Mais s'il n'encourait plus une responsabilité
pénale, n'engageait-il pas sa responsabilité au point
de vue civil, et l'ouvrier mis à l'index ou le patron
frappé d'interdit ne pouvait-il pas arguer du préjudice
dont il avait à souffrir? L'acte qui porte préjudice peut
constituer l'exercice d'un droit et n'en pas moins
donner ouverture à des dommages-intérêts. L'exercice d'un droit ne doit pas être attentatoire au droit
d'autrui.

*
* *

La grève, dit M. Cauwès, c'est l'interruption si-
multanée du travail.

La définition est excellente. La grève n'est pas la cessation, elle n'est que l'*interruption* du travail.

Le droit de grève serait donc la faculté légitime d'*interrompre* le travail, et s'il y a un engagement précis, le contrat de travail.

Il importe de bien remarquer ici les expressions employées. Il existe des thèses fort savantes [1] où l'on dit : « la grève, c'est l'interruption du travail... le droit de grève serait donc la faculté de *cesser* le travail pour lequel on s'était engagé... » — La grève n'est qu'une interruption de travail et non une cessation. Patrons et ouvriers savent qu'ils se retrouveront au point d'orgue et que leurs rapports ne seront que momentanément refroidis par cette équivoque passagère.

La jurisprudence des cours d'appel a commis la même erreur en soutenant que « en quittant avec ensemble l'usine, les ouvriers avaient *détruit* le contrat de travail qu'ils avaient accepté ».

Le droit de grève serait donc, affirme M. Bouloc, le droit de *détruire* le contrat de travail.

La législation applicable aux grèves est, en matière civile, fort succincte. Jusqu'en 1890, elle a tenu tout entière dans les articles 1780 et 1781 [2] du Code civil, qui règlent le louage de services. Or comme d'après l'article 1780 « on ne peut engager ses services qu'à temps ou pour une entreprise déterminée », la jurisprudence décidait qu'à défaut de convention sur le temps, l'ouvrier avait le droit d'abandonner le patron et le patron de congédier l'ouvrier à sa fantaisie.

---

1. Par exemple, celle de M. Bouloc, *Les grèves*, chez Guillaumin, 1902.
2. Abrogé par la loi du 2 août 1868. Cet article unique portait que « le maître est cru sur son affirmation, pour la quotité des gages, pour le paiement du salaire de l'année... ».

La loi du 27 décembre 1890 modifia ainsi l'article 1780 :

« Néanmoins la résiliation du contrat par la volonté d'un seul des contractants peut donner lieu à des dommages-intérêts... »

Si le contrat de travail a été oublié dans le Code civil, dit M. Bouloc, il n'en a pas été de même dans la loi pénale. Le dernier état de la législation se trouve aujourd'hui dans les articles 414 et 415 du Code pénal.

Au point de vue qui nous occupe, l'article 414 est seul à retenir.

Puisque, d'après cet article, est puni seulement « quiconque à l'aide de *violences, voies de fait, menaces* ou *manœuvres frauduleuses,* aura amené ou maintenu une grève », toutes les grèves qui ne sont pas caractérisées par un de ces quatre moyens, ne sont pas défendues.

Est-ce à dire qu'elles sont licites?

Telle est la question qu'examine le jurisconsulte éminent que nous avons cité.

*
* *

Le principe général et fondamental qui règle les rapports des hommes entre eux, c'est la loi du contrat, ainsi formulée par l'article 1134 du Code civil : « Les conventions légalement formées tiennent lieu de loi à ceux qui les ont faites. » Et la sanction de cette affirmation se trouve dans les articles 1146 et suivants qui indiquent des dommages-intérêts pour celui qui manque volontairement à son obligation.

Par conséquent, lorsque la durée du contrat a été

fixée, l'ouvrier n'aura pas le droit de le cesser avant
terme : s'il est embauché à la quinzaine, il ne pourra
partir qu'au bout de quinze jours, et s'il est embauché à la semaine, il ne pourra partir qu'après sept
jours. Et si aucune durée n'avait été fixée, l'ouvrier
n'aura pas le droit de faillir au contrat de bonne foi
auquel il s'est tacitement engagé et de laisser perdre
la coulée, éteindre le haut fourneau ou inonder la
mine, en désertant précipitamment son travail. — Le
patron, d'autre part, se trouverait lié par les mêmes
lois.

Quand, dans l'adoucissement des mœurs, le Code
pénal supprime une peine, le fait visé ne change pas
de nature au regard de la loi civile. Ce n'est point
parce qu'on a supprimé la prison pour dettes que l'o-
bligation de payer ses dettes a été abolie.

L'article 2 de la loi du 2 juillet 1890 le dit expressément :

« Le contrat de louage d'ouvrages entre les chefs et directeurs
des établissements industriels et leurs ouvriers est soumis aux
règles du droit commun. »

II. — Le droit de grève pour les ouvriers.

La Cour de Cassation, à la date du 18 mars 1902, a
rendu un arrêt dont les conclusions indiquent clairement, au point de vue de la jurisprudence actuelle, la
responsabilité de chaque ouvrier pris à part, quittant
l'atelier sans délai de prévenance, pour se mettre en
grève.

Un ouvrier, du nom de Loichot, était employé chez
M. Hufflen, entrepreneur de serrurerie à Montbéliard,
sans contrat de louage à durée déterminée. Le 13

juin 1900, M. Loichot, suivant l'exemple des autres
ouvriers du bâtiment à Montbéliard, se mettait en
grève et quittait brusquement l'atelier. La grève terminée, il voulut reprendre le travail, mais son patron
refusa de l'occuper. Se considérant alors comme indû-
ment congédié, M. Loichot introduisit contre son patron une demande en paiement d'une indemnité de
32 francs, représentant le salaire de huit journées de
travail, pour renvoi sans avertissement préalable. A
cette demande, M. Hufflen répondit par une demande
reconventionnelle en 150 francs de dommages-intérêts,
fondée exactement sur la même cause, c'est-à-dire sur
l'abandon, par l'ouvrier, de son travail, sans avoir observé à son égard les délais de prévenance, en usage
dans les rapports entre patrons et ouvriers à Montbéliard.

C'est en cet état que la cause se présenta devant le
tribunal civil de Montbéliard qui, statuant comme juge
d'appel d'une sentence du juge de paix, débouta l'ouvrier de sa demande et, faisant droit à celle du patron,
condamna même l'ouvrier délinquant, pour inobservation du délai de prévenance, à 28 francs de dommages-intérêts, valeur d'une semaine de salaire.

Le jugement pose d'abord, en principe, que :

« la grève n'est que l'exercice collectif du droit que possède
chacun de refuser son travail, mais que ce refus est aux risques
et périls de ceux qui s'y sont volontairement et librement décidés ».

Ainsi, d'après le jugement, la grève est un fait licite
et l'exercice d'un droit, mais elle ne confère pas aux
ouvriers, qui se concertent pour cesser collectivement
le travail, des droits différents de ceux de l'ouvrier qui
le cesse individuellement et sans concert préalable.

De ce principe découle nécessairement la conséquence que le refus de travail « expose les ouvriers, s'il y a lieu, en violation d'engagements contractés, à des dommages-intérêts ».

Quel est le délai d'usage dans l'industrie du bâtiment à Montbéliard?

Le jugement prend soin de le préciser ainsi : « Qu'il y a lieu de retenir l'appréciation du juge de paix, qui a fixé à la valeur d'une semaine de salaire le montant de l'indemnité pour brusque congé, alors que le louage de service est de durée indéterminée; que cette indemnité, due par le patron si c'est lui qui a rompu le contrat, est due par l'ouvrier, si la rupture est le fait de celui-ci[1] ». Il résulte d'une constatation souveraine, parce qu'elle est de pur fait, qu'il existe à Montbéliard un usage par suite duquel, dans les contrats de louage d'ouvrage sans durée déterminée, est sous-entendue une clause obligeant la partie contractante, qui veut unilatéralement les faire cesser, à prévenir l'autre partie, au moins une semaine à l'avance, sous peine de dommages-intérêts.

Le pourvoi devant la Cour de Cassation était fondé sur la violation de l'article 1780 nouveau du Code civil (modifié par la loi du 27 décembre 1890), et des articles 414 et 415 du Code pénal, ainsi que du principe supérieur de la liberté du travail.

L'article 1780 nouveau du Code civil dispose que le louage de services, fait sans détermination de durée, peut toujours cesser

1. Il ne nous semble pas que la question dût se poser ainsi. La semaine de salaire qui signifie quelque chose pour l'ouvrier et indique une indemnité permettant à l'ouvrier de vivre pendant les quelques jours qui lui sont nécessaires pour trouver une place, *ne signifie rien pour le patron*. On devrait tenir compte, pour le calcul de l'indemnité due au patron, du préjudice qui lui a été causé par le brusque départ des ouvriers. — Si des verriers abandonnent brusquement leur atelier sans vider les fours, le préjudice peut s'élever à une quarantaine de mille francs. Que sera, vis-à-vis de cette somme, le total des salaires hebdomadaires des ouvriers de ce four! Des dommages-intérêts doivent être fondés sur le préjudice causé, ils ne peuvent l'être sur aucune autre base.

par la volonté de l'une des parties contractantes, mais que la résiliation du contrat par la volonté d'un seul des contractants peut donner lieu à des dommages-intérêts [1]. Enfin, il interdit aux parties de renoncer d'avance au droit éventuel de réclamer des dommages-intérêts, *toute convention contraire devant être considérée comme nulle et non avenue.*

Mais la condamnation ne repose nullement sur la disposition de l'article 1780 du Code civil, elle n'a pas pour cause, pour base juridique la faute ou le préjudice causé. Elle repose sur la violation d'une convention, convention de prévenance qui existe à Montbéliard, et qui est obligatoire au même titre qu'une convention expresse. La condamnation prononcée contre l'ouvrier procède, non *ex delicto* et de l'article 1780, mais *ex contractu* et de l'article 1134 du Code civil.

La loi du 27 décembre 1890 qui a modifié l'article 1780 du Code civil n'a pas, dans la matière du louage d'ouvrage, supprimé la liberté des conventions et abrogé l'article 1134 du Code civil. Prétendre cela, serait vouloir généraliser une disposition dérogatoire au droit commun et l'étendre du cas prévu à celui qui ne l'a pas été. Assurément, la loi du 27 décembre 1890 a restreint la liberté des conventions, en ce sens qu'elle a déclaré illicite la convention par laquelle les parties renonceraient à l'avance au droit éventuel de demander des dommages-intérêts pour rupture abusive et préjudicielle du contrat de louage d'ouvrage. Mais elle n'a jamais dit ni voulu dire que les parties ne seraient pas libres de convenir, soit expressément, soit tacitement, que la rupture ne pourrait avoir lieu qu'après un certain délai de prévenance et que l'inobservation de la convention donnerait ouverture à des dommages-intérêts ou à l'application d'une clause pénale et forfaitaire.

La grève est l'exercice d'un droit, mais un droit, si étendu qu'il soit, trouve toujours sa limite dans le droit d'autrui, et surtout dans le respect des conventions. L'état de grève ne crée pas des droits particuliers aux grévistes et ne les délie pas de leurs engagements. L'état de grève ne dispense pas le gréviste de payer son loyer, ses fournisseurs ou les dettes qu'il a contractées. Pourquoi serait-il davantage dispensé d'exécuter les obligations qu'il a contractées envers son patron? Est-ce que

---

1. Il faut alors que le demandeur fasse la preuve du préjudice qui lui a été causé.

les obligations qui dérivent du contrat de louage de services
sont moins respectables que celles qui découlent du contrat de
vente ou de bail? Et ce qui est vrai pour les ouvriers est aussi
vrai pour les patrons. Est-ce qu'il pourrait être loisible à des
chefs d'industrie coalisés de licencier brusquement, du matin
au soir, tous leurs ouvriers, envers lesquels ils avaient un engagement exprès ou tacite? Comment, sous prétexte de faire grève,
des patrons pourraient-ils impunément et impudemment violer
la loi du contrat et faire à la masse de leurs ouvriers ce qu'ils
ne pourraient pas faire à un seul d'entre eux, individuellement
congédié?

La grève peut parfois être un cas de force majeure. Souvent
l'ouvrier, qui voudrait accomplir l'engagement de travail qu'il
a contracté, est arraché par la violence à l'atelier. — Souvent
des patrons, pour un motif identique, sont forcés de fermer
leurs usines et de renvoyer les ouvriers qui voudraient continuer le travail. — Mais ce n'est pas le cas de l'espèce actuelle.
M. Loichot a été un gréviste volontaire, et c'est de son plein gré
qu'il a quitté l'atelier et rompu le contrat de travail, sans observer le délai de prévenance qui en formait l'une des clauses.

L'article 1780 n'a donc pas été violé, il n'était pas en jeu. —
Les articles 414 et 415 du Code pénal ne l'ont pas été davantage,
car s'ils consacrent le droit de grève, ils ne confèrent aux grévistes ni privilèges, ni droits particuliers dérogatoires au droit
commun.

La requête de M. Loichot fut donc rejetée, et sa
condamnation à 28 francs de dommages-intérêts vis-
à-vis de son patron, confirmée par la Cour suprême.

*
* *

La grève ne doit cependant pas être considérée
comme une rupture de contrat mais comme une suspension de contrat.

M. Pic, dans son remarquable *Traité de législation
industrielle*[1], l'expose très judicieusement :

1. Arthur Rousseau, éditeur, 1902.

« Il est permis de se demander si la grève peut réellement, en droit, être assimilée à une *rupture collective* du contrat de travail. Certains jurisconsultes estiment, au contraire, non sans raison, qu'elle est simplement une suspension d'exécution des clauses du contrat, autorisée par la loi lorsqu'elle se justifie par des considérations d'*intérêt professionnel*, et non point une rup-ture véritable ; *l'objectif des grévistes étant*, au contraire, *de réin-tégrer en masse l'établissement industriel après obtention des ré-formes qu'ils réclament.*

« *Décider en principe que toute grève, si légitime qu'on la sup-pose dans son principe, pourra servir de base à une action en dommages-intérêts de la part du patron, équivaudrait à paralyser l'exercice du droit de grève*, dans la majorité des cas. — L'esprit de la réforme de 1884 est une opposition manifeste avec cette solution.

« Au surplus, et même si l'on se place sur le terrain de l'ar-ticle 1780 (L. 27 déc. 1890), les conclusions que l'on a prétendu en déduire sont tout à fait inacceptables. L'article 1780 n'autorise la partie congédiée à réclamer des dommages-intérêts que si l'autre partie a *abusé* du droit que la loi lui conférait de dénon-cer *ad nutum* le contrat conclu *sans détermination de durée.* Une condamnation civile, même basée sur cet article, ne sau-rait donc être prononcée contre les ouvriers coalisés ou syndi-qués, qui auraient brusquement déclaré la grève, que *s'il y avait abus du droit de coalition*, c'est-à-dire s'ils en avaient fait usage en vue d'une fin autre que celle qui a motivé la reconnaissance du droit de coalition, en 1864, c'est-à-dire d'une fin étrangère à la défense de leurs intérêts professionnels.

« Il y a là, conclut M. Pic, une question de pur fait, qu'il ap-partient au juge du fond d'apprécier dans chaque cas particu-lier, en se pénétrant de l'esprit de la loi, essentiellement favo-rable au groupement professionnel, sous tous ses aspects. »

III. — La responsabilité des syndicats.

Le droit de grève peut-il être revendiqué par les syndicats ?

Et, par exemple, un syndicat a-t-il le droit d'im-poser à un patron le renvoi d'un ouvrier, parce que cet ouvrier s'est retiré du syndicat et refuse d'y rentrer ?

L'article 7 de la loi du 21 mars 1884 est formel dans son texte : « Tout membre d'un syndicat professionnel peut se retirer à tout instant de l'association, nonobstant toute clause contraire... » Un arrêt de la Cour de Cassation, du 22 juin 1892, est formel sur ce point (affaire Joost contre le syndicat de Jallien).

Mais s'il s'agit de mise à l'index d'ouvriers, la jurisprudence se refuse à accorder des dommages-intérêts à l'ouvrier interdit. C'est ainsi qu'un jugement du Tribunal civil de Lyon du 16 décembre 1896 déboute un ouvrier de la demande en indemnité qu'il avait formée contre le syndicat des passementiers. « C'est pour la défense d'un tarif et par suite d'un intérêt professionnel que l'ouvrier a été mis à l'index. » Mais il faut que l'intérêt professionnel soit nettement déterminé. Un arrêt du 2 mars 1894 de la Cour de Lyon avait déclaré qu'un ouvrier était dans son droit en refusant de partager son travail avec un autre ouvrier congédié de l'usine, le différend restant limité aux deux seules personnes en cause. C'est ainsi qu'en mars 1896, la Cour d'appel de Paris protestait contre les manœuvres inspirées par le désir de nuire, que le syndicat des ouvriers fondeurs en cuivre avait employées à l'égard de deux ouvriers, MM. Bonnissent père et fils. Le premier d'entre eux, devant les obstacles qu'il rencontrait pour se faire embaucher par les patrons de sa profession, que menaçait la mise en interdit, avait dû abandonner son métier de mouleur en cuivre et se résigner, pour gagner sa vie et celle des siens, à entrer tantôt chez un fabricant de bottines, tantôt chez un verrier.

L'index poursuit partout l'ouvrier récalcitrant. Voici l'ouvrier Husson, mis à l'index par un syndicat des Ardennes, qui réussit à se placer chez un patron de

Saint-Denis. Le syndicat des mouleurs de la Seine poursuit la vengeance du syndicat des Ardennes ; il oblige le patron de Saint-Denis à congédier cet ouvrier dont il était satisfait. On ne saurait assez flétrir ces procédés de barbares et de cannibales. Husson va-t-il être condamné à mourir de faim ? La cruauté inexorable et inquisitoriale du syndicat l'exigerait. Le tribunal de la Seine, par jugement du 6 novembre 1895, permit à l'ouvrier de se soustraire à cette tyrannie et de réclamer des dommages-intérêts à ses persécuteurs. On n'aurait pas pu soutenir ici que cette persécution était motivée par des considérations d'intérêt professionnel.

Il en sera de même s'il s'agit de mise à l'index de patrons. L'index est-il porté dans le but de nuire ? condamnation. — Est-il simplement exercé dans l'intérêt de la profession ? Sa légitimité est consacrée par la jurisprudence. Voici par exemple une usine, la fonderie Letixerant de Persan-Beaumont (Seine-et-Oise) qui emploie un contremaître dont la direction se déclare satisfaite. — Le syndicat ouvrier, par contre, en réclame le renvoi, et, faute d'obtenir le renvoi, met l'index sur l'usine. Atteint dans le libre exercice de sa profession, le patron, M. Letixerant attaque le syndicat responsable et obtient des dommages-intérêts [1].

*
* *

Comme en France, les coalitions ouvrières, ont été poursuivies en Angleterre. Le délit pénal de *conspiracy* était sévèrement réprimé par les lois jusqu'en 1871, époque où cette législation fut remplacée par le *Trade-Union Act* et le *Criminal law amendment Act*, lui-même remplacé le 13 août 1875 par le *Conspiracy*

---

1. Arrêt de la Cour de Paris, du 5 février 1901.

and protection of property Act, qui accordait le droit
de coalition aux *Trade-Unions* non enregistrées et
proclamait la légitimité de toute coalition, non accompagnée de violences, menaces, ou actes d'intimidation. De cet ordre était le *pickcting*, ou espionnage
des ouvriers continuant à travailler par ceux qui
avaient décidé la cessation du travail.

Il faut ici remarquer que les *Trade-Unions* n'ont pas
de personnalité morale et ne peuvent posséder que
par le subterfuge de *trustees* ou hommes de confiance. Ce subterfuge est en réalité reconnu par la loi,
puisque les unions peuvent être condamnées à l'a-
mende. Et, en réalité, le *trustee* venant à disparaître
est remplacé par un autre *trustee* qui lui succède dans
ses droits de demandeur ou de défendeur dans les
actions judiciaires qui concernent l'union.

Ceci dit, il importe de savoir si le *picketing* sera
toujours illicite et si les Trade-Unions qui se livrent
à ces procédés sont toujours répréhensibles? — Non,
le picketing ne sera condamnable que lorsqu'il con-
sistera à guetter et à bloquer l'usine d'un patron. Il
deviendra licite s'il n'a d'autre but, de la part des ouvriers qui se tiennent aux abords de l'usine, que
d'obtenir ou de donner des renseignements sur la
grève. En résumé, il est licite, quand il est pacifique
et n'a point pour but de détourner les ouvriers qui
veulent travailler, par des menaces ou des mesures
d'intimidation.

D'autre part, l'index porté sur un ouvrier syndiqué
donne-t-il lieu à des poursuites contre ceux qui l'ont
prononcé? Jusqu'ici les juges anglais répondaient :
Non, au point de vue pénal; Oui, au point de vue civil.

Et voici un des cas les plus intéressants de cette
jurisprudence :

Deux charpentiers de navires sont embauchés aux docks de la *Glenzal Iron C°*, pour travailler sur des navires en fer. Immédiatement la Trade-Union des chaudronniers pour navires de Londres s'insurge et veut obliger la compagnie à renvoyer ces deux intrus, sous menace de grève. La compagnie s'exécute ; mais les deux charpentiers licenciés actionnent le *trustee* de la Trade-Union et obtiennent, chacun, 250 francs de dommages-intérêts.

Le *trustee* se pourvoit en appel devant la Chambre des Lords, qui décide que les ouvriers métallurgistes avaient parfaitement le droit de quitter le travail, ou d'en menacer leur patron, pour n'importe quel motif, *et même pour un mauvais motif*. Chacun des ouvriers aurait pu aller trouver le gérant et lui déclarer qu'il ne travaillait plus, si les deux ouvriers étrangers à la profession continuaient à être employés. S'il en est ainsi, quel mal pouvait avoir fait le délégué de tous les ouvriers en disant ce que chacun d'eux aurait pu légitimement dire ?

Dernièrement cependant cette jurisprudence de la Chambre des Lords s'est démentie.

Un boucher irlandais nommé Leathem employait un garçon *non-unionist*, dont l'Union réclamait le renvoi. C'est en vain que Leathem, content des services de son garçon, s'offrit à payer la cotisation syndicale. Les autres bouchers furent mis en demeure par l'Union de cesser toute relation avec le boucher mis à l'index. Leathem poursuivit l'Union devant les tribunaux et ces tribunaux, puis la Cour d'appel et enfin la Chambre des Lords lui accordèrent 4.000 francs d'indemnité.

Dans un article intitulé : *La fin du Trade-Unionism*, M. Frederick Harrison compare ces deux décisions.

Elles aboutissent à ceci, écrit M. Harrison :

1° Quand une *Trade-Union* cherche à soumettre quelqu'un à ses conditions, en poussant d'autres personnes à ne pas traiter avec lui, elle peut, tout en ne commettant rien de contraire à l'article de 1875, être *civilement* responsable.

2° Une *Trade-Union* peut être *socialement* responsable des actes de ses fonctionnaires et peut être poursuivie et condamnée à payer, sur ses ressources, toutes les indemnités réclamées.

Si des sociétés puissantes n'arrivent pas, avec ces nouvelles armes, à abattre les plus puissantes *Trade-Unions*, c'est qu'elles seront composées d'hommes stupides et timides, bien différents de ce qu'ils sont généralement.

IV. — La responsabilité des tiers.

Lorsque M. Rességuier, directeur des verreries de Carmaux, intenta en 1896 un procès à M. Jaurès et à *la Dépêche* et à *la Petite République,* pour la part que le grand orateur et les deux journaux socialistes avaient prise à une grève qui avait été néfaste à son industrie, M. Waldeck-Rousseau signa une consultation, qu'il est intéressant de résumer.

Il commençait par relever les paroles imprudentes relevées chez M. Jaurès et dans les journaux socialistes.

« Vos maîtres associés, disait M. Jaurès aux grévistes, votre préfet, votre patron, unis dans une même pensée de haine contre la démocratie et le travail, veulent la lutte et la lutte prolongée. »

« Et *la Petite République,* citée, approuvée par *la Dépêche,* disait :

« M. Rességuier voulait la grève, il l'a voulue pour décimer les militants socialistes et se débarrasser de Jaurès; c'est la guerre au couteau, d'autant plus sauvage qu'elle voue à la famine une population entière; des femmes, des enfants vont souffrir de la faim ; qu'importe, ainsi le veut le bon plaisir de l'exploiteur.

« Ces atrocités se commettent au nom de la République, et le
gouvernement y associe l'armée et l'on va peut-être renouveler
les massacres de Fourmies... »

M. Jaurès disait dans le même sens dans sa dépêche
au ministre :

« Voilà la grève rouverte, rouverte par le patron, par lui
seul... Si le gouvernement et le patronat ont le courage de faire
tirer sur ces braves gens coupables avant tout d'être républicains, que le sang versé retombe sur le triste régime qui, sous
le nom usurpé de République, aura préparé ou toléré un tel
crime. »

On s'efforce encore de persuader aux ouvriers que
la fortune de M. Rességuier a été acquise à leur détriment, qu'il est l'exploiteur, l'infâme Rességuier.

M. Jaurès et les deux journaux socialistes ne pouvaient cependant s'autoriser de la loi de 1884 pour intervenir dans le débat. La loi de 1884 a interdit l'entrée
des syndicats à toute personne étrangère à la profession des syndiqués et a déclaré que les syndicats auraient exclusivement pour objet la défense des intérêts
économiques, industriels, commerciaux ou agricoles.
— M. Jaurès et les deux journaux assignés ne remplis-
sent pas la première condition et ont ouvertement
méconnu la seconde. Il leur était donc doublement interdit de s'immiscer dans les grèves.

En résumé, deux faits leur sont reprochés : L'immixtion dans cette grève de tiers étrangers au personnel
de l'usine et au syndicat et les manœuvres dont ils se
sont servis pour prolonger le chômage.

L'immixtion d'un tiers dans une grève et l'immixtion d'un tiers dans un syndicat sont des faits tout à
fait distincts. Il n'existe, en matière de grève, aucune
immunité au profit des syndicats.

D'après l'article 414 du Code pénal, la coalition simple est absolument permise, tandis que la coalition accompagnée de manœuvres reste, comme autrefois, interdite. La responsabilité des tiers est basée sur les mêmes principes. L'intervention des tiers dans une coalition soutenue par des moyens licites, si elle se manifeste elle-même par des actes licites, ne tombe pas sous l'application des textes relatifs aux coalitions délictueuses. — Il en est autrement de l'immixtion d'un non-professionnel dans le fonctionnement ou dans les résolutions d'un syndicat. La loi de 1884 est une loi exceptionnelle, et si elle déroge aux articles 291 et suivants du Code pénal, ce n'est qu'au profit des groupes professionnels. Dans une grève, un tiers peut engager sa responsabilité vis-à-vis des ouvriers, s'il cède, en leur faisant commettre des actes préjudiciables pour eux, à des mobiles personnels ; vis-à-vis du patron, il répondra même de sa seule imprudence.

Voyons maintenant les faits :

Rien n'a été épargné pour rendre M. Rességuier odieux, susciter les haines contre lui et exaspérer les colères.

C'est un affameur.

« L'opinion unanimement proteste sans distinction de nuance ; les journaux républicains dénoncent l'affameur : ce n'est plus Baudot ni Pelletier qu'il faut à l'affameur comme victimes propitiatoires, c'est tout ou presque tout le conseil syndical... Car l'ancien voleur de brevets, l'écumeur des inventions d'autrui, le pirate d'industries qu'est M. Rességuier, ne perd jamais le Nord, d'où vient la lumière, la bonne, celle qui éclaire les spéculateurs de son espèce... Reste à savoir si l'opinion publique laissera commettre un attentat aussi monstrueux, si l'armée nationale sera la complice de ce crime de lèse-humanité... Nous irons de ville en ville dénoncer au peuple républicain ce coup d'État révolutionnaire, et nous demanderons aux ouvriers, aux hommes de cœur, aux démocrates, du pain pour les affamés de Carmaux, pour les victimes du bandit Rességuier. » (*Petite République*, 19 août 1895.)

« Il fait fortune en dépouillant les inventeurs, il fait fortune en affamant des centaines d'hommes, de femmes et d'enfants; il fait fortune, enfin, en frustrant l'État... Puisque Rességuier règle leurs comptes à ses ouvriers, le moment est venu de régler également le sien propre et surtout malpropre. » (*Petite République*, 22 août 1895.)

« Contre les voleurs qui prennent tout et ne rendent rien, il n'y a point de concurrence possible, pour les honnêtes gens surtout lorsque la justice, les magistrats et les gendarmes se mettent du côté des premiers. » (*Petite République*, 23 août 1895.)

« Ainsi, le projet abominable de l'affameur Rességuier n'aura été qu'un mauvais rêve; il voyait déjà les verriers et leurs familles crier famine, implorer pitié; il goûtait par avance les lamentations et les cris de douleur de ces infortunés, il se repaissait de leurs tortures et s'en pourléchait les babines... Lisez-vous les listes de souscriptions? Je ne connais point de feuilleton plus passionnant et en même temps plus suggestif de réconfort... Quelle jouissance pour ces suppôts d'affameurs si les 1.100 familles d'honnêtes gens, condamnés à mort par l'escroc Rességuier, avaient souffert et pleuré! » (*Petite République*, 28 août 1895.)

Venons aux souhaits concernant le bandit en question, c'est-à-dire M. Rességuier :

« En voilà un qui devrait bien se tuer, non parce qu'il est un miséreux, mais parce qu'il est un misérable. » (*Petite République*, 28 août 1895.)

Les souscriptions de ce journal permettent d'apprécier l'impression produite par un tel langage :

« Une bande de miséreux d'Asnières qui voudrait voir le bandit Rességuier faire la danse du ventre : 4 francs. » (*Petite République*, samedi 31 août 1895.)

« Un révolté contre le capitalisme, pour le fouet qui torturera Rességuier. » (*Petite République*, 2 septembre 1895.)

« Ceux qui voudraient rencontrer Rességuier à minuit. » (*Petite République*, 15 septembre 1895.)

« Collecte faite par un groupe d'ouvriers pour l'achat d'une

corde en faveur de Rességuier. » (*Petite République*, 9 septembre
1895.)

« Une gueule noire qui veut occire Rességuier. » (*Petite République*, 15 septembre 1895.)

Enfin, il convient d'ajouter une dernière citation aux
précédentes. Le 14 novembre, *la Petite République*
imprime ce qui suit :

« Déjà il a, par son obstination, déprécié de plus d'un quart les
actions de la verrerie; il ruinera son industrie, les autres et lui-
même : mais il aura cette joie; les ouvriers de Carmaux qui
l'ont vaincu, qui ont résisté à ses menaces, à ses juges, à son
préfet, à sa police, ne travailleront pas, ne mangeront pas; il les
ensevelira même, s'il faut, sous les ruines de sa verrerie. »

Le même journal, au moment où M. Rességuier
s'occupait d'embaucher de nouveaux ouvriers, a publié
en outre un certain nombre d'informations dont quel-
ques-unes doivent être aussi reproduites :

« Des renégats s'attendaient à ce que Moffre tiendrait les promesses de Rességuier; il n'en a rien été; hier soir, après la paye,
ces tristes individus se plaignaient dans les cafés d'avoir été
abominablement floués. » (*Petite République*, 21 novembre 1895.)

« Nous avons appris à la réunion de ce matin que les renégats
étaient fort mécontents des tarifs que Moffre leur impose. Un
certain nombre manifestaient leur intention de quitter Carmaux :
c'est la débâcle qui s'annonce. » (*Petite République*, 12 novembre
1895.)

« C'est pour obéir aux conseils de M. Leygues que Rességuier
a fait battre la Champagne, le Nord, le Bordelais et le Lyonnais
pour embaucher coûte que coûte des individus auxquels on col-
lait pour la circonstance l'étiquette de verriers; il s'agissait, non
pas de faire des bouteilles, mais de paraître en faire, de pouvoir
présenter des listes suffisamment garnies pour permettre au ministre de faire à la tribune la déclaration arrêtée d'avance...
M. Leygues peut continuer à pratiquer comme il l'entend la
neutralité ministérielle; M. Rességuier et le préfet peuvent continuer à enfourner dans leurs verreries des bandes d'individus

qui boivent, mangent, dorment, mais sont incapables de faire une bouteille. L'opinion publique sait à quoi s'en tenir et il faudra bien au grand jour de la tribune que la vérité éclate. » (*La Dépêche*, 22 octobre 1895.)

« Toute la bande d'ouvriers dont on a dit qu'ils fabriquent par jour 500 à 600 bouteilles, alors qu'ils n'en ont jamais fabriqué autant pendant toute leur vie, grillait des cigarettes dans la cour, mais au travail personne. » (*La Dépêche*, 22 octobre 1895.)

« Mensonges, orgies, tout a été mis en œuvre ; malgré tout cela, sur les quarante personnes qu'on a réussi à amener à Carmaux, il ne se trouve que quatre ouvriers, nous précisons, capables de travailler... Dans toute la région de la Loire, on rit ferme de la façon dont M. Rességuier remplace son personnel. Partout on est heureux qu'il ait procédé ainsi parce qu'il a débarrassé le pays d'une bande d'individus connus surtout pour leur assiduité au cabaret. » (*La Dépêche*, 25 octobre 1895.)

« Vendredi soir, par le train de 10 h. 12, est arrivé à Carmaux un nouveau convoi d'ouvriers étrangers, embauchés dans le Nord et dans la Champagne. Le nombre des arrivants était de vingt-cinq ; ils étaient conduits par Saintoyen, le sous-directeur du Bousquet-d'Orb.

« Décrire les brutalités de cet agent de Rességuier est impossible ; à moins de l'avoir vu à l'œuvre, il est impossible de s'en faire une idée. Aussi était-ce avec pitié que partout dans les gares où il permettait au troupeau humain placé sous sa protection de descendre, on voyait malmener les pauvres ouvriers qu'à grand renfort d'argent et d'eau-de-vie, il a réussi à amener à Carmaux. Mais là n'est point le plus important, d'autant plus que malgré les précautions prises, malgré le déploiement vraiment incroyable de gendarmes et de policiers chargés de surveiller étroitement les nouveaux débarqués, la plupart d'entre eux ont déclaré qu'ils ne voulaient point travailler et ne demandaient qu'à s'en retourner chez eux après entente avec le comité de défense. » (*La Dépêche*, 10 novembre 1895.)

« Nous disions avant-hier que les renégats sont littéralement furieux contre M. Rességuier, qu'ils accusent ouvertement de les avoir bercés de fallacieuses promesses pour les amener à Carmaux ; ses émissaires ne reculaient devant rien ; aux pseudo-ouvriers qu'ils voulaient embaucher, ils promettaient des salaires fantastiques ; on leur assurait une véritable existence princière. Au moment venu de la mise à exécution de toutes ses promesses,

singulièrement alléchantes, M. Rességuier, qui voit crouler tous
ces beaux projets, a rechigné, et les salaires mirobolants qu'il
faisait miroiter aux yeux de ces vide-bouteilles, les primes que
les journaux à la solde du grand verrier annonçaient à grand
fracas se sont évanouis et ont fondu comme neige au soleil,
d'où clameurs et colère dans le camp des renégats, qui criaient
de tous côtés, lundi soir, après avoir touché leur paye, au men-
songe et à la tromperie. Une soixantaine, nous garantissons le
chiffre, déclaraient à M. Moffre que, puisqu'il ne tenait pas les
engagements pris à leur égard, ils quittaient la verrerie. » (*La
Dépêche*, 22 novembre 1895.)

Ainsi le but nettement avoué était de maintenir à
tout prix le chômage.

Il apparaît donc, dit M. Waldeck-Rousseau, que
l'action en responsabilité intentée par M. Rességuier
est absolument justifiée.

Elle est justifiée en tant qu'action civile exercée à
l'occasion de faits délictueux. Il est certain qu'une coalition entretenue au moyen de manœuvres déloyales est
par là même délictueuse aux termes de l'article 414. Des
injures graves, des imputations précises dirigées contre
le crédit moral du patron, des diffamations caractérisées
sont, au premier chef, des manœuvres, au sens de la loi.

Jugement du tribunal civil de Toulouse
(mars 1896).

Le tribunal civil de Toulouse examina simplement si
l'article 414 du Code pénal pouvait être appliqué en l'espèce. Cet article 414 suppose qu'une cessation de travail a été concertée entre ouvriers dans un but déterminé et que cette cessation de travail est provoquée ou
maintenue à l'aide de moyens illicites, notamment de
manœuvres frauduleuses. Or, ici la situation de fait
semblait sensiblement différente.

Les ouvriers de Carmaux s'étant mis en grève à raison du renvoi de leurs camarades, Baudot et Pelletier, l'intervention du député M. Jaurès les détermina presque aussitôt à reprendre le travail, tout en subissant le renvoi. — Le conflit, avec le commencement de grève qui en avait été la suite, semblait de la sorte heureusement terminé. A ce moment, la rentrée immédiate des ouvriers se trouvant ainsi résolue et même annoncée, ainsi que le prouve un télégramme adressé le 6 août à M. Rességuier, au nom des verriers, celui-ci fit publier le même jour un avis aux termes duquel il faisait connaître sa volonté de laisser l'usine fermée et de ne la rouvrir qu'ultérieurement dans des conditions non encore déterminées. — Le long chômage des usines de M. Rességuier n'aurait donc pas été la conséquence d'une cessation de travail concertée par les ouvriers.

Cependant, à défaut du délit spécial emprunté aux dispositions de l'article 414, les faits incriminés pourraient constituer ou des délits d'un autre ordre, ou des quasi-délits motivant contre les défendeurs la responsabilité écrite dans l'article 1382 du Code civil. Il fallait donc rechercher si cette responsabilité n'aurait pas été encourue.

L'ingérence des tiers dans une grève peut incontestablement devenir une cause particulière de préjudice, indépendamment de la grève elle-même, pour l'industrie contre laquelle la cessation du travail est dirigée ; néanmoins ce ne sera pas là une cause de réparation civile, si, quoique dommageable pour autrui, semblable intervention présente un caractère licite, puisque aux termes de l'article 1382 du Code civil, celui-là seul est responsable qui a commis une faute, et qu'il n'y a point faute à user d'un droit, sans d'ailleurs en abuser.

Le droit de grève étant admis par la législation, il faut considérer comme une conséquence nécessaire de ce droit le concours donné par les tiers à la grève. Les ouvriers, sans secours possibles, ni conseils du dehors et livrés à eux-mêmes, se trouveraient bien souvent placés dans l'alternative d'abdiquer de justes revendications ou de recourir à la violence pour les faire triompher. Il ne saurait être interdit aux ouvriers de s'appuyer sur les conseils et l'expérience d'hommes, députés, journalistes ou autres, investis de leur confiance, ou encore de faire publiquement appel à l'opinion, pour y trouver un soutien matériel ou moral.

Sans doute, il peut paraître périlleux, pour la paix sociale, de tolérer certains excès de plume ou de langage dont les grèves deviennent parfois l'occasion ou le prétexte, de même que l'agitation malsaine suscitée autour d'elles par quelques fauteurs de désordre, mais toute loi de liberté et de progrès est susceptible d'engendrer des abus, sans qu'il convienne, pour cela, de supprimer le progrès ni la liberté; les droits les plus incontestés ont eux-mêmes leurs abus : abus de propriété, abus de jouissance; mais il suffit de réprimer ces abus sans porter atteinte au droit lui-même. C'est fréquemment dans un esprit de conciliation et d'apaisement que les tiers se mêlent à une grève. D'ailleurs, si l'intervention en faveur de la grève n'était pas permise, il faudrait, par une juste réciprocité, interdire celle qui veut s'exercer en faveur du patron, et que la grève ne regarde ni les tiers, ni la presse appelée à éclairer l'opinion, ni la représentation nationale qui a pour mission de s'intéresser à tout ce qui touche à l'ordre public, ni personne autre que les intéressés...

Il est évident que M. Rességuier a eu à subir les attaques les plus véhémentes, qu'il a été dénoncé à l'opinion publique en termes flétrissants, comme ayant édifié une fortune considérable par des moyens que l'honneur réprouve, qu'il a été signalé comme affameur du peuple, qu'on lui a prodigué journellement les plus violentes invectives ainsi que les menaces, que contre lui encore les nouvelles les plus fausses étaient mises en circulation. — Ces procédés, dit le tribunal civil de Toulouse, excèdent les bornes d'une polémique permise; mais ces attaques violentes rentrent pour la plupart dans les prévisions de la loi de 1881 sur la presse et se trouvent alors prescrites, puisque plus de trois mois se sont écoulés depuis la date de la citation et qu'aucun acte caractérisé de poursuite n'est venu en interrompre la prescription. De plus, M. Rességuier a formellement déclaré ne vouloir les retenir que comme manœuvre, au sens de l'article 414 du Code pénal, ou, si cet article était écarté, comme quasi-délit justifiant l'application de l'article 1382 du Code civil. Le préjudice invoqué résulterait de ce que, sous l'influence de ces divers agissements, la cessation du travail se serait maintenue au delà de sa durée normale et aurait porté atteinte à l'industrie que M. Rességuier représente. Il faut donc rechercher si réellement cette intime relation de cause à effet peut être invoquée.

Pour résoudre cette question, il faut voir dans quelles conditions exceptionnelles et presque sans précédents la lutte s'est trouvée engagée, avant qu'aucune ingérence étrangère se fût produite. Après un commencement de grève auquel ils avaient renoncé, les verriers se disposaient à reprendre le travail sans condition, se résignant même au congédiement de leurs camarades, lorsque fut publié tout à coup l'avis donné par l'administration des verreries que les usines seraient fermées jusqu'à nouvel ordre. Il était alors facile à M. Rességuier d'éviter un aussi douloureux conflit. S'il s'est continué plus longtemps qu'on ne le supposait, il est évident que c'est grâce à l'appui moral et matériel que les grévistes ont reçu des tiers, mais cette intervention des tiers ne saurait être condamnée que dans ce qu'elle a eu d'excessif.

L'on n'aperçoit pas bien en quoi, parce que M. Rességuier a été traité d'affameur du peuple ou de contrefacteur, les grévistes qui travaillaient depuis longtemps chez lui, et auxquels toutes ces imputations étaient connues, auraient, sous leur influence déterminante, persisté à ne pas reprendre le travail; il serait plus rationnel de prétendre que c'est sur l'opinion, à laquelle s'adressaient ces insinuations, que ces manœuvres ont pu faire impression en intéressant, dans une mesure plus large, le public à la cause des grévistes, et que ceux-ci en ont profité par le produit de souscriptions leur arrivant plus abondantes et leur permettant ainsi de prolonger la résistance.

Au surplus, lorsque est survenue la reprise du travail, toutes ces excitations se poursuivaient avec un égal acharnement, et cependant la grève a pris fin. Si, malgré la persistance de cette excitation, la lutte a cessé de même qu'elle avait commencé avant elle, l'on n'aperçoit pas bien, étant donné qu'il s'agissait d'une grève exceptionnellement intense et portant en elle-même les éléments de sa durée, pourquoi, nécessairement, c'est à cette cause particulière plutôt qu'à toute autre que le préjudice invoqué serait imputable.

« Attendu, en conséquence, disait le jugement du tribunal civil de Toulouse, qu'il échet de démettre Rességuier de sa demande;

« Attendu que ce résultat peut, à certains égards, paraître fâcheux et, pour ceux qui voudraient abusivement s'en prévaloir, constituer l'absolution indirecte d'excès hautement condamnables, mais qu'il dépendait de Rességuier d'obtenir, à raison de ces excès, la satisfaction qui lui était due, s'il se fût borné à poursuivre, avec moins d'éclat, la réparation des griefs personnels dont il avait à se plaindre; qu'il a jugé préférable de faire sortir le procès de ces limites, de transformer ces griefs personnels en griefs industriels, intéressant avec lui l'industrie tout entière, et d'attribuer à sa demande dans un débat retentissant l'importance d'une cause qui s'intitule volontiers la cause de l'industrie contre le socialisme ; que suivre le demandeur sur ce terrain serait donner aux faits dont le tribunal est saisi, des proportions qu'ils n'ont point, et, de plus, empiéter sur un domaine où la justice n'a point le droit de pénétrer ;

« Attendu que les dépens sont à la charge de la partie qui succombe :

« Par ces motifs,

« Le tribunal jugeant publiquement contradictoirement en matière ordinaire et en premier ressort, après en avoir délibéré, *démet Rességuier de sa demande* et le condamne aux dépens. »

L'arrêt de la Cour d'appel de Toulouse
(20 juillet 1896)

La Cour reconnut tout d'abord que la loi de 1864 a admis que la coalition, soit entre patrons, soit entre ouvriers, n'était point par elle-même un fait illicite et punissable, et cela sans examiner si la grève avait eu, à son origine, une cause juste ou injuste.

Mais elle estima que, de ce que ces actes autrefois punis par l'article 416 du Code pénal fussent devenus licites au point de vue pénal, il ne s'ensuivait pas qu'ils le fussent devenus au point de vue civil, car la loi civile défend tous les actes qui constituent une faute et qui portent atteinte au droit d'autrui. Si un préjudice a été causé, il doit être réparé.

Il s'agissait donc de rechercher s'il y avait eu violation de la liberté individuelle.

La grève qui a éclaté à Carmaux, le 1er août 1895, a été déterminée par des considérations qu'il faut préciser. La base du contrat de travail intervenu, le 24 mai 1895, entre M. Rességuier et ses ouvriers consistait, de la part du patron, à payer des sa-

laires plus élevés que dans les ateliers de verrerie similaire et
à leur accorder une majoration de 3 p. 100. Moyennant cet accord, M. Rességuier avait cru prévenir tout mécontentement et,
partant, toute cause de grève.

Tel était le contrat, quand un incident en amena la rupture
de la part des ouvriers. M. Baudot, dont l'inexactitude avait antérieurement donné lieu à un avertissement, et M. Pelletier,
autre ouvrier verrier, s'étant absentés, plusieurs jours, sans per-
mission et contrairement au règlement de l'usine, M. Rességuier
les congédia.

Ce renvoi fut la cause ou le prétexte d'une déclaration de
grève.

En quittant alors avec ensemble l'usine, les ouvriers détrui-
sirent le contrat de travail, qu'ils avaient librement accepté.
C'était leur droit.

A la suite de cette rupture, M. Rességuier proposa des conditions nouvelles à la reprise du travail.

Toutes choses étaient alors dans le droit des parties, au point
de vue légal de la grève.

C'est au cours de cette grève que se sont produites les inter-
ventions de M. Jaurès et des journaux : *la Dépêche* et *la Petite
République*.

**

Le tribunal de Toulouse avait admis que « l'ingérence des tiers
dans une grève était, quoique dommageable pour autrui, un acte
licite, parce que, aux termes de l'article 1382 du Code civil,
celui-là seul est responsable qui a commis une faute et qu'il n'y
a point faute à user d'un droit, *sans d'ailleurs en abuser* ».

On ne peut abuser d'un droit que si l'on n'en dépasse les limites. La Cour d'appel repousse cette définition du tribunal et
dit que, dans ce cas, on s'est mis en dehors du droit, on en est
sorti.

Si, au contraire, restant dans les limites de ce droit, on en a
usé dans toute son étendue, dans toute sa vigueur, on ne peut
dire qu'on en a abusé.

Le tribunal a commis encore une autre erreur juridique, en
constatant l'abus dommageable d'un droit. Il ne saurait exister
un abus d'un droit, car ce qu'on a appelé ici un droit, c'est en
réalité l'absence d'un droit, un acte en dehors des limites normales du droit allégué ou reconnu.

Si le droit des tiers de s'ingérer dans une grève est reconnu par la loi, il en faudra fixer les limites normales. — Si on l'a simplement exercé, aucune responsabilité ne sera encourue ; si on en a franchi les limites, on a accompli des actes illicites, et, si ces actes sont en même temps dommageables, on devra indemniser quiconque aura souffert de ces actes.

Mais il faut se demander si les tiers ont le droit d'intervenir dans une grève. Le tribunal a reconnu ce droit comme une conséquence nécessaire du droit de grève. Si ce droit est une conséquence nécessaire, l'immixtion des tiers doit trouver, dans la sanction légale de ce droit, sa propre consécration.

La Cour d'appel repousse une semblable thèse. L'ingérence des tiers n'est pas le corollaire et ne constitue pas l'accessoire indispensable au droit de grève. *La loi de 1864 ne s'étend pas à l'intervention des tiers. Il s'ensuit qu'elle n'autorise pas leur ingérence.*

Nul n'a le droit de s'immiscer dans les affaires d'autrui (art. 1166 du Code civil), à moins d'y avoir soi-même un intérêt réel.

En ce qui concerne M. Jaurès, il pouvait avoir trouvé des raisons d'intervenir, parce qu'il répondait à l'appel d'une partie intéressante de ses électeurs et que ceux-ci l'avaient pris comme guide et conseil.

Pour les journaux intimés, leur intervention spontanée s'explique par ce fait que la grève était un événement public en soi, se rattachant à des questions sociales de premier ordre. — Or, ne saurait les priver du droit de traiter les questions qui intéressent l'ordre public, l'ordre social.

Mais cette ingérence est subordonnée à la règle essentielle de ne pas user d'excitations malsaines, de manœuvres, de fausses nouvelles, de mensonges, de pratiques artificieuses ou dolosives.

Ici l'article 1382 est applicable et son application doit avoir lieu pour deux séries de faits :

1° L'assertion souvent répétée qu'il n'y avait dans l'usine que des pseudo-ouvriers, ce qui était faux et permettait aux ouvriers de croire que le patron, capable de recourir vis-à-vis d'eux à de semblables artifices, ne tarderait pas à être à leur merci. D'autre part, cette assertion d'ouvriers ne fabriquant que des articles de rebut devait fatalement nuire au patron, au regard de sa clientèle.

2° Les désembauchages qu'il y a lieu de distinguer entre ceux qui ont été faits par persuasion ou convention, et ceux qui ont été amenés à l'aide de remises de sommes d'argent.

Si le syndicat, voulant astreindre les ouvriers à rester en grève, avait exercé vis-à-vis d'eux des actes de cette nature, on ne saurait contester que M. Rességuier aurait été en droit de l'actionner. On ne peut admettre qu'il en soit différemment quand ce sont des tiers qui, dolosivement, ont déterminé les ouvriers.

De tous ces motifs découle une condamnation à 15.000 francs de dommages-intérêts contre M. Jaurès, *la Dépêche* et *la Petite République*.

L'arrêt de la Cour de cassation
(29 juin 1897).

L'arrêt de la Cour d'appel de Toulouse fut attaqué par les condamnés. Ils recoururent à la jurisprudence suprême, et la Cour de cassation eut à prononcer l'arrêt définitif.

La thèse qu'avaient eu successivement à apprécier le tribunal et la Cour de Toulouse était la suivante :

Le 1er août 1895, sur une décision de leur syndicat, les ouvriers d'une verrerie se sont mis en grève ; ce qu'ils demandaient, ce n'était point une élévation des salaires, mais la réintégration de deux ouvriers, membres influents du syndicat, conseillers municipaux et d'arrondissement, que le directeur des verreries avait renvoyés, pour s'être absentés pendant quinze jours sans autorisation. La grève parut cependant sur le point de finir, presque aussitôt que commencée ; car, après une proposition d'arbitrage repoussée par le directeur, les verriers, sur le conseil du député de l'arrondissement, notifiaient, le 6 août, à leur patron qu'ils étaient prêts à reprendre leur travail tous ensemble et sans conditions. Mais, le même jour, le directeur déclarait que, les ouvriers ayant quitté le travail sans motifs, l'usine était fermée, et que la société ne pouvait indiquer dans quelles conditions ni à quelle époque elle serait rouverte. Le 16 août, il faisait savoir qu'il était prêt à embaucher tous les ouvriers, sauf les meneurs de la grève, le salaire étant établi « sur le

tarif maximum que touchent les verriers dans une usine quelconque de France pour des marchandises identiques », Ces
propositions furent repoussées par les ouvriers et la grève se
prolongea; elle ne devait prendre fin que le 22 nov. 1895.

Les grévistes eurent pour principaux appuis le député, qui,
dans les réunions publiques, dans la presse, au Parlement, soutint ardemment et éloquemment leur cause, et deux journaux.
Dans cette lutte passionnée, le député et les deux journaux ont
dirigé contre le directeur des verreries de violentes attaques,
qui ont été relevées et précisées dans les décisions judiciaires.
« Il est indéniable, dit le tribunal de Toulouse, que, pendant
toute la durée de la grève, le directeur de la verrerie a eu à
subir de la part des assignés les attaques les plus véhémentes;
il était dénoncé à l'opinion, tant dans leurs discours que dans
leurs écrits, en termes flétrissants, comme ayant édifié une
fortune considérable par des moyens que l'honneur réprouve,
et spécialement par la contrefaçon ou par des tarifs de faveur
obtenus à l'aide de coupables complaisances; on le signalait
aussi comme un affameur du peuple; on lui prodiguait journellement les plus violentes invectives, ainsi que les menaces; sous
toutes les formes, l'on s'attachait à surexciter contre lui l'esprit
public, et les termes dans lesquels diverses souscriptions étaient
mentionnées dans le journal qui les reproduisait, témoignaient
de cet état de surexcitation; enfin, les nouvelles les plus fausses
étaient mises en circulation sur son compte, et notamment au
sujet des embauchages des ouvriers du dehors qu'il s'efforçait
de réaliser ». Ces constatations sont reproduites et précisées
dans l'arrêt de la Cour de Toulouse.

Une fois la grève terminée, le directeur des verreries a assigné
devant le tribunal de Toulouse le député et les gérants des deux
journaux, leur demandant 100.000 fr. de dommages-intérêts
pour réparations du préjudice causé par leur faute commune
tant à lui qu'à la société qu'il représentait. La plupart des faits
qu'il relevait contre eux, sinon tous, auraient pu être qualifiés
et poursuivis comme délits de presse d'après la loi du 29 juillet
1881; mais ils auraient été, considérés comme tels, généralement
couverts par la prescription. Le demandeur ne les envisageait
point ainsi; il écartait expressément cette qualification; il fon-
dait sa demande sur deux causes : 1° Il voyait dans les faits
relevés les éléments constitutifs du délit prévu par l'art. 414, C.
pén., lequel punit « quiconque, à l'aide de violences, voies de

fait, menaces ou manœuvres frauduleuses, aura amené ou maintenu, tenté d'amener ou de maintenir une cessation concertée de travail dans le but de forcer la hausse ou la baisse des salaires et de porter atteinte au libre exercice de l'industrie ou du travail ». Il intentait donc l'action civile résultant de ce délit devant le tribunal civil, conformément à l'art. 3, 2°, C. instr. crim. — 2° En dehors de toute infraction pénale, le demandeur considérait les faits visés comme des délits ou quasi-délits civils, engageant la responsabilité de leurs auteurs conformément à l'art. 1382, C. civ.

Le tribunal de Toulouse, par un jugement du 19 mars 1896, avait repoussé la demande ainsi formée et écarté les deux chefs de responsabilité invoqués.

La Cour de Toulouse, réformant ce jugement par son arrêt du 20 juillet 1896, avait condamné les intimés à des dommages-intérêts, admettant à la fois, dans l'espèce, l'application de l'article 414 du Code pénal et de l'article 1382 du Code civil.

La Cour de cassation terminait ce procès retentissant, par un arrêt, dont les considérants peuvent être ainsi résumés :

Si toute personne a le droit d'intervenir dans une grève, elle ne peut le faire que dans les conditions permises aux parties intéressées elles-mêmes, c'est-à-dire en s'abstenant des violences, voies de fait, menaces ou manœuvres frauduleuses interdites par l'art. 414, C. pén.

Il appartient aux juges du fait de constater que, pour prolonger une grève, des tiers, députés ou journalistes, ont usé de menaces et de manœuvres frauduleuses (*Id.*).

Il en est ainsi, notamment, pour les menaces, lorsqu'il est établi que, dans une lettre à un ministre, reproduite par les journaux, le député a écrit que, si on laissait les ouvriers désarmés contre les violences, ils répondraient par la violence, et que ce jour-là l'auteur de la lettre se mettrait à leur tête; que, dans un discours, le député a proféré des menaces contre le patron, et qu'enfin il a publié des listes de souscriptions où s'étalaient des menaces de mort contre ledit patron (*Id.*).

Il en est de même, en ce qui touche les manœuvres frauduleuses, lorsqu'il résulte des constatations des juges du fait, d'une part, que, par un concert organisé, les tiers, député et journalistes, ont, pour triompher de la résistance dudit patron, mené une campagne caractérisée par des propos injurieux et diffamatoires, des imputations et des fausses nouvelles émises de mauvaise foi, et, d'autre part, se sont associés à la propagande de débauchages, entreprise pour déterminer, au moyen de remises d'argent, les ouvriers dudit patron à quitter l'usine (*Id.*).

D'autre part, le fait des tiers étrangers à la grève de représenter les ouvriers qui consentaient encore à travailler comme des incapables et des sacripants inexpérimentés, ignorants de leur art, et de les accuser de ne fabriquer que des articles de rebut, a pour effet de discréditer l'établissement industriel vis-à-vis de sa clientèle, et de porter atteinte à ses relations commerciales (C. civ., 1382).

Il s'ensuit que, soit au point de vue de l'action civile dérivant de l'art. 414, C. pén., soit au point de vue de la faute prévue par l'art. 1382, C. civ., la demande en dommages-intérêts du patron contre les tiers est justifiée, et la condamnation à des dommages-intérêts est suffisamment motivée par les constatations souveraines des juges du fait (C. pén., 414; C. civ., 1382; L. 20 avril 1810, art. 7).

Et au point de vue de l'art. 1382, C. civ., la relation entre la faute commise par les tiers et le préjudice causé au patron ressort suffisamment de la déclaration des juges du fait que cette relation « résulte des faits les mieux établis » (C. civ., 1382).

Il n'importe d'ailleurs que, pour réduire le chiffre des dommages-intérêts, les juges du fait aient ajouté qu'en prenant certaines mesures, le patron aurait pu atténuer le préjudice, si les juges du fait n'en ont pas moins considéré les tiers comme les auteurs immédiats et directs de ce préjudice et si, dès lors, ils ont pu les condamner à le réparer dans la proportion qu'il leur appartenait d'apprécier (*Id.*).

L'appel des condamnés était donc rejeté, et M. Jaurès, *la Dépêche* de Toulouse et *la Petite République* restaient solidairement condamnés à 15.000 francs de dommages-intérêts.

Il faut remarquer ici que M. Rességuier ne s'était pas attaqué au syndicat, pour ne pas nuire, disait-il, à ses ouvriers d'hier qui devaient être ses ouvriers de demain.

V. — Le droit de grève pour les ouvriers de l'État.

Les ouvriers de l'État doivent-ils être exclus du droit de grève? — Telle est la question qui fut soulevée et débattue devant la Chambre haute en 1896.

Une première proposition de loi fut déposée sur le bureau du Sénat par M. Merlin, le 21 décembre 1894.

Après avoir fait observer que les ouvriers de l'État se trouvent dans une situation particulière et que leurs salaires ne dépendent que du vote des Chambres, l'auteur de la proposition signala les dangers qu'une grève d'agents des chemins de fer ou d'ouvriers des arsenaux pourrait faire courir au pays, et le préjudice que causerait aux finances du pays une grève d'ouvriers des Manufactures nationales (tabacs et allumettes).

Le texte de la proposition était celui-ci :

« Sera punie... toute coalition de la part des ouvriers des arsenaux de l'État, des ouvriers ou employés des autres exploitations de l'État, des agents des Compagnies des chemins de fer, pour faire cesser, suspendre ou empêcher le travail, s'il y a tentative ou commencement d'exécution. »

La prise en considération de cette proposition fut votée le 21 janvier 1895.

M. Trarieux, garde des sceaux du ministère Ribot, qui succéda alors au ministère Dupuy, trouva que cette proposition dépassait « la limite stricte des intérêts nationaux qui peuvent la justifier », et il établit une distinction[1] entre les différentes exploitations de l'État. « Le départ à faire entre ces deux natures d'exploitations, dit M. Trarieux, semble se dégager très nettement de la loi du 15 juillet 1889 sur le recrutement de l'armée, et c'est à cette loi que le gouvernement croit devoir se référer pour délimiter avec certitude les services publics dont il importe de préserver le fonctionnement, contre des coalitions possibles. » Les ouvriers des tabacs et des allumettes étaient donc laissés par lui de côté.

La commission sénatoriale chargée d'examiner ce projet proposa au Sénat de ne pas faire une loi spéciale et de modifier simplement les articles 414 et 415 du Code pénal en y insérant la disposition suivante qui punissait la coalition de tous les employés des manufactures de l'État :

« Sera punie… toute coalition de la part des employés et ouvriers des établissements de la guerre, de la marine, *des manufactures de tabacs et d'allumettes*, des agents des compagnies de chemins de fer et des chemins de fer de l'État, en ce compris les agents non classés employés à titre permanent, pour faire cesser, suspendre, ou empêcher le travail, s'il y a eu commencement d'exécution. »

La proposition Merlin et la proposition de la commission furent discutées, en première délibération, dans les séances des 3 et 4 février, et en seconde délibération dans la séance du 14 février 1896. — Sur ces entrefaites, le ministère Ribot était remplacé par le ministère Bourgeois, et le nouveau ministère opérait le retrait du projet de loi Trarieux.

La proposition de la commission sénatoriale restait donc seule, mais le texte voté par le Sénat abandonna les ouvriers des manufactures de tabacs et d'allumettes, cette catégorie d'ouvriers ayant été mise en dehors des débats.

1. Séance du Sénat du 4 mars 1895.

Pour mettre hors du droit commun les ouvriers des manufactures de l'État, dit M. Charles Mannheim, docteur en droit, ingénieur des manufactures de l'État, dans une savante thèse [1], on invoque la nécessité de sauvegarder l'intérêt public et plus particulièrement l'intérêt fiscal de l'État! Cette théorie nous parait inacceptable, car elle ne conduirait à rien moins qu'à la suppression totale du droit de grève. Le mécanisme de la vie moderne rend tous les intérêts de plus en plus étroitement solidaires; *aujourd'hui toute crise économique a une répercussion générale et lèse l'intérêt public dans une mesure plus ou moins grande.* Le préjudice est en quelque sorte tangible, chaque fois que le personnel ouvrier d'un service monopolisé se met en grève : service d'éclairage, service de transports, service d'assainissement. — Les grèves d'autres corps de métiers, tels que les ouvriers mineurs, les ouvriers des docks, ont des conséquences plus lointaines, mais plus graves encore. Il faut être conséquent avec soi-même, conclut M. Mannheim; si la sécurité du pays peut être compromise par la grève de certaines catégories d'ouvriers, il convient de modifier par une loi la condition de ces ouvriers et de leur donner une situation légale incompatible avec le droit de grève. *Il nous semblerait légitime, par exemple, de militariser les ouvriers des chemins de fer, des arsenaux et même des postes, c'est-à-dire de les placer dans une situation analogue à celle des douaniers, qui ne sont pourtant que de simples agents de perception d'impôts indirects.*

1. *De la condition des ouvriers dans les manufactures de l'État.* Giard et Brière, 1902.

CHAPITRE V

LA GRÈVE ET LES SOCIALISTES. — LA GRÈVE GÉNÉRALE.

L'opinion de M. Jules Guesde. — Ce qu'il entend par neutralité. — La grève générale. — La grève générale des ouvriers de chemins de fer de 1898. — Son échec piteux. — Le congrès de 1899. — Conseils de modération donnés par M. Guérard. — La grève générale politique en Belgique.

Dans une brochure intitulée *La République et les grèves*, parue en 1878, M. Guesde affirmait la doctrine socialiste sur la question des grèves. — Cette doctrine peut être facilement résumée.

D'abord, disait M. Guesde, nous ne sommes pas partisan de la neutralité gouvernementale, en matière de grève. Nous croyons qu'un gouvernement véritablement démocratique aurait autre chose à faire, dans les conditions sociales actuelles, qu'à se croiser les bras et à laisser fonctionner la loi de l'offre et de la demande, lorsque l'exploitation capitaliste jette hors de l'usine ou de l'atelier les travailleurs poussés à bout. Et cela pour l'excellente raison que la législation sur la propriété, qui seule rend possible cette exploitation par la concentration qu'elle opère ou qu'elle laisse opérer entre quelques mains, de l'instrument et de l'élément du travail de tous, étant d'origine, d'essence gouvernementale, le gouvernement a un devoir de redressement, de réparation à remplir vis-à-vis des exploités — exploités par sa faute.

Mais si l'on admet la neutralité, il faudrait alors que l'autorité ne se contentât pas de protéger les propriétés et le capital mobilier et immobilier des patrons contre toute tentative de destruction, par l'envoi de troupes qui coûtent fort cher au budget ; mais qu'elle apportât également aux ouvriers la seule chose qui leur manquât *pour attendre patiemment et tranquillement la soumission de leurs employeurs*, c'est-à-dire les moyens de vivre, de subsister, eux et les leurs, et ce à l'aide d'une subvention budgétaire.

On voit alors les ouvriers devenus fonctionnaires à ne rien faire et ne demandant nullement à reprendre le travail. Qui donc, dans ces conditions, ne voudrait être ouvrier? — Et encore M. Guesde ne fait pas la partie égale aux patrons et aux ouvriers. Il faudrait pour cela que le gouvernement remît aux patrons, sur ses réserves (?) budgétaires, les revenus normaux de leurs usines. Et alors tout le monde pourrait attendre paisiblement la fin de la grève... aussi longtemps que l'État le permettrait.

Telle est la théorie des socialistes sur la grève. — On voit que, de longtemps, elle n'a pas grande chance d'être acceptée.

La grève partielle ne semblait pas — *dans les circonstances actuelles* — un bon moyen de lutte pour les socialistes; ils préconisèrent la grève générale. Qu'entendait-on par grève générale? Quel était ce nouvel instrument de lutte contre le capitalisme? Voici ce qu'il nous faut très succinctement exposer.

*
* *

Les plus farouches révolutionnaires ont depuis longtemps abandonné le système des classiques émeutes. L'épouvantable répression de la Commune a été une leçon de choses dont les révolutionnaires se souviennent encore. L'alignement des rues et l'éventrement des quartiers à ruelles étroites ont anéanti l'espoir de nouvelles barricades, qu'un coup de canon jetterait à bas comme un château de cartes. D'ailleurs, le peuple est devenu résigné, d'autres disent veule et peureux. Les révolutionnaires perdent leur temps en lui prêchant la révolte. Il faut donc le faire révolter malgré lui, l'acculer à la révolte. Et voici qu'intervient le système de la grève générale, dans toute son ingéniosité.

Supposons une grève de mineurs, grève complète et généralisée, et étayée par le concours ou la complicité de diverses autres catégories de métiers : déchargeurs de navires ou employés de chemins de fer. Supposons donc que dans les grands centres — comme d'ailleurs le fait vient de se produire à New-York — le charbon arrive difficilement, à intervalles irréguliers et par quantités insuffisantes. Supposons même — car il nous faut la grève générale des mineurs non point telle qu'elle sera, mais bien telle que ses auteurs la désireraient — supposons donc que les quantités de charbon arrivant dans les grands centres ne suffisent même plus à produire le gaz nécessaire à l'éclairage et à l'action de mille petits moteurs qui font marcher de nombreux ateliers. Voici la vie sociale désorganisée par deux causes. D'abord les ouvriers de ces petits ateliers, et *a fortiori* ceux des grandes industries qui engloutissent le charbon par milliers de tonnes sont obligés de chômer. Ils n'ont pas d'économie. Bientôt la faim vient les torturer, ils ont sous les yeux les tristesses, les angoisses de leurs femmes, de leurs enfants. Qui sait où le besoin peut pousser la bête humaine, désespérée, oisive ? Les promoteurs de la grève générale supposent que les hommes les plus tranquilles et les plus honnêtes se transformeraient, sous cet aiguillon, en bêtes féroces vivant de rapines et de meurtre. — En second lieu, les ténèbres de la rue pendant la nuit — puisque les rues cesseraient d'être éclairées — sembleraient des plus favorables aux coups de force et aux assassinats.

Ainsi, ne pouvant forcer le peuple à se révolter en

masse, les grève-généraux veulent pousser toutes les individualités à se révolter sous le coup de la faim. L'ouvrier ne vit qu'au jour le jour ; ils veulent l'obliger à mourir de faim et à défendre son existence par l'assassinat. — La grève générale, c'est le radeau de la Méduse.

Enfin, il faut bien s'avouer que l'armée et la police seraient impuissantes contre cette émeute qui ne serait qu'une série de cent mille émeutes partielles. Par groupe de deux, de trois, ces nouveaux Apaches s'introduiraient dans les boutiques de comestibles, chez les marchands de vin et réclameraient énergiquement ce dont ils ont besoin et qu'ils ne peuvent payer. Si le boutiquier résiste, on lui tord le cou. Là des appartements seront envahis et pillés. Et l'on donnera, ce jour-là, cours à toutes les haines, à toutes les jalousies, à toutes les vengeances. Pensez donc ! pendant quelques heures, les misérables seront rois. Et je ne parle pas encore de cette écume de la population qu'en temps de révolution on voit surnager à la surface, de cette écume composée de gens que l'on n'a jamais vus dans un atelier. Non, je parle des ouvriers honnêtes, laborieux, acculés par le besoin et par la faim aux pires extrémités.

Jusqu'ici les grève-généraux ont raison. L'hypothèse qu'ils nous présentent peut se généraliser. Le crime, l'incendie, le pillage peuvent éclater de toutes parts, du fait de l'arrêt brusque de la vie sociale. Mais après ?

C'est ici que nous différons de vue avec les révolutionnaires. — Par un habile éparpillement des forces prolétariennes, Paris est pris. Tout ce qui de bourgeois a pu s'échapper l'a fait. Les autres ont été occis, dépouillés. C'est un acte de la vieille Révolution qui s'est joué. Mais croit-on que le reste de la France va accepter le fait accompli, que l'armée va briser son grand sabre, que la force publique va désarmer? — Le gendarme est toujours le gendarme. L'armée de Versailles rentrera dans Paris, et les bandits involontaires seront poursuivis, traqués, dénoncés par ceux qui en auront fait plus qu'eux et qui solliciteront la clémence par la dénonciation.

J'ai bien souvent discuté cette hypothèse fatale avec des révolutionnaires. Et certains d'entre eux, pleins le bonne foi, dans cet aveu du moins, m'ont dit : « Sans doute, la grève générale a peu de chances de succès; mais la grève générale est un drapeau, un but, un idéal. Si nous n'en avions pas, nos syndicats socialistes seraient désertés. »

*
* *

Certains socialistes révolutionnaires n'entendaient pas la grève générale de cette façon. C'est ainsi que le congrès de la fédération nationale des syndicats (appartenant plus ou moins ouvertement au parti guesdiste) qui se tint au Bouscat près de Bordeaux affirmait une thèse différente de la grève générale, *la grève des bras croisés :*

« Considérant

« Que la grève partielle ne peut être qu'un moyen d'agitation et d'organisation;

« Seule la grève générale, c'est-à-dire *la cessation complète de tout travail,* ou la Révolution, peut entraîner les travailleurs vers leur émancipation. »

C'est encore le congrès allemaniste de juin 1891 qui déclare :

« C'est par l'organisation de la grève générale, par le sou qu'il faut prendre sur notre salaire, le sou qui sera le salut, que l'on pourra réaliser la libération du prolétariat. »

Mais ici, il ne s'agit — entendons-nous bien — que de la grève pacifique — la grève des bras croisés. Et M. Allemane donnait l'exemple à ses partisans en remplissant sa cave de pommes de terre pour la date fatale. — Aujourd'hui, ce système pacifique est mis au rancart des armes révolutionnaires, et la plupart des hommes qui l'ont préconisée sous cette forme n'ont voulu qu'une chose : ne pas effrayer les esprits timorés. — Sous quelque forme d'ailleurs qu'on la présentât, l'idée de la grève générale fut repoussée par tous les congrès internationaux. Les Anglais et les Allemands étaient des gens d'esprit trop pratique pour se laisser tenter par cette billevesée. Il nous faut remarquer que la grève générale a été essayée en France et que cette tentative malheureuse a donné raison aux socialistes avisés d'outre-Rhin et d'outre-Manche. Cet essai a été la grève générale des chemins de fer.

*
* *

Le Congrès des employés de chemins de fer, tenu à Paris en avril 1898, avait décidé la grève générale.

Cinquante-quatre groupes s'étaient prononcés en faveur de la grève générale, treize avaient voté contre l'emploi de cette arme inconnue et vingt-huit groupes étaient restés dans l'hésitation.

A la suite de ce vote, le Congrès des ouvriers de chemins de fer avait pris la résolution suivante :

« Le Congrès donne au Conseil d'administration le mandat formel d'exiger des Compagnies une réponse précise aux demandes réitérées depuis 1893, et lui laisse la latitude de prendre, dans les délais qu'il jugera nécessaires, les mesures qu'il estimera utiles, en s'inspirant des décisions et des votes du Congrès. »

Les démarches entreprises par le Conseil d'administration auprès des Compagnies étaient restées vaines. Aucune réponse n'avait été faite à cet *ultimatum*.

Le Conseil fit alors afficher sur les murs de Paris un manifeste ainsi conçu :

Aux Travailleurs des Chemins de fer.

Camarades,

L'heure est décisive :

Le 9ᵉ Congrès de notre corporation, après avoir fait auprès des directeurs une dernière démarche restée, comme toujours, sans résultats, a donné au Conseil d'administration du Syndicat un mandat formel et précis.

Les travailleurs des chemins de fer n'attendent plus rien de leurs directeurs; trop longtemps bercés d'un espoir chimérique, nos camarades méditent l'aveu échappé à M. le directeur des chemins de fer du Midi, lorsqu'il déclara : « Les Compagnies ne céderont que lorsqu'elles y seront forcées. »

L'action législative ne donne pas davantage la moindre illusion sur le sort réservé à nos réclamations; si la Chambre des députés est disposée à voter quelques lois en notre faveur, chacun sait que le Sénat est l'adversaire déclaré de toute réforme sérieuse et que ce serait folie d'attendre de lui une amélioration même insuffisante.

Partout nos camarades déclarent qu'il ne faut plus compter que sur nous-mêmes.

Un chef de gare syndiqué nous écrit :

« Les députés ont voté une loi toute en notre faveur, mais vous avez pu voir qu'ils comptent bien, qu'avec l'aide du Sénat, elle restera morte.

« Si le Sénat la repousse, comme c'est certain, c'est au Syndicat à déclarer la grève générale. Nous sommes 85.000. C'est assez !

« Si la loi est repoussée et que le Syndicat n'ait pas fait acte d'énergie d'ici la fin de l'année, *je croirai que nous sommes une majorité de lâches et d'imbéciles bons à mener à coups de fouet,* et je donnerai ma démission de syndiqué. »

Un autre chef de gare, également syndiqué, nous écrivait dernièrement :

« Qu'attendez-vous, amis? Quand faudra-t-il qu'aux portes de ma gare, je colle l'écriteau : *Fermé pour cause de grève?* J'attends le signal ; je suis des vôtres, car, comme vous, j'ai jadis souffert de la faim ; car, aujourd'hui encore, je souffre des injustices ; car enfin, comme vous, je suis un exploité. »

Les femmes garde-barrières du réseau de l'État donnent aux hommes l'exemple du courage et de la résolution. Elles ont signé, pour être remise à leur directeur, une déclaration l'informant que si leur salaire n'était pas largement augmenté, « elles préféraient quitter leur poste ».

Les poseurs de la voie de toutes les Compagnies, qui sont à coup sûr les plus mal payés des employés de notre corporation ; les hommes d'équipe, dont le métier si dangereux est mal rémunéré ; les aiguilleurs, les conducteurs, les mécaniciens et chauffeurs qui sont si surmenés, tous les employés de chemins de fer, en un mot, « sont las d'attendre ».

Dans tous les services, sur tous les réseaux, l'état d'esprit est le même : « On en a assez et on veut agir ».

Le Conseil d'administration a accepté, sans hésitation, la tâche que le 9° Congrès lui a confiée ; quelles que soient les circonstances, nous conserverons notre calme, notre sang-froid et notre fermeté.

Nous croyons que toute tentative de conciliation ne doit pas être écartée, et bien que, pour beaucoup, elle ne paraisse pas devoir aboutir, notre devoir est de la tenter.

D'accord avec les délégués du 9° Congrès national de la corporation, le Conseil d'administration se présentera auprès de tous les directeurs. L'un d'eux, bien qu'avec des réticences, a paru désireux d'éviter un conflit et de discuter avec le Syndicat ; nous lui demanderons, ainsi qu'à ses collègues, « une réponse nette et catégorique ».

La réponse des Compagnies, que nous ferons connaître publiquement, dictera notre conduite à tous. Par leur longue patience, les employés de chemins de fer ont prouvé qu'ils ne désirent pas la grève ; mais, par leur persévérance et par leurs décisions, ils ont aussi prouvé « qu'ils ne la redoutent pas ». Si cette éventualité se produit, les Compagnies « seules » en supporteront la responsabilité et les conséquences.

Comptez sur notre fermeté, camarades, comme nous comptons sur votre énergie.

Salutations fraternelles.

Le Conseil d'administration.

* *
*

En même temps, le Conseil adressait à toutes les organisations syndicales le questionnaire, dont voici le texte :

Camarades,

En raison de l'attitude des Compagnies de chemins de fer à l'égard de notre Syndicat, et de leur résistance aveugle à nos demandes réitérées, il est possible que nos camarades aient recours à la grève pour obtenir satisfaction.

Nous pensons que votre Syndicat a dû examiner l'éventualité d'un semblable mouvement, et réfléchir à ses conséquences. Il est évident que, s'il se produit, les organisations ouvrières ne trouveront pas une occasion plus propice pour solidariser leurs efforts et arracher, par une action d'ensemble, les réformes qu'i-solément, elles obtiendraient avec difficulté.

D'autre part, si nos camarades cessaient le travail, il est indispensable que leur mouvement, en raison de sa répercussion sur le pays, soit vu favorablement par l'opinion. Nous devons nous inquiéter de savoir si les travailleurs, qui sont le grand nombre, sont d'accord avec nous et s'ils sont disposés à seconder nos efforts, soit en supportant de bonne grâce les inconvénients qui résulteraient pour eux, momentanément, d'une grève des chemins de fer, soit, ce qui serait mieux, en se joignant au mouvement et en organisant en même temps, pour en profiter eux-mêmes, une grève de leur corporation.

Nous vous demandons, en conséquence, de bien vouloir nous répondre à bref délai sur les deux questions suivantes :

« 1° Si les chemins de fer se mettent en grève, les membres de votre Syndicat sont-ils résolus, par esprit de solidarité, à supporter la gêne momentanée qui en résultera?

« 2° Votre Syndicat est-il décidé à se joindre au mouvement des chemins de fer en cessant lui-même le travail, pour arracher au patronat les réformes que vous réclamez? »

A la suite d'une consultation faite par le Comité de la Grève générale, au moment où les Syndicats en général, et le nôtre en particulier, étaient menacés par la loi Trarieux, un grand nombre de Syndicats, et parmi eux les plus importants au point de vue numérique, avaient déclaré que, si notre corporation faisait grève, la leur cesserait le travail en même temps.

Cette consultation des Syndicats fut encourageante pour nous; nous croyons utile, en raison des circonstances, de la renouveler, et nous comptons sur votre activité pour consulter votre Syndicat, s'il ne s'est pas encore prononcé sur la question, et pour nous répondre à très bref délai.

Recevez, Camarades, nos salutations fraternelles.

Pour le Conseil d'administration :

Le Secrétaire général,

EUG. GUÉRARD.

Lorsque le Conseil eut arrêté les termes des lettres à envoyer aux Compagnies, le secrétaire général M. Guérard, pour faciliter les démarches, remit sa démission.

Je suis l'égal de tous mes camarades, écrivait-il à la date du 6 juillet 1898, rien de plus. On persiste cependant à me représenter comme un maître, auquel tous doivent obéir, et, malgré vos protestations et les miennes, notre organisation si démocratique est dénommée « le syndicat Guérard ».

Si les Compagnies, trompées par cette apparence, en prenaient prétexte pour refuser d'entrer en rapport avec le syndicat et acculaient ainsi la corporation à la grève, il pourrait se propager cette opinion, dans l'esprit de nos camarades, que seul je suis la cause de l'échec des pourparlers engagés.

Je crois donc de mon devoir, après y avoir mûrement songé, de résigner ma fonction.

La démission de M. Guérard fut refusée et la lettre suivante envoyée aux Compagnies :

Paris, le 12 juillet 1898.

Monsieur le Président,

Messieurs les membres du Conseil d'administration de la Compagnie des chemins de fer d....

Messieurs,

Depuis sa réorganisation, en octobre 1891, notre Syndicat a tenté, à maintes reprises, d'entrer en rapports avec M. le directeur, représentant votre Compagnie, pour examiner avec lui les demandes et les réclamations du personnel.

Les démarches nombreuses faites par nos Congrès nationaux et par le Conseil d'administration de notre Syndicat n'ont pas eu l'heureux résultat que nous recherchions.

En 1893, notamment, nous remettions à votre administration un cahier des revendications du personnel. Nous n'avons jamais pu depuis, malgré nos démarches réitérées, connaître dans quelle mesure vous vouliez donner satisfaction aux demandes formulées par les employés de votre Compagnie.

Une dernière démarche, tentée récemment auprès de M. le directeur, par une délégation du 9° Congrès national de notre syndicat, nous a laissé l'impression que votre administration refusait de discuter, avec notre syndicat, les intérêts professionnels de nos camarades.

S'il en était ainsi, Messieurs, nous pensons qu'il serait préférable qu'une réponse très nette nous fasse connaître vos intentions à cet égard.

Néanmoins, nous voulons croire que toute tentative de conciliation n'est pas inutile et, persévérant dans notre désir d'entrer en relations courtoises et suivies avec votre administration, nous venons vous demander, Messieurs, s'il vous convient de recevoir, ou de faire recevoir par M. le directeur, une délégation du Conseil d'administration de notre Syndicat, pour lui donner votre réponse aux demandes que nous avons formulées en 1893.

Ainsi que nous le disions à cette époque : « *Les employés ont bien précisé qu'ils formuleraient un programme maximum, dont la réalisation présentera sans doute des difficultés, mais que nous désirons examiner avec vous, pour rechercher, si cela est possible, le moyen de les aplanir* ».

Veuillez agréer, Messieurs, l'assurance de notre parfaite considération.

Pour le Conseil d'Administration :

L'Administrateur de service,

BLAIN.

Le Secrétaire général,

E. GUÉRARD.

Une autre lettre était adressée en même temps au Ministre des travaux publics, sous la dépendance duquel se trouve l'administration des chemins de fer de l'État.

La Compagnie de l'État seule consentit à recevoir les délégués.

Les autres Compagnies prirent quinze jours pour faire connaître leur réponse.

En voici les deux plus caractéristiques, le sens des autres étant le même avec moins de développements.

Compagnie des chemins de fer de l'Est.

Paris, le 29 juillet 1898.

Messieurs,

Aucune industrie en France ou à l'étranger, aucune administration d'État ne s'impose des sacrifices approchant de ceux que nous avons spontanément acceptés pour assurer à notre personnel les pensions de retraite, les salaires de maladie, les secours médicaux, les allocations aux familles nombreuses, les bourses scolaires ou d'apprentissage, les subventions aux sociétés coopératives, les prêts gratuits aux agents qui se trouvent momentanément dans la gêne, etc... Ces dépenses patronales se sont élevées, en 1897, à 9 millions; elles constituent des suppléments de traitement égaux à 16,66 % des salaires et représentent 45,68 % du dividende distribué à nos actionnaires.

En regard de notre attitude envers notre personnel, permettez-nous de placer les procédés dont vous usez vis-à-vis de notre Compagnie. Votre lettre du 12 juillet courant est assurément conçue dans des termes modérés et courtois; nous le reconnaissons très volontiers. Mais votre hostilité systématique se traduit chaque semaine par des injures et des tentatives d'intimidation à l'égard de nos divers chefs de service.

Dans ces conditions, l'entrevue que vous demandez ne pourrait être d'aucune utilité pratique.

Veuillez recevoir, Messieurs, l'expression de notre parfaite considération.

Pour le Conseil d'administration :

Le Secrétaire général de la Compagnie,

BORREL.

Chemins de fer de Paris à Lyon et à la Méditerranée.

Paris, le 27 juillet 1898.

Monsieur,

Le programme que votre Syndicat a formulé en 1893, nous l'avons depuis longtemps examiné de près et, par notre lettre du 8 juillet, adressée à M. le Ministre des travaux publics, nous en avons discuté tous les points.

Il pousse jusqu'aux limites de l'impossibilité absolue toutes les mesures que la Compagnie avait spontanément adoptées, et eût bien été de nature, par son exagération même, à décourager toutes les bonnes volontés.

La dépense que comporterait sa complète réalisation serait, en effet, supérieure à 120 millions pour notre seule Compagnie (85 millions du chef de l'augmentation des salaires et de la réduction de la journée à huit heures, et 35 millions du chef des dispositions relatives à la retraite). Cela augmenterait de 70 % nos dépenses d'exploitation de 1897 (179 millions).

La Compagnie, depuis plusieurs années, assure à tous ses agents, sans exception, le bénéfice de la retraite ; aujourd'hui tous ceux de ses agents qui font alternativement un service de nuit ont une durée de travail limitée à douze heures au maximum, avec, à chaque alternance, tous les huit jours, un repos de vingt-quatre heures.

Les mesures prises pour généraliser ce dernier résultat et pour relever le traitement des petits agents, hommes d'équipe, aiguilleurs, conducteurs de trains, poseurs de la voie, etc... se traduiront désormais par une augmentation de plus de 2.100.000 francs dans nos dépenses annuelles.

Le Secrétaire de la Compagnie,

HABERT.

*
* *

La délégation, qui devait être reçue par la compagnie des chemins de fer de l'État, se composait de MM. Bazireau, Guérard, Jacquin et Lagailse.

L'entrevue entre le directeur de la compagnie et la délégation eut lieu le 28 juillet.

Voici le rapport des délégués :

— Quels sont, demande M. le directeur, les points qui vous intéressent plus particulièrement?

— En premier lieu, le commissionnement pour tous, après un stage d'un an.

— Nous avons déjà discuté ensemble cette question, répond M. le directeur; ce que vous voulez, c'est le droit à la retraite. Sur ce point, nous avons fait beaucoup, et, à l'heure actuelle, tous les agents de l'exploitation, sans exception, ayant plus de deux ans de service, sont commissionnés ou classés. Nous arriverons peu à peu à la même situation pour les autres services, réserve faite pour les ouvriers des ateliers qui, ainsi que je vous l'ai déjà dit, ne peuvent être commissionnés dans une aussi large mesure.

Une autre question, qui intéresse vivement tous les employés, disons-nous, c'est la retraite proportionnelle. La modification apportée récemment au règlement ne donne droit à une pension proportionnelle qu'en cas d'incapacité de travail. Ce que le personnel désire, c'est qu'en cas de départ de l'administration, quel qu'en soit le motif, l'employé démissionnaire ou congédié ne perde pas la partie de retraite qu'il a gagnée. C'est ce principe que nous voudrions voir adopter, et nous admettrions que, pour un employé valide, la date de l'entrée en jouissance de la pension proportionnelle soit différée.

Les délégués ont ensuite exposé successivement les questions suivantes : Durée du travail; augmentation des salaires et traitements; avancement régulier.

M. le directeur ayant pris note de ces demandes, nous lui fîmes remarquer que nous espérions une réponse précise. « Nous sommes, lui avons-nous dit, dans la même situation qu'en 1893, au moment où nous remettions notre programme à votre prédécesseur. Nous savons que nous pouvons compter sur votre bonne volonté, et nous ne voudrions pas nous décourager; cependant, nos camarades attendent une réponse, et nous n'en aurons pas à leur donner. »

M. le directeur ayant répondu qu'il ne possédait pas notre programme, et qu'on n'avait pu trouver celui remis à son prédécesseur, nous avons promis de lui en adresser une copie, ce qui a été fait.

Les délégués demandèrent à M. le directeur, puisqu'il nous recevait au nom du Ministre, de vouloir bien lui transmettre une demande.

Nous nous proposions de lui rappeler une promesse que nous avait faite M. Viette, et de lui demander de la mettre à exécution.

Voici ce dont il s'agit :

En vertu de la loi du 26 décembre 1890, les règlements des caisses de retraite doivent être homologués par le Ministre des travaux publics; à cet effet, M. Viette voulait instituer une commission extraparlementaire composée de députés, sénateurs, fonctionnaires du ministère, représentants des Compagnies, désignés par elles, et représentants du personnel, désignés par le Syndicat. Cette commission aurait eu pour objet de donner au ministre son avis sur les règlements de retraite actuels ou à instituer.

Ce serait, avons-nous ajouté, un moyen de mettre en rapport notre Syndicat, légalement constitué, avec les Compagnies privées, qui persistent à ne pas vouloir discuter avec lui.

— Je veux bien, répond M. le directeur, transmettre votre demande; je conçois fort bien votre désir d'entrer en rapport avec les directeurs des Compagnies; mais, voulez-vous me permettre une observation : ne croyez-vous pas que, s'ils refusent de discuter avec vous, ce sont vos publications qui en sont la cause?

Les directeurs des Compagnies sont l'objet, de votre part, de polémiques un peu vives qui certainement doivent les irriter.

J'y suis, moi, un peu habitué, car j'ai été un peu mêlé à la politique et au journalisme; aussi, je vous assure qu'elles ne me blessent pas; je suis un homme public et mes actes sont livrés à la discussion.

— Ce serait un tort, répondent les délégués, de rendre le Syndicat responsable de publications qui ne sont pas de lui. Nous donnons nos communications à un journal, la Tribune, qui n'appartient pas au Syndicat. Ce journal reçoit d'un grand nombre d'employés des articles qu'il insère, sans que le Syndicat intervienne.

Mais, si des articles faits, sous leur responsabilité, par des militants du Syndicat, sont un peu acerbes, c'est que presque toujours ils répondent à une polémique violente, engagée depuis longtemps contre le Syndicat, par des journaux qui semblent inspirés par les Compagnies. Il serait intéressant de savoir qui a commencé cette polémique, pour savoir qui en est responsable.

— Je ne veux pas le rechercher, nous dit en souriant M. le directeur ; je vous faisais une simple observation ; à vous de juger ce qu'elle vaut.

LES DÉLÉGUÉS.

Le Conseil fit connaître dans *la Tribune de la voie ferrée* les réponses des Compagnies et suivre cette publication d'un « avis urgent » invitant tous les groupes du Syndicat à se réunir sans délai pour examiner la réponse de leur Compagnie et à faire connaître leurs appréciations au Conseil. Il était en effet prudent de s'assurer si les ouvriers de chemins de fer se trouvaient dans les mêmes dispositions d'esprit que trois mois auparavant.

Et avant de se prononcer, le Conseil d'administration attendit les réponses des groupes.

*
* *

A ce moment, le Comité de la Grève générale organisait des réunions privées pour entraîner les syndicats parisiens dans le mouvement de grève générale.

Le 13 septembre, éclatait la grève des terrassiers. Le syndicat de cette corporation, qui ne comptait que neuf membres, sut entraîner dans la grève plusieurs milliers de terrassiers.

La consultation des syndicats, lancée par le Conseil d'administration, n'avait pas produit les résultats qu'on en attendait. Sur les deux mille syndicats de France, cent quatre-vingt-dix-huit seulement répondirent. Quarante-six se déclaraient prêts à cesser le travail, si la grève des chemins de fer était déclarée; dix-neuf faisaient la même déclaration, mais *sous condition;* dix-sept étaient adversaires de la grève générale; enfin les autres s'abstenaient, tout en promettant leur concours moral et financier.

Pendant que le Conseil du Syndicat des chemins de fer perdait son temps dans ces stériles consultations, les ouvriers des chemins de fer eux-mêmes faiblissaient. Deux groupes importants, qui avaient voté la grève au dernier congrès, refusaient d'entamer la lutte; d'autres groupes devenaient hésitants.

Devant cette situation, le Conseil d'administration découragé votait la résolution suivante à la presque unanimité :

« Le Conseil décide qu'il y a lieu d'ajourner la déclaration de grève générale, et, si elle n'a pas lieu d'ici là, d'en donner les raisons au prochain congrès. »

*
* *

Quelques réponses des syndicats sont assez topiques.

Voici celle de l'Union des Chambres syndicales ouvrières et du parti ouvrier (guesdiste) de Montluçon :

Montluçon, le 18 juin 1898.

Citoyens,

En réponse à votre questionnaire relatif à la grève éventuelle des chemins de fer, les organisations ouvrières suivantes de Montluçon : « le Parti ouvrier », l'Union des Chambres syndicales, comprenant : l'Union et similaires de la métallurgie; les boulangers; les cordonniers; les perruquiers; les employés; les ouvriers de la ville », nous assurent qu'en cas de grève de votre part, ils sont prêts à en subir toutes les conséquences et qu'ils ne récrimineront pas contre vous en raison des difficultés qu'elle pourrait leur créer, car nous sommes tous socialistes et nous approuvons d'avance toutes les tentatives faites par le prolétariat en vue de son émancipation.

Sur la deuxième question, ils ne peuvent se joindre à vous pour la grève générale, étant donné qu'ils reconnaissent qu'il est bien plus difficile de faire la grève générale que la Révolution, car, pour faire la grève générale, il faut que la masse ouvrière soit consciente, tandis que la Révolution peut se faire par une minorité d'hommes conscients. Néanmoins, ils vous assurent de toutes leurs sympathies et feront tous leurs efforts pour le triomphe de votre cause.

La *Chambre syndicale des ouvriers boulangers* de Nantes répond :

« Nous sommes par esprit de solidarité avec vous, mais, pour cesser le travail, cela est impossible, car on nous impose la troupe, *ce qui ne peut vous avantager.*

« Vous savez que notre corporation est spéciale ; *nous ne pouvons pousser un peuple à la famine.* »

Le *Syndicat des ouvriers bateliers du lac Léman,* à Meillerie (Haute-Savoie), etc.

« Si les chemins de fer se mettent en grève, nous n'aurons aucune peine à la supporter (au contraire), car nous aurions l'avantage de transporter par l'eau. »

Un autre syndicat pour montrer que, tout en restant au travail, il peut se rendre utile à un mouvement de grève généralisée, fait la réponse suivante (c'est le *Syndicat des employés de la ferme, chargeurs et charretiers de Marseille)* :

« Employés au nettoiement des voies publiques de Marseille, dit-il, et, par la nature même de notre travail, loin de faciliter la manœuvre de la Compagnie P.-L.-M., nous encombrerions journellement ses voies de vingt wagons qu'exige notre service. »

L'ajournement de la grève fut vivement critiqué.

« Vous avez, de votre propre autorité, écrivait un groupe au Conseil d'administration, annulé les décisions du 9e Congrès. Vous n'en aviez pas le droit. »

* *

Mais des événements nouveaux se produisaient à Paris : la grève des terrassiers, commencée le 13 septembre, prenait des proportions inattendues ; l'agitation provoquée par une circulaire aux syndicats avait mis les organisations ouvrières en éveil ; plusieurs syndicats parisiens, croyant le moment venu de déclarer la grève générale, étaient sur le point de se lancer dans la lutte.

De fait, le 3 octobre, les serruriers, les maçons, les peintres, les cordonniers, les charretiers, les démolisseurs, les débardeurs et ouvriers des ports cessaient le travail.

Le 7 octobre, quatre nouveaux syndicats se mettaient en grève : ce sont les menuisiers, les plombiers-couvreurs-zingueurs, les tailleurs de pierre et les parqueteurs. Ces derniers, dont les salaires sont relativement élevés, déclaraient qu'ils cessaient le travail par esprit de solidarité, mais qu'ils ne demandaient rien à leurs patrons.

Il est à remarquer que la plupart de ces syndicats n'avaient pas répondu à la circulaire, ce qui ne les empêcha pas de se mêler à la grève, qui menaçait de devenir générale.

Le gouvernement semblait désemparé ; les troupes, qui arrivaient journellement à Paris, étaient impuissantes. On se serait cru à la veille d'une révolution.

A la séance du Conseil du 7 octobre, des délégations de tous les syndicats en grève vinrent, porteurs d'un mandat, demander au syndicat des chemins de fer « quelle attitude il comptait prendre en présence des décisions prises par l'ensemble des syndicats en grève ».

Après avoir entendu les délégués, le Conseil décida d'adresser une circulaire à tous les groupes du syndicat, et d'envoyer un télégramme au secrétaire général pour qu'il cessât la tournée de propagande qu'il était chargé de faire et rentrât à Paris.

Voici le texte de la circulaire envoyée aux groupes le 8 octobre :

> Camarades,
>
> Devant le mouvement de grève qui se produit à Paris, de nombreuses délégations ouvrières sont venues nous consulter et nous demander si elles pouvaient compter sur notre mouvement.
>
> Le Conseil d'administration n'ayant pas cru devoir s'engager sans l'assentiment formel des groupes, nous vous engageons donc à réunir vos adhérents et leur poser les questions suivantes :
>
> Êtes-vous partisans de suivre le mouvement qui s'accentue?
>
> Êtes-vous favorables à la grève?
>
> Cette dernière question a été assez étudiée par les camarades pour qu'ils puissent se prononcer.
>
> Pour le Conseil d'administration :
Le Secrétaire général adjoint,
A. LAGAILSE.

Les réponses devront nous parvenir dans les *trois jours* qui suivront la présente.

Extrême urgence.

*
* *

Le 11 octobre, les scieurs à la mécanique se mettaient en grève à leur tour.

Ce jour-là, le Conseil se réunissait pour prendre connaissance des réponses des groupes. En raison du délai très court qui leur avait été donné, 74 réponses seulement étaient parvenues :

29 groupes se prononçaient pour la grève;

14 groupes partisans de la grève se montraient hésitants;

31 groupes étaient opposés à la grève.

Au cours de la séance, le Conseil était informé que
la *Fédération des métallurgistes de France* venait de
décider la grève. Par cette décision, la grève, localisée
à Paris, allait s'étendre en province.

Les terrassiers, en grève depuis un mois, commençaient à se lasser et étaient disposés à reprendre le
travail si le Syndicat des chemins de fer ne se pronon-
çait pas. Les autres syndicats tenaient bon.

Plusieurs syndicats attendaient pour prendre part
au mouvement. De fait, les ébénistes, les briqueteurs-
jointcyeurs et les monteurs en bronze firent grève le
surlendemain : les sculpteurs sur bois cessèrent le
travail le 14 octobre.

L'importante *Fédération des mouleurs en fonte de
France* tenait ses circulaires prêtes à être envoyées
dans toute la France pour déclarer la grève. Les co-
chers de la Seine, la traction mécanique promettaient
leur concours; on comptait aussi entraîner les deux
syndicats si bien organisés des Omnibus et du Gaz.
Ce dernier, en cessant le travail, entraînait avec lui la
grève forcée de plus de 100.000 travailleurs d'autres
industries; il y a, en effet, à Paris, chez des petits
industriels, environ 10.000 moteurs actionnés par le
gaz. Chacun de ces industriels occupe de cinq à
vingt ouvriers. Si leurs moteurs s'arrêtaient, c'était en
même temps l'arrêt du travail, le chômage forcé pour
une multitude de travailleurs.

D'autre part, il y avait lieu de tenir compte qu'en
dehors de la grève généralisée à Paris, plusieurs syndicats étaient en grève dans les départements :

Les carriers de Pléhérel (Côtes-du-Nord);
Les horlogers de Besançon (Doubs);
Les tisseurs de soie de Taulignan (Drôme);
Les tisseurs d'Hazebrouck (Nord);
Les manœuvres de la faïencerie de Saint-Amand (Nord);
Les tullistes de Calais (Pas-de-Calais);
Les ouvriers agricoles de Riencourt-les-Cagnicourt (Pas-de-Calais).
Les horlogers de Saint-Bérain-sur-Dheune (Saône-et-Loire);
Les cordonniers du Mans (Sarthe).

En outre, plusieurs grèves locales, dont une très importante, celle des mineurs du bassin du Nord, étaient sur le point d'éclater; elles furent d'ailleurs déclarées quelques jours après, mais cessèrent presque aussitôt, peut-être en raison de la non-exécution de la grève des chemins de fer.

*
* *

Telle était la situation que le Conseil avait à envisager le 11 octobre.

Après une longue discussion, le président de la réunion donna lecture des propositions ci-après:

1° « Je propose qu'en raison de la situation nouvelle créée par
« la grève actuelle, qui s'étend en province, le Conseil mette à
« exécution la décision du dernier Congrès. — *Signé :* GUÉRARD. »

2° « Étant donnée l'opinion des groupes consultés, le Con-
« seil décide de maintenir son vote d'il y a quinze jours, qui
« ajourne sa décision à une époque dont nous jugerons l'oppor-
« tunité. *Signé :* PACOTTE, GOBERT, LAGAILSE et TIÉTARD. »

3° « Je propose que le Conseil s'ajourne à demain soir, mer-
« credi, vu que nous n'avons pas toutes les réponses. *Signé :*
« CHAMBARET. »

4° « Le Conseil se tiendra en permanence jusqu'à ce que l'on
« ait reçu la réponse de la majorité des groupes. *Signé :* CICLET? »

Le président met aux voix la première proposition, c'est-à-dire la grève.

12 voix se prononcent pour la grève ; 11 contre ; et il y a une abstention.

Chambaret demande qu'en raison de la faible majorité obtenue, le Conseil ajourne au lendemain sa décision, après avoir pris connaissance des nouvelles réponses qui seront parvenues.

Pacotte déclare qu'à son avis, le vote est acquis et qu'il votera contre cette proposition. Le président la met aux voix.

Elle est adoptée par 14 voix contre 2, les autres administrateurs s'étaient abstenus. En conséquence, le Conseil ajourne sa décision au lendemain.

*
* *

Le lendemain 12 octobre, le Conseil se réunissait de nouveau ; 14 réponses nouvelles étaient parvenues, et le résultat total était le suivant :

36 groupes se prononçaient pour la grève ;

18 — partisans de la grève, étaient hésitants ;

34 — votaient contre la grève.

Voici, d'après le procès-verbal, le vote des administrateurs :

Ont voté pour la grève :

CROZE, ESTRADE, GUÉRARD, HARDOUIN, JEANJEAN, MELOT, MORICE, PIROUX, PROT, SOULA, VIARD, VINCENT et YLLIS, soit . . . . 13 voix.

Ont voté contre la grève :

BAZIREAU, BLAIN, BEAUFILS, CICLET, DHERBÉCOURT [1], GREINER, GOBERT, LAGAILSE, PACOTTE, TIÉTARD et VINDREAU, soit . . . . 11 voix.

Se sont abstenus :

CHABRARET et CRÉPIN, soit . . . . 2 voix

___

1. Malgré son avis nettement contraire à la grève, Dherbécourt, par esprit de solidarité, a cessé le travail quand la grève a été déclarée. Il a été révoqué.

Lorsque le Conseil eut décidé de donner le signal de la grève, après une discussion qui dura jusqu'à une heure du matin, plusieurs administrateurs restèrent toute la nuit au siège du Syndicat pour l'expédition de l'avis aux groupes.

Cet avis, préparé à tout hasard avant la décision du Conseil, était rédigé comme suit :

Camarades,

Les groupes se sont prononcés : « La grève est décidée ».

Elle commencera à Paris vendredi matin 14 octobre, dans la même journée en province, et le plus tôt possible en Algérie et Tunisie.

Le travail doit être suspendu immédiatement; prévenez tous les camarades.

Dans quelques localités, s'il y avait des hésitants, qu'importe! que les militants, même isolés, commencent; les autres suivront.

La grève ne cessera qu'aux conditions principales suivantes :

1° Aucun gréviste ne sera inquiété; tous devront être réintégrés, ainsi que les camarades récemment révoqués pour cause syndicale ;

2° Augmentation générale des salaires et appointements;

3° Retraite pour tous;

4° Retraite proportionnelle ;

5° Diminution de la journée de travail.

La situation est excellente; jamais nous n'aurons une occasion plus propice.

Le Conseil d'administration.

« La grève ne prendra fin que sur l'avis donné par le Conseil d'administration et signé par le secrétaire général et un administrateur. »

Mettez-vous en garde contre les fausses nouvelles, d'où qu'elles viennent.

Il n'y avait nulle instruction secrète ajoutée pour interrompre la circulation des trains, comme le bruit en courait; deux mille lettres furent ainsi envoyées. Le jeudi matin, 13 octobre, à 7 heures, tous les avis étaient expédiés.

Aussitôt, l'on fit imprimer d'autres circulaires destinées à être distribuées à profusion aux employés des chemins de fer, pour les informer que la grève était déclarée. Cette circulaire se terminait ainsi :

« *Pas d'excès, pas de violence*, ni contre les chefs, ni contre le matériel.

« La situation est excellente ; jamais nous n'aurons une occasion plus propice ; suivons l'admirable mouvement de solidarité qui, de Paris, s'étend à la province. Plus nous serons nombreux, plus vite nous triompherons.

« Courage, camarades, que pas un ne faillisse à son devoir! Votre sort est entre vos mains. »

Le Syndicat avait d'ailleurs l'habilité de s'adresser au public pour ne pas s'aliéner une force qui lui semblait utile :

Grève des Chemins de fer.

Au Public,

Malgré nos réclamations, malgré de nombreuses tentatives amiables, les Compagnies ont refusé d'améliorer le sort des 300.000 citoyens qui ont la charge du plus important des services publics.

Hier encore, elles osaient affirmer dans plusieurs journaux que les employés de chemins de fer étaient des travailleurs privilégiés. C'est une véritable provocation.

Elles ne parlent pas du dangereux surmenage qu'elles imposent à leur personnel, sans souci de la sécurité publique ; elles ne disent pas que beaucoup de ces privilégiés gagnent 2 fr. 15 à 3 francs par jour. Elles ont soin surtout de laisser ignorer au public que de nombreuses femmes garde-barrières sont payées 2 fr. 50 par mois (huit centimes par jour). Nous refusons de croire qu'il se trouve ailleurs des patrons assez rapaces pour donner à une femme un semblable salaire, souvent diminué par des amendes.

Le public ne sait pas cela; cependant, par le sans-gêne dont les Compagnies usent à son égard, il peut se douter qu'elles n'ont pas, pour leur personnel si dévoué, la sollicitude qu'elles affichent.

Il faut donc que les travailleurs des chemins de fer exigent ce qu'on leur dénie contre tout droit, toute justice, et, pour cela, ils n'ont d'autre moyen que la grève!

On les a accusés bien des fois de vouloir compromettre les intérêts de la défense nationale. A cette accusation, ils sauraient répondre au besoin :

Ils déclarent que, si un danger menaçait la France, tous reprendraient immédiatement leur poste.

Cette déclaration — les Compagnies le savent bien — a été faite dans tous les congrès nationaux de notre Syndicat.

Aux syndicats des autres corporations une circulaire était également adressée :

CAMARADES DES AUTRES CORPORATIONS,

La grève se généralise à Paris; tous les travailleurs font preuve de solidarité.

Que partout on proclame la grève générale, dans les mines, dans les usines, dans les ateliers, dans les magasins, dans les bureaux.

Que partout le travail s'arrête en même temps; que la vie sociale soit suspendue; que la bourgeoisie capitaliste inhumaine apprenne enfin ce que peut faire le peuple soulevé.

Unissons-nous, pour la conquête des réformes économiques. Que tous solidarisent leurs efforts, et la grève, à laquelle nous avons été acculés contre notre gré, sera de très courte durée.

LE CONSEIL D'ADMINISTRATION

du Syndicat national des travailleurs des chemins de fer de France et des colonies.

Les affiches placardées sur les murs de Paris furent immédiatement arrachées par la police, les enveloppes qui renfermaient les circulaires et portaient comme en-tête, pour détourner les soupçons : « Eugène Truche, vins en gros, rue Bouchardon », furent interceptées, les paquets d'affiches furent arrêtés.

Le 13 octobre, au soir, M. Bernard, commissaire de police, muni d'une commission rogatoire, *en date du 13 avril 1898,* se présentait au siège du Syndicat, cité Riverin, pour y pratiquer une saisie.

Le mandat de M. Bernard portait que le Conseil était « inculpé d'avoir, depuis moins de trois ans, à Paris, constitué et fait fonctionner un Syndicat, contrairement aux dispositions de la loi ».

*
**

Le Conseil demanda alors l'application de la loi sur l'arbitrage, par la lettre suivante :

Paris, 14 octobre 1898.

Monsieur le juge de paix du Xe arrondissement.

Monsieur,

Après cinq années de silence obstiné, les grandes Compagnies de chemins de fer viennent de refuser de discuter avec les représentants de notre Syndicat. Elles ont ainsi détruit tout l'effet de la loi du 21 mars 1884, qui n'a pas d'autre but que de permettre, entre employeurs et employés, la discussion de leurs intérêts.

La conséquence du refus des grandes Compagnies a été de ne laisser aux employés de chemins de fer qu'un seul moyen de faire entendre leur voix et de défendre leurs intérêts : la grève.

Les administrations des chemins de fer de l'État et des compagnies secondaires reçoivent les représentants de notre Syndicat et écoutent les réclamations qu'ils sont chargés de leur transmettre ; mais, défendant les intérêts dont elles ont la garde, ces administrations n'ont pas, malgré l'accueil bienveillant qu'elles nous ont fait, réalisé les réformes que demande leur personnel, auquel elles ne laissent également que la grève pour toute ressource.

Les employés des chemins de fer ont, il est vrai, un moyen

8.

pour obliger leurs employeurs à « discuter » contradictoirement
et pour essayer d'obtenir, par voie de concessions mutuelles, les
réformes indispensables : c'est de recourir à la loi du 27 décembre 1892 sur l'arbitrage.

Malheureusement, cette loi, comme beaucoup d'autres, a un
immense défaut ; elle ne permet aux travailleurs d'en réclamer
le bénéfice que « lorsque les hostilités ont commencé ».

La loi même du 27 décembre 1892 nous a donc obligés de déclarer la grève, ce qui nous permet, « maintenant seulement »,
d'en demander l'exécution.

Nous nous empressons, « avant que le conflit ait pris un degré d'acuité qui rendrait toute conciliation impossible, ou tout
au moins difficile », de vous demander, monsieur le juge de paix,
de vouloir bien convoquer à votre cabinet messieurs les représentants des Compagnies de chemins de fer, soit que chacune
d'elles se fasse représenter séparément, comme le veut la loi,
soit qu'elles envoient d'un commun accord, à la conférence que
vous présiderez, une délégation de cinq membres.

De notre côté, nous avons désigné :

MM. Guérard, secrétaire général ;
   Yllis, administrateur ;
   Jeanjean, administrateur ;
   Estrade, administrateur ;
   Greiner, administrateur.

La réponse du juge de paix ne parvint au Conseil
d'administration qu'après l'échec de la tentative de
grève. En voici le texte [1].

1. Le *Bulletin de l'Office du travail* du mois de novembre 1898 contient au sujet de cette demande d'arbitrage un commentaire intéressant :

Le 14 octobre, le Syndicat national des ouvriers des chemins de fer
proclama la grève et réclama le même jour au juge de paix du dixième
arrondissement l'application de la loi sur la conciliation et l'arbitrage.

Dans la lettre adressée par le Conseil d'administration du Syndicat au
juge de paix, nous relevons le passage suivant :

« Malheureusement, cette loi, comme beaucoup d'autres, a un immense défaut ; elle ne permet aux travailleurs d'en réclamer le bénéfice
que *lorsque les hostilités* ont commencé.

« La loi du 27 décembre 1892 nous a donc obligés de déclarer la
grève, ce qui nous permet, *maintenant seulement*, d'en demander l'exécution. »

Or, il y a là une erreur absolue qu'il importe de rectifier. La loi dit,

Messieurs,

J'ai l'honneur de vous accuser réception de votre lettre qui ne m'est parvenue que hier, ainsi que du compte rendu y joint. Vous me demandez mon intervention, pour arriver à une conciliation dans un différend, qui, me dites-vous, s'est élevé entre messieurs les employés de chemins de fer et les Compagnies que vous ne désignez pas individuellement.

Je me sentirais honoré d'être appelé à servir d'intermédiaire conciliateur pour la discussion des graves intérêts dont vous m'entretenez, si je me croyais complètement et régulièrement saisi ; mais votre lettre, telle qu'elle est libellée, me semble devoir aller au-devant d'une fin de non-recevoir.

L'article 1er de la loi du 27 décembre 1892, pour motiver l'intervention du juge de paix dans les conflits entre patrons et ouvriers, exige un différend d'ordre collectif portant sur les conditions du travail, et vous n'indiquez aucun fait spécial de ce genre, vous bornant à alléguer, comme motif d'intervention, une grève qui, en réalité, n'existe pas, puisque le service des Compagnies n'est pas entravé par le retrait de quelques employés.

Il me semble, d'ailleurs, difficile d'englober dans la même discussion toutes les Compagnies, dont les intérêts et le mode d'administration sont différents et dont deux seulement, au point de vue de ma compétence, ont leur siège social dans mon arrondissement. Votre lettre ne m'indique pas non plus celles des Compagnies à qui je dois adresser votre invitation, ni les noms, qualités et domicile des demandeurs, ainsi que l'exige la loi précitée.

Un dernier motif qui me semble devoir m'empêcher de transmettre votre demande, c'est l'absence de justification de mandat, alors que la circulaire ministérielle du 18 février 1893, interprétative de la loi du 27 décembre 1892, impose au juge de paix la vérification d'un mandat régulier.

en termes exprès, dans son article 1er : « Les patrons, ouvriers ou employés, entre lesquels se produit un *différend* d'ordre collectif, etc. »

Il est donc manifeste que le bureau du Syndicat national des chemins de fer a confondu *différend* avec *grève*, car il peut très bien se produire un différend entre patrons et ouvriers sans que ces derniers soient obligés, pour obtenir satisfaction, de cesser le travail.

La loi du 27 décembre 1892 a précisément pour objet de prévenir les *grèves* en permettant aux parties de régler leurs *différends* sans recourir à la cessation du travail, et, dans plusieurs cas, elle a atteint effectivement ce but.

Je me tiens à votre disposition pour toutes les explications que vous pourriez désirer et vous prie, Messieurs, d'agréer l'assurance de ma considération distinguée.

Le juge de paix,
JH. MELSHEIM,

* *
*

L'échec de la tentative de grève, le 16 octobre, fut pitoyable. Un seul groupe répondit à l'appel des administrateurs : le groupe de Cosne-sur-l'Œil. Sur 60 ouvriers de cette localité, 46 se mirent en grève.

Un autre groupe, celui de Paris-Ouest (rive droite), comptait 60 grévistes parmi les aiguilleurs, hommes d'équipe et sous-chefs d'équipe des Batignolles ; mais presque tous ces grévistes, en voyant l'échec complet de la tentative de grève générale, reprirent le travail dans l'après-midi.

Il n'y eut ailleurs que des grévistes isolés : dix à Paris-Nord, cinq à Paris-Est, un à Paris-Ouest (rive gauche), un à Paris-Orléans, deux à Paris-Sceaux-Limours, un à Achères, un à Bressuire et huit à Lyon : en tout, cent trente-cinq grévistes.

Cependant, le Conseil ne désespéra pas : la grève, pensa-t-il, avait eu un mauvais départ, mais il était encore temps pour les employés de chemins de fer de se ressaisir. Dans ce but, le Conseil organisa, pour tous les groupes de Paris, une réunion qui eut lieu le dimanche 16 octobre. L'appel suivant fut distribué aux employés de chemins de fer et affiché sur les murs de Paris :

Aux Travailleurs des chemins de fer.

Le moment de l'action est arrivé.

Le dernier Congrès a décidé la grève, si les compagnies refusaient de discuter avec le Syndicat.

Nous avons fait connaître leurs réponses : par leur refus pur et simple, elles déclarent la guerre.

Dans ces conditions, ce serait une lâcheté d'accepter le soufflet que nos exploiteurs nous ont infligé.

Si les employés de chemins de fer s'inclinaient, après les « résolutions énergiques de leur Congrès », ce serait la déchéance morale et effective de notre Syndicat, ce serait la déconsidération de toute notre corporation, qui perdrait le droit de faire entendre sa voix dans les assises des travailleurs.

« Ce serait tous les cheminots bafoués, ridiculisés, dignes d'être conduits à coups de triques. »

Les groupes se sont de nouveau, ces jours-ci, prononcés en majorité pour la grève, contrairement aux dires des journaux ; toutes les réponses reçues à ce sujet sont en lieu sûr.

Nous donnons rendez-vous à tous les hommes de cœur, à ceux qui ne veulent pas mériter l'épithète de lâches. Tous, « syndiqués ou non », seront à la *Réunion plénière*, salle Chaynes, 12, rue d'Allemagne, dimanche 16 octobre 1898, à 2 heures de l'après-midi.

Le citoyen Guérard, secrétaire général, exposera la situation.

Venir en tenue ou se munir d'une pièce établissant sa qualité d'employé de chemins de fer.

Trois cents employés de chemins de fer au plus assistèrent à la réunion. S'ils étaient venus en nombre, dit le rapport, le mouvement pouvait encore réussir ; il n'aurait subi qu'un léger retard. Des dispositions étaient prises pour assigner le lendemain matin un lieu de rendez-vous aux employés de chacune des Compagnies.

L'échec de la tentative de grève était, cette fois, définitif.

Parmi les grévistes, trente-six avaient été révoqués. Des collectes faites en leur faveur ne rapportèrent que 1.000 francs, moins de 30 fr. pour chacun d'eux.

Le Congrès des 20 et 21 janvier 1899.

Le Congrès reprocha violemment au Conseil d'administration d'avoir outrepassé ses pouvoirs. Il appartenait en effet à une commission de 25 membres, nommée par le Congrès de 1898, de décider de l'opportunité de la grève et de prendre les mesures nécessaires pour sa réussite. Or cette commission exécutive n'avait pas été consultée.

M. Guérard répondit que cette commission n'était chargée que d'assurer le succès de la grève, une fois déclarée, et que les ouvriers de chemins de fer n'avaient à s'en prendre qu'à eux-mêmes de l'insuccès de leur tentative.

Comme sanction à cette discussion, l'ordre du jour suivant fut adopté :

« *Le Congrès déclare que le Conseil d'administration, en fixant le jour de la grève, n'a fait qu'obéir aux décisions du précédent congrès, qui comptait en son sein la commission des 25 et qu'il a fidèlement observé les statuts.* »

Les congressistes nommèrent ensuite les membres du nouveau Conseil d'administration, qui remplaçait le Conseil démissionnaire, et dont tous les membres devaient être choisis *parmi les employés en exercice.*

Après ce vote, M. Guérard prit de nouveau la parole, pour conseiller à ses camarades *d'user dorénavant de modération* dans leurs revendications à l'égard des Compagnies.

Ces deux dernières résolutions sont symptomatiques. Elles montrent que tout le monde se rendait enfin compte de l'inanité de la violence pour le succès des revendications ouvrières.

La grève générale politique.

Ailleurs la grève générale a pris une autre forme. En Belgique, le Congrès des mineurs tenu à Frameries, au mois d'août 1892, avait voté la grève générale des mineurs. Comme une grosse partie des ouvriers appartenait au parti catholique, les socialistes leur avaient adressé l'appel suivant :

Aux Ouvriers catholiques,

Dans quelques jours vous vous réunissez à Bruxelles, en un Congrès ; le Parti Ouvrier exprime en cette circonstance le vœu que vous y affirmiez solennellement la nécessité d'un régime électoral nouveau dans lequel le peuple tout entier aura sa place. C'est la question qui, à l'heure présente, doit grouper dans une même pensée tous les travailleurs, quelles que soient leurs croyances philosophiques.

A la classe laborieuse, il faut le bulletin de vote, pour lui permettre de défendre ses intérêts et pour assurer son indépendance. Sans le droit de suffrage concédé à tous les citoyens, le peuple belge est impuissant à changer pacifiquement ses conditions d'existence.

Aucune différence entre la condition des ouvriers qui vont à la messe et celle des ouvriers qui ne s'y rendent pas. En effet : les diminutions de salaires ne les atteignent-elles pas tous ? — La misère s'inquiète-t-elle de vos opinions philosophiques pour s'installer à votre foyer ? L'impôt du sang ne frappe-t-il pas les plus pauvres, et non les catholiques ou les libres penseurs ? — Et la justice est-elle plus humaine pour l'ouvrier de tel culte plutôt que pour celui qui n'en professe aucun ?... La tyrannie capitaliste s'est montrée impitoyable vis-à-vis des ouvriers catholiques de Quenast, vous vous en souvenez. Elle affame, à l'heure actuelle, les allumettiers catholiques de Grammont. Elle pèse lourdement depuis des siècles sur la population catholique des Flandres.

Ouvriers catholiques, vos frères du parti ouvrier vous tendent la main pour la lutte prochaine contre notre ennemi commun, le régime censitaire. Marchons d'accord, nous souvenant que le

Christ, votre maître, proclamait, il y a dix-neuf siècles, la fra-
ternité humaine. Marchons unis pour réclamer le plus sacré de
nos droits, le droit de vote.

Il s'agissait donc de la conquête du suffrage universel. Le congrès catholique ne s'y rallia pas et lui
préféra un système basé sur l'occupation, la capacité
et l'exercice continu d'une profession.

La rentrée des Chambres était fixée au 3 novembre
1892. Le 8 novembre, le roi inaugurait par un discours
du trône les travaux de la Constituante. Il n'y était
pas question du suffrage universel. — Le lendemain,
dès l'aube, la rue présentait une animation extraordi-
naire. Partout on entendait crier : « Vive le suffrage
universel ! » Les meetings se succédaient à Bruxelles,
à Gand, à Namur. On décidait la création d'un Denier
pour le suffrage universel, une ligue était créée. Une
grève avait éclaté en décembre aux charbonnages de
Tilleur. Une collision sanglante s'était produite, entre
les gendarmes et les grévistes, qui laissèrent quatre
morts et trois blessés. Un ordre du jour fut adopté par
la Chambre, qui félicitait les gendarmes.

Le 2 janvier 1893, le gouvernement déposa un projet, qui ne sut satisfaire les socialistes. Et ceux-ci
eurent recours au referendum pour faire connaître l'o-
pinion du peuple. Ce referendum se fit le 26 février.
Sur 115.000 inscrits, plus de 60.000 vinrent voter. La
proposition Janson (suffrage universel à 21 ans) re-
cueillit 48.660 voix ; la proposition Nothomb (suffrage
universel à 25 ans), 7.864 voix, et le projet du gouvernement, 1.022 voix seulement. Ce referendum fut reproduit
partout, et partout il donna des résultats identiques.

Le 1er mars, la Chambre aborda l'examen des
propositions. Au milieu des propositions déposées
se dégagea la proposition Nyssens basée sur le vote

plural, qui accordait une certaine prédominance, par l'attribution d'un vote supplémentaire, à la fortune, à la capacité, à la famille.

Le 2 avril 1893, un congrès socialiste se réunit à Gand et revendiqua le suffrage universel pur et simple. Un certain nombre de congressistes préconisa, pour l'obtenir, la méthode révolutionnaire. M. Vandervelde leur conseilla de quitter le Parti ouvrier, avec lequel ils pouvaient avoir des aspirations communes, mais *dont ils contrecarraient constamment les moyens d'action.* « Parler toujours de révolution, s'écria M. Anseele, c'est de la blague. A Gand, nous n'avons jamais prononcé le mot de révolution. Nous n'avons jamais parlé que de coopératives. Et pourtant Gand est la seule ville de Belgique où les agents de police se promènent le revolver sur le ventre. »

Enfin le 11 avril 1893, la Chambre des représentants repoussa, par 115 voix contre 26, la proposition Janson, du suffrage universel à 21 ans. — Immédiatement le conseil général du Parti ouvrier déclara la grève générale.

En quarante-huit heures, elle fut définitive.

Les mines et les grandes villes industrielles ou commerçantes furent les premières atteintes. — Partout se produisirent des incidents violents et des répressions sanglantes. Le 14 avril, une fusillade tuait une femme à Jolimont et, quelques jours après, la répression faisait six victimes à Anvers. A Bruxelles, les attentats se produisaient contre M. Woeste, chef du parti catholique, et M. Buls, bourgmestre de la ville. Le 17, les mineurs borains essayaient de forcer la ville de Mons et laissaient sur le terrain six morts et douze blessés.

Le 18 avril, la Chambre adoptait par 119 voix contre 14 le suffrage plural. — Le soir même, le conseil général du Parti ouvrier, prenant acte de l'inscription du suffrage universel dans la constitution, conseillait la reprise du travail. C'était se contenter de peu ; mais n'est-ce point la devise du sage ? — La reprise du travail eut lieu immédiatement.

*
*. *

Cette grève générale organisée par le parti socialiste belge n'avait pas atteint le but qu'il s'était proposé. Elle fut reprise en avril 1902, et là on espéra bien obtenir le suffrage universel si énergiquement réclamé. — Le Parti ouvrier avait en effet ouvert une sérieuse campagne avec cette devise « UN HOMME — UN VOTE ». — Il y préluda par une sorte d'émeute dans la Chambre même, en menaçant le gouvernement d'une obstruction irréductible sur le vote du budget, si la prise en considération de la proposition du suffrage universel pur et simple était repoussée [1]. — Puis suivit une émeute de la rue et enfin une déclaration de grève générale politique, à laquelle de grands industriels ne firent pas d'opposition systématique.

Le suffrage universel, mais plural, existait, ainsi que nous venons de le voir. Un vote supplémentaire appartenait à l'homme marié, âgé de trente-cinq ans, et payant un minimum de 5 francs d'impôt ; ainsi qu'au citoyen âgé de vingt-cinq ans, possédant une certaine propriété. Deux votes supplémentaires étaient attribués aux capacitaires de vingt-cinq ans. C'est contre ces votes supplémentaires que fut menée la campagne. On réclama la suppression des privilèges d'âge, de fortune et de science. Le 10 avril 1902, le conseil général du

---

1. Voir sur cette importante question la brochure très instructive de M. Cyr. van Overbergh. Schepens, éditeur, Bruxelles ,1902.

Parti ouvrier, réuni à la Maison du Peuple de Bruxelles, décida de généraliser la grève partout où cela se pourrait ; mais ce fut contre les Liégeois et les Gantois que cette résolution fut prise, car tout le monde n'était pas d'accord, dans le parti socialiste, sur l'issue heureuse de cette formidable lutte. « Que nous réussissions ou échouions, disaient les coopérateurs de Gand, notre trésor de guerre sera entamé ; avec quoi ferons-nous les élections du 25 mai ? »

« La semaine de la revision commence, disait le manifeste du parti, le débat décisif s'ouvrira mercredi 16 avril. Que Bruxelles soit debout. Demain, la province se lèvera tout entière ! »

Le Borinage, le bassin de Charleroi et le Centre donnèrent le signal de la grève. Ces 200.000 grévistes étaient, au dire des socialistes, l'avant-garde de toute l'armée ouvrière qu'on affirmait être prête à marcher. On disait même que nombre d'industriels étaient favorables à la grève et qu'ils avaient déjà proposé à leurs ouvriers des indemnités de chômage. Les ouvriers, disaient les proclamations socialistes, *maintenant que la bourgeoisie industrielle est avec eux*, comprendront qu'ils doivent maintenir partout la grève pacifique et calme. Cependant, malgré ces excitations, la grève ne s'étendait pas. Les grèves qui éclataient compensaient avec difficulté les reprises de travail. La grande industrie wallonne seule tenait bon. *Le Peuple* annonçait des souscriptions et des envois d'argent. *La Petite République* ouvrait une liste de souscription et le parti socialiste d'Allemagne avait déjà fait parvenir 12.500 francs. La grève générale des mineurs était annoncée. L'armée et la garde civique étaient gangrenées par le socialisme, affirmait-on encore, et n'allaient pas marcher.

Le 18 avril, la Chambre, sans se laisser intimider,

rejetait la prise en considération de la proposition qui instaurait le suffrage universel absolu, par 84 voix contre 64.

Une répression sanglante eut lieu à Louvain. Il y eut six morts et plusieurs blessés. Bruxelles était redevenu calme. Le travail reprenait partout, sauf dans les pays de Charleroi, du Centre et de Mons. — Les journaux libéraux, abandonnant les socialistes, conseillaient la fin de cette grève qui n'avait eu de général que le nom. — Immédiatement le Conseil général du parti socialiste adjurait « la classe ouvrière de répondre à l'attitude provocatrice du gouvernement par une marque éclatante de sagesse politique, et, pour ne point fournir de prétexte à de nouveaux massacres, de mettre un terme à la grève générale, dont le but été atteint ». — « Nulle part les ouvriers ne considéreront la reprise du travail comme une reculade, disait le Conseil général. Ils y verront le meilleur moyen de ne pas gaspiller leurs énergies et leurs forces. Ils comprendront que les défaites parlementaires n'imposent pas des efforts désespérés mais inutiles. » — Les ouvriers grévistes accueillirent mal ces conseils de prudence. A Verviers, le député M. Malempie fut hué et le délégué M. Dauvester manqua d'être lapidé. A la Louvière, à Charleroi, dans le Borinage, ces ouvertures de paix furent également mal accueillies et les délégués du Conseil général passèrent un mauvais quart d'heure. Cependant il faut remarquer que sur l'ordre du Conseil général la grève s'éteignit presque instantanément, et l'on ne peut s'empêcher d'admirer cette merveilleuse discipline qui lie les ouvriers socialistes à leurs chefs. — Un congrès eut lieu le 4 mai pour expliquer aux ouvriers les raisons qui avaient décidé les délégués du parti à mettre fin à la grève.

L'échec de ce mouvement populaire fut complet. Le parti socialiste n'obtint absolument rien.

Quelles furent les causes de cet échec?

Les théoriciens de la grève générale, dit M. Cyr. van Overbergh [1], sont d'accord pour soutenir que trois conditions sont indispensables pour qu'une grève générale ait chance d'aboutir :

1° Il faut que l'objet, en vue duquel elle est déclarée, passionne profondément la classe ouvrière; 2° que l'opinion publique soit préparée à reconnaître la légitimité de cet objet; 3° enfin que la grève générale n'apparaisse point sous le déguisement de la violence et qu'elle soit simplement l'exercice du droit légal de grève, mais plus systématique et plus vaste, avec un caractère de classe plus marqué.

Or, la grève belge de 1902 ne saurait satisfaire à la troisième condition indiquée. Si la grève générale, ainsi que le fait remarquer M. Jaurès, est présentée et conçue comme le prodrome et la mise en train d'une action de violence révolutionnaire, « elle provoquera d'emblée un mouvement de terreur et de réaction auquel la fraction militante du prolétariat ne suffira point à résister ».

Enfin la grève générale de 1902 dut son insuccès à l'attitude résolue et entêtée du pouvoir. Le gouvernement et la Chambre étaient nettement décidés à ne pas accorder la moindre concession, dans la pensée que la concession accordée ne pourrait servir que de prétexte à de nouvelles revendications plus exigeantes et plus âpres.

Les socialistes étaient grisés par leurs précédents succès. Ils crurent facile d'empêcher tout d'abord par l'obstruction le vote du budget. La Chambre vota, malgré eux, des douzièmes provisoires. « Si nous cé-

1. Brochure déjà citée.

dions devant vos menaces, dit à ce sujet un membre de
la droite, nous serions les derniers des lâches. » — Les
socialistes déçus recoururent alors aux grands moyens
d'intimidation, à la grève générale. Le gouvernement
y répondit par une déclaration de guerre.

L'opinion publique se montra également irréductible. — Les airs vainqueurs qu'affichèrent les chefs du
socialisme n'eurent d'autres résultats que de les des-
servir. Quand des coups de revolver furent tirés dans
les rues de Bruxelles, que des maisons furent assaillies
et des agents de police assommés, la bourgeoisie
tout entière prit fait et cause contre l'insurrection.
Commerçants et industriels se révoltèrent contre la
grève générale si légèrement déchaînée. La grande
industrie est aujourd'hui possédée par des multitudes
de petits capitalistes. Ceux-ci ne furent pas les derniers
à exhaler leur haine contre les fomenteurs de troubles
et les destructeurs d'industrie. L'armée et la garde
civique, que les socialistes croyaient gagnées à leur
cause, se montrèrent irréductibles. — Donnez un fusil
à un bon bourgeois pacifique et dérangez-le de ses habitudes pour le mettre en face de l'armée du désordre.
Il sera inexorable. — Sa brutalité proviendra de sa
quiétude brusquement troublée.

Enfin une autre cause de l'échec de la grève générale
de 1902, fut le manque de ressources. Il ne suffit pas de
déclarer une grève, il faut la faire vivre. Les borains,
habitués à ces genres de levées, font chaque année,
vers la même date, quelque épargne pour « la grève
des patates ». Ils auraient pu tenir jusqu'au 1ᵉʳ mai. —
Mais ailleurs? ni argent, ni provisions. Pour faire vivre
300.000 grévistes, il faut au minimum 300.000 francs
par jour. Les ressources de la grève ne s'élevèrent pas
à plus de 50.000 francs. — Quant au trésor de guerre,

aux réserves des syndicats et surtout des coopératives, personne ne voulut prendre la responsabilité d'y toucher, car c'eût été la ruine de toutes les œuvres ouvrières. Puis, il y avait les élections, un mois plus tard !

Le Peuple (organe socialiste) du 5 mai 1902 résumait tristement les conclusions qu'il fallait tirer de cet échec :

« La classe ouvrière tirera son profit de la *terrible leçon* qui lui a été infligée. — De plus en plus elle délaissera d'anciennes tactiques pimentées de la *phraséologie révolutionnaire des Français*, pour aller vers les *méthodes réfléchies d'organisation et d'éducation de la social-démocratie allemande*, avant-garde du socialisme mondial. »

CHAPITRE VI

LE SCÉNARIO D'UNE GRÈVE.

Pour bien se rendre compte de la façon dont se présente une grève, il suffit de jeter les yeux sur un cahier d'usine, qui en est comme *le livre de bord*, et on y lit dans toute leur naïveté les causes qui souvent donnent lieu aux grèves les plus violentes.

Prenons comme exemple la grève des usines du Creusot qui éclata le 20 septembre 1899.

Voici ce que relate le cahier de l'usine.

18 SEPTEMBRE. — Trois ouvriers ont été mis à pied pour avoir introduit du vin dans l'atelier de l'électricité, au mépris du règlement.

Le chef d'équipe Germain, qui les a fait punir, a été insulté dans l'atelier, au moment du départ, et accompagné depuis sa sortie de l'usine jusque chez lui par une bande d'ouvriers qui l'ont insulté, menacé et couvert de crachats.

19 SEPTEMBRE. — Deux jeunes gens, accusés d'avoir insulté Germain dans l'atelier, sont punis de mise à pied. Ces deux jeunes gens affirment ne pas être coupables.

20 SEPTEMBRE. — Une délégation d'ouvriers de l'électricité, accompagnant les deux jeunes gens, renouvelle ces réclamations auprès du chef de service M. Helmer, puis de M. Geny, directeur général des usines. M. Geny s'entend avec M. Helmer sur l'opportunité de lever la punition.

Un peu avant midi, M. Geny demande un supplément d'enquête sur le premier fait allégué (introduction du vin) et rédige une instruction écrite destinée à M. Helmer pour lui confirmer ses instructions verbales. Le personnel des bureaux étant, à cette heure-là, sorti pour déjeuner, la lettre reste sur le bureau de M. Geny.

Déclaration de la grève.

A une heure de l'après-midi, à la reprise du travail, les ouvriers des ateliers de l'électricité et de l'artillerie quittent le travail. Une partie d'entre eux parcourt les autres ateliers, ordonnant aux ouvriers de quitter le travail. Un groupe entoure les puits de la Mine et ordonne aux mécaniciens d'extraction de faire sortir les mineurs.

Les ateliers étaient complètement évacués vers trois heures et demie sans bagarres.

21 SEPTEMBRE. — Dès les premières heures du jour, l'affiche suivante est placardée sur les murs de la ville :

Syndicat des ouvriers métallurgiques et similaires des usines du Creusot.

Lors de la dernière grève, notre patron nous a accordé 25 centimes d'augmentation. Aujourd'hui, les marchandages sont diminués partout, même au-dessous des anciens prix.

Le patron nous accordait, par la parole, la liberté de conscience. Aujourd'hui, on veut nous la retirer.

Tous les jours, ce sont des provocations.

Nos réclamations sont tournées en ridicule par l'ingénieur en chef des usines ; cet homme prétend faire la police aussi bien en ville que dans l'usine. Nous ne le tolérerons pas.

Nous avons tous à cœur de réclamer au patron l'exécution des promesses faites par lui : La reconnaissance du syndicat. La liberté de conscience ; nous voulons vivre en hommes libres. La suppression de la police occulte, organisée en grand depuis la dernière grève.

Le comité de la grève fait appel à la solidarité prolétarienne.

9.

Personne ne trahira la cause si légitime que nous défendons.

Le jour même, M. Schneider arrive au Creusot.

22 SEPTEMBRE. — A neuf heures du matin, le Sous-Préfet demande à M. Schneider de recevoir une délégation de ses ouvriers accompagnée de M. Adam, secrétaire du Syndicat. M. Schneider répond qu'il est prêt à recevoir ses ouvriers, mais qu'il refuse de recevoir M. Adam, qui n'est pas ouvrier aux usines.

23 SEPTEMBRE. — Le Syndicat répond :

« Notre secrétaire dans la délégation ou pas de délégation. — A M. Schneider de décider ! »

A trois heures de l'après-midi, M. Schneider remet au Sous-Préfet la réponse suivante :

Le Creusot, 23 septembre 1899.

Monsieur le Sous-Préfet,

J'ai l'honneur de vous confirmer ce que je vous ai dit tout à l'heure, en réponse à la note que vous m'avez communiquée.

Je ne reviendrai pas sur la détermination que j'ai prise, dès le mois de mai, et que je vous ai rappelée hier. Je n'admets l'intervention d'aucune personne étrangère à l'usine, sauf, bien entendu, des représentants du Gouvernement, dans les rapports que j'ai avec mes ouvriers.

J'ai déclaré le 2 juin :

Que je recevrais mes ouvriers comme par le passé, sans me préoccuper de savoir s'ils étaient ou non syndiqués ;

Que je respectais leur droit de former des syndicats ;

Mais que je gardais la liberté absolue de traiter directement avec mes ouvriers seuls, sans aucun intermédiaire.

Je maintiens cette déclaration, à laquelle je n'ai rien à ajouter ni à retrancher.

Veuillez agréer, Monsieur le Sous-Préfet, l'assurance de ma considération la plus distinguée.

SCHNEIDER.

M. Schneider dit encore au Sous-Préfet :

« Je prends acte devant vous qu'aujourd'hui, 23 septembre au soir, *quatrième jour de la grève*, les revendications des ouvriers ne sont pas encore en état de m'être soumises. *Ce ne sont donc pas ces revendications qui ont déterminé la grève.*

« Je suis las de cette situation et je tiens à avoir demain matin au plus tard, et de bonne heure, la liste de ces revendications. »

A sept heures du soir, le Sous-Préfet apporte un dossier de revendications des ouvriers.

- Ce dossier est divisé en trois chapitres :

I. CAUSES DE LA GRÈVE.

L'incident des deux mises à pied et l'attitude blessante et *de mauvaise foi* de M. Geny sont une cause secondaire de la grève.

CAUSES RÉELLES. — Violation du contrat intervenu à l'issue de la grève de juin dernier :

1° Sur les salaires,
2° Sur la liberté de pensée,
3° Sur la liberté syndicale.
II. PROVOCATIONS.
III. RÉCLAMATIONS.

I. La note de M. Geny pour M. Hauser ne lui a pas été communiquée. *C'est une preuve de la mauvaise foi de M. Geny.* Ou elle a été faite à dessein à un autre moment, et alors *elle constitue un faux.*

(Cette note demandait la réintégration des deux jeunes gens.)

Les ouvriers avaient aussi trouvé une liste confidentielle de suspects, dans laquelle on signalait un tel comme militant dangereux, un autre comme s'étant signalé sur un char du 14 juillet [1], d'autres encore comme syndiqués dangereux ou comme propagandistes révolutionnaires.

Des avantages avaient été faits aux non-syndiqués.

La journée des rouleurs de houille avait été réduite de 50 centimes.

Une société de secours mutuels avait été créée par l'usine, et les syndiqués y voyaient une concurrence déloyale à leur syndicat.

II. Les syndiqués étaient en butte aux provocations des contremaîtres.

III. Les réclamations concernaient les conditions du travail, l'arrogance de certains contremaîtres, des augmentations pour certains postes.

24 SEPTEMBRE. — M. Schneider répondit par la lettre suivante :

Le Creusot, 24 septembre 1899.

Monsieur le Sous-Préfet,

J'ai l'honneur de vous remettre les réponses aux diverses notes que vous m'avez communiquées.

Voici, de plus, mes observations générales sur les divers sujets traités :

1° CAUSES DE GRÈVE. — Je ne veux pas rechercher si mes ouvriers ont obéi à un mot d'ordre. J'ai constaté que, contrairement à toutes les promesses faites, le travail a été interrompu brusquement, sans qu'aucune raison ait été donnée à l'avance. Cela a été publiquement déclaré.

2° PROVOCATIONS. — Le mot n'est pas heureux : chaque jour, j'ai trouvé dans les journaux, dans les comptes rendus de discours, dans les relations de faits survenus dans l'usine et au dehors, les excitations au mépris de l'autorité des chefs et à la haine des cama-

---

1. A l'occasion du 14 juillet, les ouvriers avaient fait une mascarade où tous les chefs de l'usine étaient tournés en ridicule.

rades qui ne partagent pas les idées de certains. J'ai vu
les murs des ateliers couverts d'inscriptions injurieu-
ses; j'ai entendu des chants grossiers,

Et on me parle de provocations...!

3° RÉCLAMATIONS. — Cette fois, comme les précédentes, les réclamations sont ou mal fondées ou insignifiantes.

Par contre, on oublie que, pendant plusieurs semaines, des ouvriers de la forge ont été entraînés à
réduire leur production pour faire croire à une insuffisance des tarifs ; que, aux ateliers de constructions, à
l'artillerie et à l'électricité, des jeunes gens ont négligé
leur travail ; que, aux hauts fourneaux, les ouvriers
ont été la cause d'un arrêt des fourneaux pendant deux
jours, imposant ainsi à leurs camarades des aciéries
et des forges à mains, un chômage onéreux, et à l'U-
sine une perte.

Veuillez agréer, Monsieur le Sous-Préfet, l'assurance
de ma considération la plus distinguée.

SCHNEIDER.

Et M. Schneider répondait, point pour point, au
cahier de revendications de son personnel.

25 SEPTEMBRE. —Nouveau dossier de réclamations des ouvriers.
26 SEPTEMBRE, — Nouvelle lettre de M. Schneider:

Le Creusot, 26 septembre 1899.

*Observation en réponse aux réclamations relatives
aux marchandages.*

La note qui m'a été remise le 25 septembre comprend
dix réclamations auxquelles les réponses sont données
à part. Parmi ces dix réclamations, quatre seulement
visent des marchandages. D'autre part, parmi les ré-

clamations que j'ai reçues depuis le 2 juin jusqu'au 21 septembre, deux seulement visaient des questions de marchandages, à savoir :

Réclamation Rebion (électricité).

Réclamation des jeunes ouvriers de l'artillerie-sud,

Soit, depuis le 2 juin, un total de six réclamations au sujet des marchandages. Or, on fait par mois, en moyenne :

13 à 14.000 bulletins de marchandages aux ateliers de constructions ;

6.000 bulletins pour l'artillerie et l'électricité ;

1.000 à 1.500 bulletins pour les aciéries,

Soit, pour juin, juillet, août, et du 1er au 20 septembre, environ 75.000 bulletins. De plus, parmi ces six réclamations, une seule a paru avoir quelque fondement, *soit une sur 75.000*.

Je suis étonné moi-même d'un pareil résultat et je suis heureux de saisir cette occasion pour rendre un public hommage au personnel que j'ai chargé de mettre à exécution les mesures que j'ai décidées le 2 juin.

SCHNEIDER.

M. le Sous-Préfet demande à M. Schneider de lui confirmer par écrit les réponses verbales déjà données à la note des ouvriers du 21 septembre. M. Schneider remet au Sous-Préfet la note ci-dessous, confirmant ses réponses antérieures :

LORS DE LA DERNIÈRE GRÈVE. — L'augmentation accordée par moi le 2 juin a été donnée à tous les ouvriers indistinctement. J'ai demandé qu'on me précisât les réclamations relatives aux prétendues diminutions de marchandages et réponse est donnée dans un dossier spécial à chaque réclamation.

Liberté de conscience. — La liberté de conscience est absolue. — Mais si l'on entend par liberté de conscience la liberté d'insulter dans la rue des chefs ou des camarades pour des faits concernant la discipline ou le travail à l'usine, je ne puis admettre cette liberté-là.

Provocations. — Réponse a été donnée dans un dossier spécial.

Reconnaissance du Syndicat. — Réponse donnée par ma lettre du 23 septembre 1899 à M. le Sous-Préfet et déjà verbalement donnée à MM. Dejeante, Coutant et Lassalle, députés, en présence de M. Roldes.

Police occulte. — Il n'y a pas de police occulte. Les quelques agents (au nombre de trois), chargés de recueillir les renseignements nécessaires pour l'examen des demandes de secours ou d'embauchage, sont parfaitement connus ; ils opèrent au grand jour, leur nombre n'a pas été augmenté depuis le 2 juin. Et il n'y a pas d'autres agents de renseignements.

Punitions Lausseur et Journot. — Incident terminé; la punition a été levée par la Direction.

Déplacement de Germain, Sauteau, Pirsch, Lauprête, contremaîtres. — Germain a fait son devoir.

Sauteau et Pirsch n'ont rien fait qui puisse motiver même une réprimande.

Lauprête n'a fait qu'obéir à un ordre parfaitement régulier. (Voir la réponse pour la réclamation Marcellin.)

Liste de suspects. — Réponse donnée.

Égalité pour tous les ouvriers, même au point de vue, etc. — Aucune Société n'a été organisée par l'Administration des usines, aucune subvention donnée. Ce sont des fables. (Réponse déjà donnée.)

Demande des services pour suppression du marchandage. — Cette question est une question de principe qui a été tranchée une fois pour toutes. Le travail au marchandage ne sera pas supprimé.

SCHNEIDER.

Au reçu de ces pièces, M. le Sous-Préfet présente un troisième dossier de réclamations des ouvriers, contenant, disait-il, des preuves présentées par les ouvriers sur les faits relatés aux premier et deuxième dossiers, et en plus des réclamations nouvelles. Il déclare que, pour gagner du temps, il n'a pas pris connaissance en détail de ce troisième dossier, non plus que des précédents. Il remet en même temps à M. Schneider la lettre suivante du Comité de la grève.

Le Creusot, 26 septembre 1899.

Monsieur Schneider,

Nous vous demandons de faire une enquête complète, c'est-à-dire contradictoire. Nous avons désigné une délégation, qui, sur tous les points, discutera les assertions des chefs de service et des contremaîtres, cette délégation composée de trois délégués par service.

Si les choses se passent ainsi, nous avons la certitude que vous ne conclurez pas, comme dans votre première lettre, que nos revendications sont, ou insignifiantes, ou non fondées.

Aucun sentiment de haine ne nous anime; nous avons seulement souci de faire respecter notre dignité de travailleurs. Nous ne croyons pas dépasser nos droits en demandant :

1° L'application intégrale de vos promesses du 2 juin en ce qui concerne les salaires ;

2° Qu'aucun de nous ne puisse être, comme précédemment, l'objet de dénonciations pour participation à des manifestations politiques, comme celle, par exemple, du 14 Juillet;

3° Que, par les chefs de service ou contre-maîtres, aucune différence ne soit faite entre syndiqués et non syndiqués, et que les chefs de service soient avisés de votre volonté de maintenir cette égalité de traitement qui, lorsqu'elle sera enfreinte par eux et que nous l'aurons établie, les exposera à des blâmes, peines disciplinaires même, ou renvoi, si le cas est grave.

4° Qu'afin d'éviter les causes de conflit, nous puissions, tous les mois, hors le cas d'urgence, avoir une entrevue, soit avec vous, soit avec un de vos représentants, pour exposer les revendications, les plaintes recueillies;

5° Aucun renvoi pour causes de grève ou faits connexes.

Telles sont nos essentielles revendications; elles sont raisonnables; que satisfaction nous soit accordée et le travail sera repris immédiatement. A vous, Monsieur Schneider, de dire maintenant si vous êtes désireux de réaliser la paix loyale et durable.

Veuillez agréer, Monsieur Schneider, l'assurance de nos sentiments respectueux et dévoués.

Le Comité de la Grève.

M. Schneider ayant accepté de recevoir ce troisième dossier, mais à la condition expresse de n'examiner que les faits intéressant les réclamations présentées dans les deux premiers dossiers, M. le Sous-Préfet a vivement insisté de la part des ouvriers pour que M. Schneider reçût, le lendemain, des délégués d'ouvriers à raison de trois par service, en présence des chefs de service, pour s'expliquer sur les réclamations déjà étudiées.

M. Schneider a accepté cette entrevue et confirmé sa réponse à huit heures du soir par la lettre suivante :

Le Creusot, 26 septembre 1899.

Monsieur le Sous-Préfet,

J'ai l'honneur de vous accuser réception des pièces que vous m'avez remises cette après-midi, suivant bordereau inclus.

Parmi ces pièces, il s'en trouve qui sont énumérées dans une note jointe et qui constituent de nouvelles revendications. J'ai eu l'honneur de vous rappeler qu'il était absolument convenu que vous ne m'apporteriez pas de réclamations nouvelles et, en conséquence, je ne les examinerai pas.

Pour répondre au désir que vous m'avez exprimé, j'accepte de recevoir successivement, demain, en votre présence et avec les agents compétents, trois ouvriers de chaque service, délégués par leurs camarades, pour examiner à nouveau les réclamations spéciales auxquelles j'ai répondu aujourd'hui, ainsi que celles sur lesquelles les ouvriers demandent un supplément d'information. Les questions générales ne seront pas abordées, ma réponse ayant été donnée.

Vous voudrez bien m'indiquer les noms des ouvriers délégués.

Je pourrai recevoir à partir de dix heures, à la Verrerie.

Veuillez agréer, Monsieur le Sous-Préfet, l'assurance de ma considération la plus distinguée.

SCHNEIDER.

27 SEPTEMBRE. — A une heure, les délégués furent reçus par M. Schneider, en présence du Sous-Préfet. L'entrevue dura jusqu'à 5 h. 3/4. — Dans la soirée, M. Schneider envoya au Sous-Préfet ses réponses aux demandes formulées par la délégation.

DEMANDES DU COMITÉ DE LA GRÈVE	RÉPONSES
1° L'application intégrale de vos promesses du 2 juin en ce qui concerne les salaires.	1° L'application intégrale en a été faite rigoureusement depuis le 2 juin. Aucun fait contraire n'a pu être établi.
2° Qu'aucun de nous ne puisse être, comme précédemment,	2° Je ne m'occupe pas des manifestations politiques de

l'objet de dénonciation pour participation à des manifestations politiques, comme celle, par exemple, du 14 Juillet.

3° Que, par les chefs de service ou contremaîtres, aucune différence ne soit faite entre syndiqués ou non ; et que les chefs de service soient avisés de votre volonté de maintenir cette égalité de traitement qui, lorsqu'elle sera enfreinte par eux et que nous l'aurons établi, les exposera à des blâmes, peines disciplinaires même, ou renvoi, si le cas est grave.

4° Qu'afin d'éviter les causes de conflit, nous puissions, tous les mois, hors le cas d'urgence, avoir une entrevue, soit avec vous, soit avec un de vos représentants, pour exposer les revendications et les plaintes recueillies.

5° Aucun renvoi pour cause de grève ou fait connexe.

mes ouvriers, mais je ne puis considérer comme politique la manifestation faite le 14 juillet dernier, dirigée en réalité contre l'usine, et où figuraient des chars allégoriques accompagnés de chants injurieux.

3° Je ne connais pas la liste des syndiqués ; je ne veux pas la connaître et il n'est fait aucune différence, je le répète, entre les ouvriers syndiqués et ceux qui ne le sont pas.

4° Tous mes ouvriers savent qu'ils peuvent constamment et non pas seulement tous les mois, présenter, soit à leurs chefs, soit à moi-même, leurs réclamations. Je l'ai suffisamment répété.

5° J'ai déclaré à M. le Sous-Préfet, dès le début de la grève, que cette question ne pouvait être posée et que je gardais toute ma liberté à cet égard.

SCHNEIDER,

28 SEPTEMBRE. — A quatre heures de l'après-midi, on placarde en ville l'affiche suivante :

HABITANTS DU CREUSOT

Cette affiche a pour but d'établir les responsabilités.

Nos camarades ouvriers sont fixés. Ils savent qu'à leurs justes réclamations, le maître, mal conseillé, n'oppose que des fins de non-recevoir dédaigneuses.

A la paix loyale et durable que nous lui proposons, les conseillers de M. Schneider préfèrent la lutte. Soit, nous l'acceptons. Nous ne l'avons point voulue, mais nous la soutiendrons jusqu'au bout.

Habitants du Creusot, vous savez maintenant de quel côté est le bon droit; à vous, à présent, d'accomplir envers les ouvriers, vos concitoyens, votre devoir de solidarité en les soutenant.

Le Comité de la Grève.

A cinq heures du soir et pendant la soirée, M. Schneider fait placarder sur les murs de l'usine l'affiche suivante :

AVIS

Depuis huit jours je suis au Creusot.

J'ai attendu les réclamations de mes ouvriers.

J'ai examiné les revendications qui m'ont été présentées.

Je n'ai trouvé aucun fait pouvant expliquer et encore moins justifier le brusque abandon du travail.

Le travail reprendra :

1° Quand la liberté et la sécurité du travail seront assurées;

2° Quand le nombre des demandes de rentrée, acceptées par la Direction, sera suffisant pour assurer le service;

3° Dans la mesure où l'état du matériel et des approvisionnements le permettra.

Je désire, dans l'intérêt de tous, que ce soit bientôt.

Le Creusot, 28 septembre 1899.

SCHNEIDER.

NOTA. — Les demandes de rentrée pourront être formulées de toutes manières et de préférence par lettre adressée à MM. Schneider et Cie.

La grève semblait devoir être sans issue. Déjà les 9.000 grévistes du Creusot se préparaient, sur les conseils de M. Maxence Roldes, rédacteur à *la Petite République*, à faire un exode vers Paris pour manifester sur la place de la Concorde, tels les Marseillais qui arrivèrent en 1893 pour « corser la Révolution parisienne », lorsque le Comité de grève eut l'idée de solliciter l'arbitrage du président du conseil, M. Waldeck-Rousseau. L'arbitrage est la seule issue qui reste à une grève mal engagée et ne reposant point sur des revendications assez précises. L'arbitre donne un peu raison à l'un et à l'autre et tout le monde est satisfait de voir finir une grève qui ne voulait pas finir et où l'amour-propre des deux parties était engagé. M. Schneider accepta cet arbitrage.

En voici la sentence :

Sur la première question :

PARAGRAPHE 1er. — *Exécution des conventions* intervenues entre la société et les ouvriers le 2 juin 1899 : augmentation des salaires dans la proportion de 0 fr. 15 à 0 fr. 25, suivant l'âge des ouvriers.

Considérant que les salaires sur lesquels l'augmentation ci-dessus a été consentie sont de deux sortes : salaire fixe à la journée; salaire variable aux pièces, dit marchandage;

Considérant qu'aucune discussion n'est élevée sur l'exécution de la convention, relativement au salaire fixe des ouvriers travaillant à la journée, mais qu'un débat s'est engagé sur le point de savoir si, dans la détermination du prix du travail à la pièce, il avait été toujours tenu compte de la majoration convenue; que l'arbitre n'est point appelé, ainsi que l'ont reconnu les parties, à redresser le compte des prix antérieurement établis, et qu'il n'aurait pas les éléments pour le faire; qu'il a été déclaré par la société qu'elle offre actuellement les mêmes majorations qu'elle avait offertes au mois de juin;

Considérant que, si le prix du contrat de travail ne peut être irrévocablement fixé, il ne peut être modifié que par un accord nouveau entre les parties;

Considérant, d'ailleurs, que les représentants de la société ont déclaré qu'elle n'a point entendu et n'entend pas faire supporter aux salaires, tels qu'ils ont été fixés le 2 juin, une diminution indirecte à raison des conditions dans lesquelles elle passerait avec les tiers ses propres marchés;

DÉCIDE :

Il sera tenu compte par la Compagnie, dans l'établissement soit du salaire à la journée, soit des marchandages, des augmentations promises au mois de juin 1899, sans que les prix ainsi déterminés puissent être modifiés à raison des marchés passés par la Compagnie avec ses fournisseurs ou clients.

Sur la première question :

PARAGRAPHE 2. — *Entraves apportées à la liberté syndicale, ingérence dans les actes accomplis par les ouvriers en dehors des ateliers.*

Considérant que le respect de la loi de 1884 exclut toute distinction de traitement suivant que les ouvriers sont ou ne sont pas syndiqués; qu'il a été déclaré par les représentants de la Société qu'elle n'entend ni faire aucune distinction de ce genre, ni s'immiscer dans les actes accomplis en dehors de l'atelier et qui toucheraient à la liberté politique ou religieuse;

DÉCIDE :

Qu'il y a lieu de donner acte à la Compagnie de ses déclarations et spécialement de ce qu'elle ne prétend établir aucune différence entre les ouvriers syndiqués ou non syndiqués; la gérance recommandera à ses chefs de service et contremaîtres d'observer dans leurs relations avec les ouvriers la plus entière neutralité.

*
* *

Sur la deuxième question :

Reconnaissance du Syndicat professionnel des ouvriers du Creusot.

Considérant que les syndicats régulièrement formés sont reconnus par la loi; qu'il n'appartient aux tiers ni de les méconnaître ni de les reconnaître;

Qu'aux termes de l'article 3 de la loi de 1884, ils ont exclusivement pour objet l'étude et la défense des intérêts économiques, industriels, commerciaux et agricoles; que la défense ou l'amélioration des salaires rentrent dans la catégorie des intérêts économiques; qu'il appartient en conséquence aux syndicats d'organiser entre leurs membres toute action et toute entente qu'ils jugent utile pour conserver ou améliorer les salaires de la profession; mais que telle n'est pas, ainsi qu'il est résulté des observations des parties, la question actuellement pendante;

Qu'il s'agit de savoir si, des réclamations venant à être formulées et les ouvriers syndiqués en ayant saisi le syndicat, la Société *devra* les débattre avec celui-ci;

Considérant que, si les syndicats constituent un intermédiaire qui peut logiquement et utilement intervenir dans les difficultés qui s'élèvent entre patrons et ouvriers, nul ne peut être contraint d'accepter un intermédiaire; qu'un patron ne saurait exiger des ouvriers qu'ils portent leurs réclamations au syndicat patronal dont il ferait partie, que les ouvriers ne sauraient davantage lui imposer de prendre pour juge des difficultés pendantes entre eux et lui le syndicat ouvrier auquel ils appartiennent;

Décide :

L'intermédiaire du syndicat auquel appartient l'une des parties peut être utilement employé si toutes deux y consentent; il ne peut être imposé.

*
* *

Sur la troisième question :

Nomination de délégués par atelier et par corporation.

Considérant que, au cours de la grève actuelle, le comité a demandé, par sa lettre du 26 septembre, qu'afin d'éviter les causes de conflit, les ouvriers puissent tous les mois, hors les cas d'urgence, faire valoir leurs réclamations, soit auprès du gérant, soit auprès de ses représentants;

Considérant que, d'après les explications verbales fournies, cette mesure comporte la nomination de délégués par atelier à raison d'un délégué par corporation; que la Compagnie ne fait pas obstacle à cette proposition; que même son directeur général en avait, au cours de la grève, soumis une analogue au représentant du Gouvernement; que le désaccord existe seulement sur le mode de nomination;

Considérant que chaque atelier occupe des syndiqués et des non-syndiqués; qu'admettre que chaque catégorie nommât des délégués différents, ce serait organiser le conflit et créer entre les uns et les autres une distinction qui ne saurait être admise;

DÉCIDE :

Les délégués seront nommés par atelier, à raison d'un délégué par corporation.

Sauf cas d'urgence, ils confèrent tous les deux mois avec les représentants, et au besoin avec la direction de la Société.

*

Sur la quatrième question :

Faits de grève.

Considérant qu'il a été déclaré devant l'arbitre, par les représentants de la Société, qu'elle n'entend se prévaloir contre les ouvriers ni de ce qu'ils se seraient mis en grève, ni des actes qu'ils auraient accomplis pendant la grève, ni du fait qu'ils l'auraient dirigée comme membres du comité de cette grève;

Donne acte à la Société de sa déclaration et décide qu'aucun renvoi n'aura lieu pour fait de grève ou pour fait accompli pendant la grève.

*

Sur la cinquième question :

Chômage éventuel.

Considérant qu'il a été exposé par les représentants de la Société qu'à la suite de la grève la perte ou l'extinction d'un haut fourneau pourrait avoir pour conséquence de laisser inoccupé le personnel utilisé par ce haut fourneau ou par les services qui en dépendent;

10

qu'il s'agit exclusivement d'apprécier les conséquences d'un fait pouvant résulter de la grève, et de les régler de façon à ce qu'elles soient aussi peu dommageables que possible et qu'elles ne pèsent pas sur une catégorie d'ouvriers à l'exclusion des autres ;

DÉCIDE :

Au cas où se produirait ce chômage éventuel, il sera établi un roulement entre les ouvriers de même catégorie; le chômage sera réparti entre ouvriers syndiqués ou non syndiqués proportionnellement à leur nombre dans l'ensemble des ateliers de même nature; il sera tenu compte, dans la répartition du chômage, de la situation et des charges de famille des ouvriers.

Les différends soumis à l'arbitrage étant réglés par la présente sentence, le travail sera repris, au Creusot, aux conditions ci-dessus établies, dans le plus bref délai.

Fait à Paris, le 7 octobre 1899.

WALDECK-ROUSSEAU.

Communiquée le 8, la sentence arbitrale fut accueillie avec une vive satisfaction par les grévistes. La grève fut terminée le 10 octobre, ayant duré dix-neuf jours et demi. — 4.000 ouvriers travaillaient le 16, 7.000 le 19, et, le 23, la reprise du travail était complète.

Cependant le jour même où l'usine reprit son activité normale, on put craindre une nouvelle grève. Il se fonda en effet un syndicat hostile au syndicat rouge qui avait dirigé toute la grève. De là grande irritation dans l'usine, huées contre les contre-maîtres qui avaient pris part à la création du syndicat jaune, renvoi de quelques ouvriers.

Peu à peu les esprits se calmèrent et, au mois de décembre 1899, la direction établit le règlement suivant pour l'élection des délégués ouvriers, conformément à l'article 3 de la sentence arbitrale :

Règlement sur l'élection des délégués ouvriers.

Art. 1ᵉʳ. — Dans chaque atelier, il y aura, pour chaque corporation, un délégué et un délégué suppléant,
qui seront élus, au scrutin secret, par leurs camarades de corporation.

Art. 2. — Seront électeurs tous les ouvriers embauchés de la corporation, à condition :

1° D'être Français;

2° De jouir de leurs droits politiques;

3° D'être inscrits sur la dernière feuille de paye du
personnel ouvrier.

Art. 3. — Seront éligibles, à la condition de savoir
lire et écrire, les électeurs ci-dessus désignés, âgés de
25 ans accomplis et travaillant, dans nos établissements et dans la même corporation, depuis deux ans
au moins.

Art. 4. — L'élection sera annoncée, trois jours pleins
à l'avance, par un avis affiché dans l'atelier et accompagné de la liste des électeurs et des éligibles. Les
réclamations au sujet de cette liste devront être formulées, par les intéressés, vingt-quatre heures avant
l'élection.

Art. 5. — Le bureau électoral sera composé des
deux plus âgés et du plus jeune des électeurs sachant
lire et écrire présents à l'ouverture du scrutin. La présidence appartiendra au plus âgé.

Le bureau sera assisté, pour l'émargement des électeurs, par un employé de la feuille de paye ou un marqueur. Si le bureau avait à prendre une décision,
l'employé préposé aux émargements aurait simplement
voix consultative.

Art. 6. — Chaque bulletin portera deux noms, avec

indication du délégué et du délégué suppléant. A défaut d'indication, le premier inscrit sera considéré comme délégué et le second comme délégué suppléant.

Pour être élu au premier tour de scrutin, il faudra obtenir la majorité absolue des suffrages exprimés et un nombre de voix au moins égal au quart des électeurs inscrits.

Au deuxième tour de scrutin, la majorité relative suffira, quel que soit le nombre des votants.

En cas d'égalité de suffrages, le plus âgé des candidats sera élu.

Si un second tour de scrutin est nécessaire, il y sera procédé, dans le plus bref délai possible, après la proclamation du résultat du premier tour.

Le dépouillement du scrutin aura lieu immédiatement après le vote et ses résultats seront consignés sur un procès-verbal en trois exemplaires : un de ces exemplaires sera remis au délégué ouvrier élu.

Art. 7. — Le délégué et le délégué suppléant seront élus pour un an. Toutefois, ils devront continuer leurs fonctions, tant qu'ils n'auront pas été remplacés.

Au cas de vacance par démission ou autrement, il y aura lieu à une élection partielle, et le nouvel élu sera nommé pour le temps restant à courir jusqu'au terme qui était assigné aux fonctions de celui qu'il remplace.

Art. 8. — Le renouvellement annuel aura lieu dans les quinze jours qui précéderont l'expiration des pouvoirs des délégués en fonctions.

Les délégués sortants seront rééligibles.

Art. 9. — La direction des usines indiquera la date des élections et la date à laquelle les délégués seront successivement reçus, tous les deux mois, suivant un tableau qui sera affiché dans les ateliers.

Le Creusot, le 8 janvier 1900.

SCHNEIDER et Cie.

Les élections des délégués eurent lieu le 20 décembre. Le tableau suivant en donne le résultat. Les mineurs de Montchanin ne voulurent pas prendre part au vote.

DÉSIGNATION DES SERVICES.	NOMBRE DES ÉLECTEURS.	DÉLÉGUÉS A ÉLIRE.	NOMBRE DE VOTANTS.	ÉLUS DÉLÉGUÉS.	NOMBRE DE VOIX obtenues par les élus délégués.
1° Houillères du Creusot	301	9	272	9	187
2° Mines de Montchanin et Longpendu..............	469	12	»	»	»
3° Mines de Mazenay........	173	7	27	2	27
4° Hauts Fourneaux.........	413	16	382	16	297
5° Aciéries.................	1.250	42	1.155	42	817
6° Forges..................	2.038	52	1.878	52	1.336
7° Ateliers de construction..	1.408	36	1.306	36	807
8° Électricité..............	322	9	299	9	178
9° Artillerie...............	551	21	329	21	333
10° Service auxiliaire........	826	24	801	24	523
11° Laboratoire, Régie, Approvisionnements généraux, Dépôt des chauffes......	60	5	58	5	49
TOTAL.............	7.817	233	6.507	216	4.554

Après les élections, l'avis suivant fut affiché dans les ateliers :

AVIS

L'article 3 de la sentence arbitrale de M. Waldeck-Rousseau est ainsi conçu :

10.

« Les délégués seront nommés par atelier, à raison
« d'un délégué par corporation. Sauf cas d'urgence, ils
« conféreront tous les deux mois avec les représentants,
« et, au besoin, avec la Direction de la Société. »

*Les délégués sont, en même temps que les repré-
sentants de tous les ouvriers, les intermédiaires désignés pour faire comprendre à leurs camarades de
travail la nécessité et le bien-fondé des mesures
adoptées dans les ateliers.*

Le délégué de chaque corporation, et, en cas d'em-
pêchement, le délégué suppléant, devra écouter les
réclamations des ouvriers de sa corporation, les examiner et les discuter avec eux. Lorsqu'il croira ces
réclamations justifiées, il les soumettra au contremaître ou chef d'atelier intéressé, au fur et à mesure
de l'examen qu'il en aura fait.

Sauf le cas d'urgence, il pourra, tous les deux mois,
aux dates indiquées dans l'affiche ci-contre, saisir le chef
de service, ou son représentant, des réclamations qui
n'auraient pas été solutionnées au gré des intéressés.

Sauf le cas d'urgence également, il pourra, après
avoir conféré avec son chef de service, conférer, s'il le
juge utile, avec la Direction (Section du Personnel),
à partir des mêmes dates.

Il est bien entendu que tous les ouvriers pourront,
comme par le passé, s'ils le jugent convenable, présenter, personnellement et chaque jour, leurs réclamations à leurs chefs, dans le service, et ensuite, s'il
y a lieu, à la Direction (Section du Personnel), sans
être tenus de passer par l'intermédiaire du délégué de
leur corporation.

Le Creusot, le 8 janvier 1900.

SCHNEIDER et Cie.

Cette grève du Creusot est extrêmement caractéristique et peut être choisie comme le type de toute
grève.

En premier lieu, les ouvriers se mettent en grève,
sous un motif futile, qui n'est presque jamais le motif
vrai de la grève.

Le patron attend qu'on lui présente les revendications qui sembleront être la cause de la grève. Les
meneurs du Syndicat ramassent toutes les réclamations de leurs pairs et essaient d'en faire un faisceau
d'arguments qui prouveront la mauvaise foi du patron,
l'arrogance des contremaîtres, l'injustice manifeste
de la direction, l'hostilité contre les syndiqués, la
tromperie habituelle sur la répartition et le paiement
du travail.

Le patron répond point par point, et se justifie plei-
nement, ou bien accepte de modifier les points du
règlement dont les ouvriers ont le droit de se dire victimes.

La grève va finir? Nullement, les ouvriers appor-
tent un second cahier de revendications; et un troisième,
s'il le faut. Ils veulent vider leur querelle à fond. Pendant ces périodes de trouble seulement, ils ont le droit
de parler *haut et ferme* à leur patron; ils en profitent
pour vider à fond leur procès.

Mais la liste des revendications est close, les unes
sont acceptées par le patron. Il rejette les autres. Cependant les ouvriers s'obstinent à vouloir tout exiger.
Et alors intervient l'arbitrage qui sauvegarde l'amour-
propre de chacun et concède à l'un et à l'autre quelque
chose pour terminer une querelle vaine et ruineuse.

Voit-on, avant que les pourparlers aient abouti à
l'arbitrage, quel temps les deux parties ont perdu à
échanger une correspondance déclamatoire et parfois

injurieuse — ce qui n'avance pas l'heure de la pacification! — Souvent ces correspondances sont du plus
haut comique. Une des parties réclame une majoration
de salaires, l'autre lui répond par une lamentation sur
le sort de l'industrie menacée.

La grève du Creusot a ceci de curieux que, déclarée
sans rime ni raison, terminée sans avoir donné le moindre avantage aux ouvriers, elle procure aux ouvriers et
au patron une institution de concorde et de paix. Dorénavant les motifs futiles de grève seront écartés par les
Chambres d'explication que crée dans l'usine la sentence de M. Waldeck-Rousseau, les préjugés s'éva-
nouiront à la lumière des discussions pacifiques et cor-
diales. Autant on discute mal lorsque les esprits sont
montés par l'explosion d'une grève, autant il est facile
de s'entendre lorsque le calme naît dans l'usine et que
les esprits reposés constatent l'intérêt qu'industriel et
ouvriers ont à sauvegarder cette paix bienfaisante.

Et si au Creusot une nouvelle grève éclate, il faudra
que les motifs en soient bien sérieux pour résister aux
explications des délégués et ne pouvoir être résolus
par la direction de l'usine.

CHAPITRE VII

LES DIFFÉRENTS TYPES DE GRÈVES.

Pour prendre des exemples typiques des grèves qui ont éclaté en ces dernières années, nous donnerons un exemple de chaque grève :

Grève de solidarité ;

Grève pour l'augmentation des salaires ;

Grève politique ;

Grève législative.

Comme exemple du premier type, nous pouvons indiquer Carmaux ; du deuxième type, Marseille ; du troisième type, Montceau ; du quatrième, Calais.

I. — La grève de Carmaux.

(Grève de solidarité.)

Au moment où éclata la grève de 1896, Carmaux se trouvait dans une situation tout exceptionnelle. Le maire, M. Mazens, était à lui seul tout son conseil municipal [1]. Adjoint de M. Calvignac, il fut

---

1. Les séances du conseil municipal sont des plus curieuses. En voici un compte rendu :

« Pour la plupart des questions inscrites à l'ordre du jour, dit le maire, si le conseil veut, nous pouvons les examiner rapidement et en avoir vite fini. » Personne ne répond. M. le maire prend alors les comptes de gestion et le compte administratif ; il demande au conseil s'il entend que lecture en soit donnée article par article, ou bien chapitre

nommé, par ses camarades, maire intérimaire, pour tout le temps que M. Calvignac resterait suspendu de ses fonctions. Lorsque M. Calvignac voulut reprendre son écharpe, M. Mazens se refusa à la lui rendre; de là de violentes altercations, de là un procès intenté par M. Mazens à M. Baudot et à M. Calvignac qui l'avaient grossièrement insulté, puis une condamnation entraînant l'inégibilité de MM. Calvignac et Baudot, et enfin, comme couronnement de l'affaire, l'élection au conseil d'arrondissement du verrier Baudot.

M. Baudot, depuis longtemps déjà, en prenait fort à son aise avec les règlements de l'usine. Averti, à une dernière absence faite sans autorisation, qu'une récidive le ferait expulser, il s'était contenté de hausser les épaules, ne croyant sans doute pas à une telle mesure de rigueur. Jamais, en effet, le renvoi n'avait été la peine disciplinaire correspondant à une absence injustifiée. Le renvoi n'est prononcé que dans des circonstances graves, et il est facile de prouver que l'absence d'un verrier ne porte aucun préjudice à la bonne marche de l'usine... Tout y est prévu pour le remplacement des manquants, et non sans raison, car non seulement les maladies et surtout les malaises sont fréquents chez les verriers, mais encore ils éprou-

par chapitre, ou bien encore en donnant le chiffre total des recettes et le détail des dépenses. Aucun membre du conseil ne bouge. M. le maire met alors sa première proposition aux voix; pas une main ne se lève, pas plus pour la deuxième et pour la troisième. Le public approuve l'attitude prise par les conseillers et on ne se gêne pas pour le dire à haute voix dans le fond de la salle. Ce que voyant, M. le maire se contente de dire : « Je constate le refus du conseil municipal de voter sur ces questions. Ces comptes seront approuvés tout de même. »

A d'autres séances, les conseillers municipaux ne viennent même pas. M. le maire fait alors un appel devant les banquettes vides et il ajoute : « Le nombre des conseillers municipaux en exercice n'étant pas en majorité pour délibérer, je déclare la séance levée. »

vent de temps à autre le désir de se reposer. Leurs salaires élevés de leur permettent et leur travail énervant le justifie

Il se trouve, dans la loge du concierge de l'usine, un cahier portant deux colonnes : la première où doivent s'inscrire les verriers manquant au travail, la seconde où ils doivent s'inscrire comme rentrant après une absence. Ainsi, un ouvrier veut-il s'absenter, se sent-il fatigué, il lui suffit d'entrer dans la loge du concierge et de « se porter » dans la colonne des manquants. Pour reprendre le travail, il sera tenu de venir se réinscrire dans la colonne des rentrants.

Pendant la nuit, c'est aussi simple. Comme il y a 8 heures de travail pour chaque brigade (on appelle brigade l'ensemble des équipes travaillant aux mêmes heures) dont 7 heures 20 minutes [1] de travail effectif, il est nécessaire, pour rendre l'explication plus claire, de donner les heures d'entrée au travail des différentes brigades. La première brigade prend son tour à 4 heures du matin, la deuxième à midi et la troisième à 8 heures du soir. Ceux qui doivent prendre le travail à 4 heures du matin sont réveillés par un *appeleur*, qui traverse la ville, hèle de la rue chaque ouvrier et attend que chacun lui ait répondu. Si parfois l'ouvrier lui répond : « Je suis fatigué, je n'y vais pas », *l'appeleur* a sur sa liste dix noms de souffleurs, dix noms de grands garçons et dix noms de gamins, qui forment la brigade de relai et ne travaillent que lorsqu'il y a des absents; pour remplacer l'ouvrier manquant, il n'a donc qu'à appeler le premier relayeur de sa liste, dont la catégorie correspond à celle du verrier qui fait défaut. Et le relayeur continuera à remplacer l'ab-

1. Sur les 8 heures de travail, sont pris deux repos de 20 minutes chacun.

sent, tant que ce dernier ne sera pas venu se faire réinscrire comme rentrant, 24 heures avant de pouvoir reprendre sa place à l'usine.

Comme on le voit, rien de plus normal, rien de moins préjudiciable au travail de l'usine, qu'une absence, justifiée ou non, d'un ouvrier. En admettant même qu'une absence injustifiée dût être punie, il n'était nul besoin de recourir à une punition aussi exorbitante et peu en rapport avec la faute commise, surtout si l'on considère que ce renvoi allait fatalement amener une grève, c'est-à-dire une catastrophe dont patron et ouvriers ressentiraient, pendant longtemps, les conséquences douloureuses. Si la Direction avait voulu éviter la grève, il est bien certain qu'elle se serait gardée d'inaugurer une législation nouvelle à l'égard d'un ouvrier en vue, avec lequel plus qu'avec tout autre ses camarades devaient se solidariser, en raison de sa condamnation politique et de sa toute récente élection.

Dans la nuit du 18 au 19 juillet, M. Baudot, appelé par l'avertisseur, répondait une première fois : « J'y vais. » Rappelé une seconde fois, alors que son absence avait été constatée à la Verrerie, il avait dit : « Je suis fatigué, je n'y vais pas. » Et immédiatement, avec le système des relais, il avait été remplacé.

Le mardi 30 juillet[1], M. Baudot se présente à l'usine. Sur l'avis qui lui est donné qu'il ne fait plus partie du personnel de l'usine, il va prévenir le Syndicat, qui convoque pour le soir même une assemblée, où est nommée une délégation chargée d'aller demander la réintégration de Baudot.

Le mercredi matin, la délégation se rend à l'usine.

1. Baudot avait été délégué au congrès verrier de Marseille.

Le directeur, M. Gustave Moffre, descend dans la loge du concierge et dit à cette délégation : « Nous ne voulons plus recevoir de commissions syndicales, le Syndicat ayant été incorrect avec nous, » faisant allusion à certaines conditions fixées par la Direction et inexactement rapportées par une commission au Syndicat, quand il fut question de la casse des rebuts, au mois de mai 1895. Devant ce refus de la recevoir, la délégation demanda une suspension du travail pour le soir à 2 heures, afin d'organiser une réunion générale de tous les verriers : « Ce n'est pas à dire que nous quittons le travail, » ajoute un ouvrier.

A deux heures, tous les ouvriers se réunissent et décident une nouvelle tentative, cette fois-ci auprès M. Léonce Moffre, frère du Directeur. On lui remet, pour le Directeur, une lettre dont voici le texte :

« La Chambre syndicale des ouvriers de Carmaux, réunie en assemblée générale le 31 juillet 1895, a décidé à l'unanimité la cessation du travail, si le camarade Baudot n'était pas réintégré à l'usine. Elle a décidé en outre de vous donner le temps nécessaire pour laisser (sic) les bassins, si vous le jugiez utile. Nous vous prions de bien vouloir nous faire parvenir par écrit votre décision. »

M. Moffre ne voit dans cette demande de vider les bassins qu'un moyen de gagner du temps et de consulter M. Jaurès. Il refuse donc et il répond :

« Je vous accuse réception de votre lettre. La décision prise à l'égard de Baudot est irrévocable, et il importe peu que les bassins soient vidés. L'usine reste ouverte pour ceux qui voudront venir travailler. »

En présence de cette lettre, la commission déclare, au nom du Syndicat, que le travail ne serait pas repris le soir à 8 heures.

Le 1ᵉʳ août cependant, M. Jaurès, prévenu par dépêche, est arrivé à Carmaux. Il est fort perplexe et ne
cache pas ses inquiétudes sur les conséquences de
cette grève déclarée à la légère. Il sait que l'industrie
du verre traverse une crise pénible et qu'un stock considérable de bouteilles, dans les magasins de l'usine,
peut permettre à la Direction un long chômage. Il va
trouver M. Gustave Moffre : « Les ouvriers, lui dit-il,
étaient prêts à se soumettre à un règlement plus sé-
vère, mais ils se révoltaient contre la rétroactivité de
ce nouveau règlement. »

Le 2 août, un vendredi, les ouvriers se réunissent et
réclament l'arbitrage. Au bout de trois jours, arrive
une lettre de M. Rességuier, le refusant sèchement.

Le lundi 5 août, nouvelle réunion des ouvriers, qui
décident, sur les instances réitérées de M. Jaurès, de
reprendre le travail en acceptant le renvoi de Baudot.

Ils se rendent donc à l'usine, où ils trouvent M. Boubal, chef de fabrication. Celui-ci venait justement de
recevoir une affiche à faire placarder. Cette affiche donnait aux ouvriers le conseil quelque peu ironique
d'aller chercher fortune ailleurs, alors qu'il n'y a que
quelques centres verriers en France et que, dans ces
quelques centres, il y avait déjà surabondance de bras
inemployés.

« On ne pouvait prévoir, disait l'avis, quand ni dans quelles
conditions la réouverture aurait lieu. »

M. Boubal croit devoir considérer cet avis comme
non avenu, puisque les ouvriers acceptent les conditions patronales. « A la bonne heure, dit-il, il vaut
mieux que ça se termine ainsi. » Les ouvriers, croyant
toute difficulté aplanie, télégraphient à M. Rességuier :

« Nous avons décidé à l'unanimité de reprendre le travail aux conditions fixées par vous. Nous ferons vivre sur nos salaires Pelletier et Baudot. »

Et M. Rességuier répond par dépêche :

« Toulouse, 6 août soir. — Grève ayant été déclarée sans motif, me tiens à l'affiche de ce jour. Verrons, moment venu, dans quelles conditions travail pourra reprendre. »

*
* *

Dans le cours de cette malheureuse grève, les intérêts des ouvriers syndiqués furent piètrement défendus par le Comité de résistance, qui n'était composé que des membres les plus influents et les plus turbulents du Syndicat. Excité par les politiciens accourus à Carmaux et incapable d'une juste appréciation des intérêts corporatifs qu'il avait charge de défendre, ce Comité ne sut que laisser les « renégats » de Rive-de-Gier venir prendre la place des malheureux que son intolérance condamnait à poursuivre la grève et à tomber dans la misère.

Lorsque M. Rességuier, sur l'invitation du gouvernement, et jugeant sans doute le temps venu, ralluma un à un ses fours, le Comité de la grève s'obstina à empêcher les ouvriers de rentrer à l'usine. A l'entendre, il ne venait du dehors que des enfants et des vieillards; on n'embauchait que des « cheminots », qui jouaient au palet pendant que les gendarmes étaient obligés de souffler eux-mêmes les bouteilles. Quand la fumée était sortie des hautes cheminées de l'usine, on avait dit que c'était une comédie, un feu de paille allumé pour effrayer les Carmausins et leur faire croire à la reprise du travail. « Ainsi, écrivait M. Jaurès, ils peuvent tant qu'ils voudront, en signe de bravade, ou

1. Voir *La grève de Carmaux*. Librairie académique Perrin, 1897.

pour tromper les ouvriers, faire fumer leurs fours. Les ouvriers se moquent de cette comédie; car ce qu'il faut à ce mauvais patron, pour triompher, ce n'est pas de la fumée, ce sont des hommes, et il n'en a pas. » Et cependant, ni M. Jaurès ni le Comité de résistance ne pouvaient ignorer, car le citoyen Vinay les avait prévenus, que Rive-de-Gier était remplie d'ouvriers verriers sans travail, dans la plus noire misère depuis de longs mois, et qui ne demandaient qu'à être embauchés, n'importe où, à n'importe quelles conditions, pour ne pas être réduits à mourir de faim.

Lorsque ces Ripagériens arrivèrent, ils trouvèrent sur toute leur route, à tous les embranchements de lignes, des délégués du Comité chargés de les faire renoncer à leur voyage. A Rive-de-Gier, à Toulouse, à Tessonnières, à Castres, à Albi, des membres influents du Syndicat avaient été envoyés, avec mission d'empêcher les convois de nouveaux embauchés d'arriver jusqu'à Carmaux.

J'ai vu entre autres deux Ripagériens embauchés à Carmaux. L'un, ancien secrétaire de Fédération, me disait combien les ouvriers de Carmaux avaient eu tort de laisser prendre leur place par des étrangers. Et il ajoutait : « Ah ! ils n'ont pas vu quelle misère il y a à Rive-de-Gier ! — Heureusement pour nous, fit le second verrier ! — Que voulez-vous, Monsieur, reprit le premier en souriant tristement, et en montrant son compagnon, à connaître la faim on devient égoïste. »

Les Ripagériens arrivés à Carmaux étaient traités de « renégats » et une feuille régionale les désignait ainsi :

« Toute cette racaille, abattue sur notre ville comme une bande de tard-venus, profite de la complaisance des autorités et de l'impunité qui la couvre, pour commettre toutes sortes de méfaits. »

Cependant ces Ripagériens regrettaient de voir leurs camarades de Carmaux ainsi abusés. Ils avaient passé, eux aussi, par ces phases d'espoirs sans fondement et de promesses menteuses. Ils demandèrent une entrevue aux Carmausins. Ce fut un député socialiste qu'ils trouvèrent, et qui essaya de les amener eux-mêmes au parti de la grève.

Cette demande fut interprétée de la façon suivante :

« Le patron, le préfet, le procureur, les juges, les policiers de tout acabit ont fait de leur mieux pour le succès des projets de M. Leygues. Ils continuent leurs efforts, en se faisant aider de quelques-uns des renégats, qu'ils laissent sortir de la verrerie pour aller ici et là, dans les cafés et les domiciles privés, conseiller aux grévistes d'abandonner leurs camarades et de rentrer à l'usine, où ce bon M. Rességuier leur tend encore les bras. Les grévistes restent sourds à ces charitables sollicitations et les traitent avec le mépris qu'elles méritent. »

Au lieu de tromper ainsi les ouvriers et les empêcher de rentrer à l'usine, où des étrangers arrivaient en nombre suffisant pour faire marcher les fours, il fallait ou promettre aux ouvriers de rentrer et faire fructifier l'idée de la verrerie aux verriers au profit de ceux que M. Rességuier chassait de son usine, ou, si l'on voulait résister jusqu'au bout, commanditer la Verrerie aux Verriers de Rive-de-Gier, qui aurait pu occuper tous les verriers sans travail de cette ville. Mais ce n'était pas au moment où cette verrerie éteignait l'un après l'autre tous ses fours, qu'il fallait défier le patron de trouver des bras inemployés. C'était là, de la part des ouvriers de Carmaux, ou plutôt de leurs chefs, une véritable folie.

On avait donc commencé par dire que le feu allumé dans les fours n'était qu'un feu de paille « pour faire de la fumée et tromper les grévistes ». Quand des « rené-

gats » arrivèrent, — et on ne pouvait nier ces arriva-
ges, car toute la population avait les yeux anxieuse-
ment fixés sur la gare, — on prétendit que c'étaient là
gens fort aptes à vider les bouteilles, mais non à les
faire. Enfin, lorsqu'on vit que des bouteilles étaient
réellement fabriquées, — et là encore il était difficile
de nier leur embarquement à la gare, — on soutint
qu'elles avaient été soufflées par les gendarmes!

Mais voici que toutes ces explications cessent d'avoir
créance. On sait qu'il y a des ouvriers à l'usine et même
de bons ouvriers. La Direction fait donner les chiffres
de la fabrication. Les meneurs de la grève ont alors
recours aux promesses les plus illusoires. Justement,
le ministère Leygues vient d'être renversé et remplacé
par le ministère Bourgeois. « L'état de votre caisse,
dit-on aux grévistes, vous permet de ne pas montrer
d'impatience, ce dont profiteraient vos adversaires pour
vous accabler. Les distributions de secours, qui vont
être faites, vous permettront d'attendre que M. Rességuier se lasse de dépenser follement son argent; cela
ne saurait tarder. » Et encore : « Prenez patience
quarante-huit heures, vous verrez alors effectivement
si le gouvernement, qui a presque formellement promis de faire cesser la grève, est bien digne de la confiance qu'a mise en lui tout le pays républicain. »

Aussi les grévistes que l'on rencontre vous disent-
ils textuellement : « Nous ne pouvons pas perdre;
nous gagnerons! Les anciens ouvriers rentreront dans
l'usine pour en chasser les renégats. Si M. Rességuier se faisait trop tirer l'oreille, le gouvernement
donnerait au Syndicat l'argent nécessaire pour créer
une verrerie concurrente. »

Cependant trois fours étaient garnis de leur personnel recruté à Rive-de-Gier; le quatrième four, al-

lumé depuis une dizaine de jours, allait être prêt à marcher, et les ouvriers de Carmaux ne se décidaient pas à rentrer. M. Sans, directeur de *la Dépêche* de Toulouse, prit sur lui d'avertir les grévistes abusés, du péril qui les menaçait et les convainquit de la nécessité d'arrêter la grève.

*
* *

Un grand nombre des similaires était rentré à l'usine à mesure que les fours s'allumaient. Quelques verriers osèrent même braver l'interdit du Comité de résistance. Bref, lorsque les grévistes en masse déposèrent les armes, ils n'étaient plus, verriers ou similaires, que cinq cent soixante-douze, parmi lesquels quatre-vingt-douze porteurs, c'est-à-dire des enfants. Il n'y eut donc en réalité que quatre cent quatre-vingts grévistes sur la liste de ceux qui demandèrent à reprendre le travail.

M. Moffre leur répondit individuellement, après les avoir classés par catégories, les uns devant être immédiatement employés, les autres dans un avenir prochain, certains à une époque si indéterminée qu'on ne pouvait l'indiquer, les derniers enfin étaient froidement remerciés.

Devant le piteux désastre de cette grève qui devait finir, à entendre M. Jaurès, de façon triomphale, M. Yves Guyot écrivait dans *le Siècle :*

« M. Jaurès, ne pouvant nier la demande de réintégration dans la verrerie par les grévistes de Carmaux, l'explique de la manière suivante : « Et voilà pourquoi, dès hier, les ouvriers de « Carmaux, pour obliger M. Rességuier à préciser le nom et le « nombre de ceux qu'il ne veut pas reprendre, et dont la Verrerie « ouvrière sera le salut, se sont offerts tous ensemble pour la reprise du travail.

« C'est le plan de défense qui s'accomplit. »

« Cette dernière phrase rappelle « la retraite en bon ordre » de si triste mémoire, mais en la dépassant de beaucoup. Les grévistes demandent à rentrer parce qu'ils sont à bout et qu'ils connaissent enfin la vanité de toutes les promesses faites par M. Jaurès et autres députés socialistes, de toutes les affirmations, répétées par eux, de la capitulation de M. Rességuier. Ils voient que le ministère Bourgeois n'a pas plus assuré leur triomphe que le ministère Ribot. Ils se résignent. « C'est le plan de dé-« fense qui s'accomplit », s'écrie M. Jaurès. C'est décidément une grande force que l'aplomb ! »

Heureusement pour eux qu'à ce moment même une vieille dame, avare et fantasque, donnait 100.000 francs à M. Rochefort pour réaliser un rêve, que le directeur de *l'Intransigeant* avait émis au courant de cette grève. — De telle sorte que l'optimisme naïf de M. Jaurès se trouvait avoir raison contre le bon sens, grâce à la fantaisie d'une vieille dame un peu folle et au concours d'un journaliste qu'il accable depuis de son mépris.

II. — La grève des dockers de Marseille.

(Grève pour l'élévation des salaires.)

Une grève avait éclaté au mois d'août 1900 à Marseille, en pleine exposition. Le moment, pour les ouvriers du port, avait semblé merveilleusement choisi. Et, de fait, la grève n'avait pas éclaté, que les patrons réclamaient de leurs ouvriers une réponse précise. « Enfin que demandez-vous ? quelles sont vos revendications ? dressez, ô maîtres de nos destinées, cette liste, que nous y souscrivions sur l'heure ! » Et les ouvriers, tout ahuris de leur rapide triomphe, ne savaient par où commencer la « liste des revendications ». Ils finirent par l'écrire. On chicana un instant sur une misérable question de 25 centimes. Mais

M. Flaissières, maire de Marseille, jeta dans la balance le poids de sa parole. — Il conseilla aux patrons de céder pour assurer une longue durée au contrat que les deux parties allaient signer. — Et les patrons concédèrent de payer 6 francs leurs ouvriers pour une journée qui était de neuf heures en hiver et de dix heures à partir du 1ᵉʳ avril.

Le 1ᵉʳ avril suivant, les ouvriers étaient prêts à recommencer la lutte et à déchirer le contrat qu'ils avaient signé six mois plus tôt. La déclaration de guerre fut signifiée avant cette date. Nous allons en dire les raisons.

Les ouvriers avaient obtenu 6 francs. Les nourrices marseillaises qui viennent de la Toscane et d'autres régions de l'Italie — la Toscane étant pour Marseille ce que le Berry et le Nivernais sont pour Paris — avertirent leurs maris, leurs frères et leurs cousins de la bonne aubaine dont ils pouvaient profiter. Dans les plus minces hameaux de Toscane, le bruit courut qu'on gagnait 6 francs sur le port de Marseille, alors que les travaux agricoles ne rapportaient que trente sous là-bas. Les Toscans affluèrent. Et que l'on remarque bien ici que ces robustes paysans n'ont rien de la fainéantise des lazzaroni du sud de l'Italie, qu'ils sont patients, soumis, travailleurs et sobres. On les embaucha de préférence aux anciens *dockers* de Marseille. Et ceux-ci qui gagnaient, avec la journée de 5 francs, 25 francs par semaine, parce qu'ils étaient employés cinq jours, ne gagnèrent plus, avec la journée de 6 francs, que 18 francs, parce qu'ils ne furent plus occupés que trois jours.

La fable de « Bertrand et Raton » est toujours vraie. Les ouvriers de Marseille avaient retiré les marrons du feu pour d'autres. N'étant point organisés, ils n'a-

vaient pas su profiter des bénéfices de leur victoire.
Mais affolés par leur premier succès, et ne réfléchis-
sant qu'à une chose, c'est qu'en se mettant en grève
ils avaient obtenu une augmentation (?) de salaires, ils
pensèrent derechef à se mettre en grève pour obtenir
de nouveaux avantages. Ils réclamèrent la journée de
huit heures.

. La grève fut d'autant plus facile à déclarer que les
anciens ouvriers du port, qui n'étaient plus employés
que trois jours par semaine, venaient néanmoins tous
les matins sur les quais dans l'espoir d'être embauchés.
Déçus dans leur espoir, que pouvaient-ils faire? s'at-
tabler devant un des bars, dont chaque maison qui
borde les bassins se trouve inévitablement ornée. La
journée est longue, les alcools allument les cerveaux,
et on cause. Les lanceurs de grève, les prédicateurs
de la révolution sociale trouvent en ces réunions de
dociles auditeurs. Et la grève est décidée.

Sur ce, on va trouver le maire socialiste qui assure
les grévistes de son concours. Un mot de lui pourrait
arrêter le mouvement. Il le désapprouve, il le dit,
mais comme Lafayette à Versailles, il suit ses troupes,
au lieu de leur montrer la folie de leur équipée. Sans
chef, sans conseils, la grève oscillera indécise et fi-
nira lamentable par un échec.

Les ouvriers des docks sont embauchés, non point
directement par la Compagnie des Docks, mais par
quatre ou cinq entrepreneurs de manutentions, dont
les principaux sont les Savon et les Estier, qui ont
des traités avec la Compagnie. Le Dock fournit le machinisme : les grues, les Pulsom, les ascenseurs, les
descenderies; les entrepreneurs fournissent la main-
d'œuvre.

A côté des déchargeurs de navires qui sont au nom-

bre de plusieurs milliers, dont 4.000 ou 5.000 normalement employés, se trouvent les charbonniers,
au nombre d'un millier seulement, et payés de la même
façon que les *dockers*.

Lorsqu'un père de famille désespère de son fils, il
lui prédit en roulant de gros. yeux : « Tu finiras sur
l'échafaud ! » — A Marseille, son langage change et
il lui dit sur le même ton : « Tu finiras... charbonnier. »
La corporation des charbonniers renferme tous les dé-
chets de la société. On y trouve des prêtres défroqués,
des nobles tombés dans la misère, des licenciés en
droit sans ambition, que sais-je encore? L'un s'appelle ou se surnomme Paris. C'est le frère d'un gros
négociant de la capitale. Toute la nuit, il est saoul et
il chante. Puis de temps à autre il va faire une villé-
giature chez son frère et, repris de la nostalgie des
quais, il revient et recommence à chanter et à boire.
Un autre s'appelle Lyon et ne le cède en rien à son
compagnon. Bref, les charbonniers, qui ont bien l'existence la plus atroce qui soit, au milieu des poussières
de charbon dans l'obscurité des cales, sont les *parias*
de la classe ouvrière.

Lorsque les dockers se décidèrent à mettre fin à
une grève dont ils comprenaient enfin l'inutilité, ils
pouvaient soutenir de leurs subsides les charbonniers et
leur permettre de gagner les *huit heures de travail*
qu'ils réclamaient. Je sais, de source certaine, que ce
bénéfice pouvait être obtenu par cette corporation, qui
ne se renouvelle pas facilement, car peu de gens se
soucient de faire cet infernal métier. Les huit heures
obtenues par les charbonniers, les dockers les auraient
à leur tour facilement obtenues. Or les dockers n'eurent rien de plus pressé que d'abandonner les charbonniers à leur sort, les forçant ainsi à reprendre le

travail. La cause des uns était la cause des autres.
On comprend facilement que le travail repris par les
dockers seuls, en l'absence des charbonniers, ne permettait pas aux navires de quitter le port, car il faut,
en outre des marchandises à transporter, du charbon
dans les cales pour alimenter les machines. Les dockers
ne comprirent pas cela. Le manque d'organisation et
l'exagération d'un égoïsme étroit furent cause de l'insuccès des uns et des autres.

On conseilla aux ouvriers d'établir une société coopérative, qui rendrait inutile l'intervention des entrepreneurs de manutention, *seconds intermédiaires*
entre les armateurs et les ouvriers employés à la manutention. C'est d'ailleurs là une question de haut intérêt pour la défense des intérêts professionnels, que les
ouvriers pourraient ainsi défendre eux-mêmes. Ainsi les
chômages pouvaient être réduits, les salaires augmen-
tés, la vie facilitée. Mais il est évident que les patrons
désirent trouver en face d'eux une organisation sérieuse, qui leur inspire confiance. Et cette organisation
sérieuse semblait impossible à établir à Marseille et
dans une corporation aussi flottante, aussi indéterminée
que la corporation des dockers. Elle aurait dû également offrir une garantie pour sa responsabilité et cette
garantie ne pouvait être assurée, la corporation n'ayant
ni cohésion, ni caisse syndicale.

Alors un autre projet fut soulevé par la municipalité
et en particulier par le maire M. Flaissières. Il s'agissait de racheter les docks et de les municipaliser. —
Mais outre que ce projet eût été une source de tracas
pour la municipalité, le revenu modeste que rapportait
une affaire supérieurement dirigée ne laissait pas
prévoir que l'affaire dût être excellente pour les finances municipales.

M. Flaissières fut l'âme de cette grève. Lorsqu'elle fut déclarée, il dit aux grévistes : « Vous auriez mieux fait de ne pas la déclarer; mais, puisque le vin est tiré... » Il aurait pu arrêter du premier coup ce mouvement irréfléchi; il eut le tort de vouloir flatter les passions populaires, en se mettant à leur remorque.

On peut affirmer que les principaux acteurs de cette grève désastreuse n'étaient pas exempts de toute critique.

C'est ainsi qu'un des ouvriers de la première heure de ce mouvement, M. Autheman, disparut soudain sans qu'on ait jamais su très exactement les motifs de sa fuite. — Depuis, « on ne l'a pas revu ». C'était un des membres les plus influents du parti guesdiste, et quelque temps avant la grève, il avait reçu les inspirations du grand chef de ce parti.

Tous ces mouvements économiques, alors même qu'ils seraient conseillés par des motifs justes, sombrent dans les compromissions politiciennes. Partout se retrouve le fâcheux souci du mandat parlementaire, partout ces luttes économiques sont faussées par des combinaisons, où l'intérêt individuel a beaucoup plus de fait que l'intérêt général.

III. — La grève de Montceau.
(Grève politique.)

La grève de Montceau fut fomentée par les socialistes antiministérialistes contre le gouvernement, où le socialisme opportuniste était représenté par M. Millerand.

Montceau fait partie de la propriété houillère des « Mines de Blanzy ». Le fondateur de cette société, M. Jules Chagot, était catholique ardent et croyait

s'attacher les ouvriers par des œuvres de paternalisme.
La Société en commandite Jules Chagot et C^le continua à s'engager dans cette voie, sans s'apercevoir
que sa protection était qualifiée de tyrannie par les
ouvriers. Ils reprochaient à la Compagnie de « les tenir »
politiquement et économiquement, à l'administrateur
général M. de Boisset d'être maire de Montceau, au
gérant M. de Gournay d'être maire de Saint-Vallier
et conseiller général; ils attaquaient la création de
cartonneries et de tissages que la Compagnie avait
établis pour occuper les femmes et les enfants des ouvriers de la mine et qui ne lui rapportaient aucun bénéfice. Une grève eut lieu en mai 1899 avec cette réclamation formelle : « Plus de liberté! » Les ouvriers
devenaient révolutionnaires. Ceux qui restaient les
amis de la Compagnie fondèrent un syndicat n° 2, ou
syndicat jaune. Rouges et jaunes se combattirent par
les moyens les plus violents. Aux élections municipales les rouges l'emportèrent. Un ouvrier de la mine,
M. Bouveri, fut nommé maire. Un autre, M. Goujon,
devint adjoint.

L'assemblée des actionnaires décidait alors le remplacement de la direction. Un jeune ingénieur, M. Coste,
fut mis à la tête de la mine. Esprit extrêmement libéral,
M. Coste s'aboucha avec le syndicat rouge, de beaucoup
le plus puissant; il reprit immédiatement 15 ouvriers
parmi les 58 qui avaient été congédiés à la fin de la
grève, et promit de reprendre les 43 autres, dès qu'il
le pourrait. Au commencement de cette année, sur de
nouvelles instances du syndicat, il offrait de reprendre
41 ouvriers, de continuer à payer pendant neuf mois
la prime de 5 % sur les salaires que la Compagnie
avait consentie pour l'année précédente à l'issue de
la grève de 1899, enfin de payer une prime de 2 %

sur les salaires de 1900, si la régularité du travail n'était pas troublée. Mais les ouvriers ne se contentaient pas de ces concessions. Ils réclamaient une augmentation de 10 % sur les salaires à la tâche et de 50 centimes sur les salaires à la journée. De plus, ils demandaient pour les jeunes gens de 13 à 20 ans, employés aux puits Montmaillot, qu'ils fussent payés au même tarif que les mineurs des autres puits.

La Compagnie répliquait que, pour la majoration des salaires, elle ne pouvait s'engager pour plus de neuf mois, à cause de la baisse probable du cours des houilles, et, en ce qui concernait les mineurs de Montmaillot, qu'il était juste de les payer moins cher que les autres parce qu'ils étaient employés dans des puits non grisouteux. Si on leur donnait autant qu'aux autres ouvriers employés dans des puits grisouteux, ces derniers ne manqueraient point, par la suite, de demander une solde plus élevée en compensation du danger qu'ils couraient. Le meilleur moyen de donner satisfaction aux jeunes gens de Montmaillot, payés de 1 fr. 20 à 2 fr. 50 par jour, était de faire passer ceux dont on était le plus satisfait, dans la catégorie supérieure aux salaires de 3 francs et de 3 fr. 50. Dix-sept jeunes gens furent immédiatement introduits dans cette catégorie.

Le syndicat accepta ces concessions, mais les jeunes gens du puits Montmaillot se révoltèrent et, contre l'avis du Syndicat, déchaînèrent la grève qui se répandit aussitôt dans toute la concession. Une commission de grève fut formée. La principale réclamation concernait une augmentation de 50 centimes par jour. C'était pour la Compagnie une charge supplémentaire de 1.430.000 francs, alors que les bénéfices de l'exploitation n'avaient donné, pour l'année précédente, que 400.000 francs.

Le Conseil syndical s'inclina devant les résolutions
prises et suivit le mouvement de grève qu'il n'avait su
empêcher. Cependant il se contenta de réclamer 25 centimes de majoration, au lieu de 50 centimes primitivement exigés [1].

C'était aux premiers jours de février.

Immédiatement la troupe envahit la petite ville :
3 bataillons de ligne, 1 escadron de dragons, 1 escadron de chasseurs, 600 gendarmes. Ces derniers sillon-
nent les routes pendant la nuit et rencontrent des
petites patrouilles de deux ou trois grévistes, qu'ils ne
peuvent dissoudre et qui arrêtent les passants. « Nos
patrouilles, dit M. Chalot, secrétaire du syndicat rouge,
à M. Gabion, correspondant du *Temps,* ont pour but
de nous faire connaître les noms des camarades qui
seraient tentés d'aller se faire embaucher la nuit, c'est-
à-dire de *trahir la cause.* »

Pendant ce temps, les *jaunes,* qui ne sont pas plus
de 300, se tiennent dans un café qu'orne le portrait de
Jules Guérin et qu'on appelle *le fort Chabrol.* La
faveur dont le syndicat rouge a été l'objet de la part
du nouveau directeur a décimé le syndicat jaune. La
plupart de ses membres l'ont déserté pour passer au
syndicat rouge.

1. Le programme des revendications était le suivant :

1° Que les manœuvres des divisions Montmaillot et Magny seront
payés comme dans les autres divisions;

2° Que les ouvriers abatteurs des carrières Montmaillot et Lucy
seront rémunérés comme ailleurs;

3° Augmentation de salaire de 25 centimes par jour pour tous les
ouvriers à la journée;

4° Politesse des chefs envers les ouvriers avec engagement réci-
proque;

5° Qu'il ne soit fait aucune différence entre ouvriers syndiqués et
non syndiqués;

6° Que les ouvriers et ouvrières sortant des ateliers annexes de la
Compagnie soient embauchés de préférence aux autres.

Les rouges processionnent, au nombre de 4.000 ou 5.000 hommes, femmes et enfants, précédés de fanfares et de drapeaux.

Puis, aux heures des repas, on mange la soupe populaire, au refrain de cette chanson :

> C'est le bouillon populaire.
> Allons, à table, prolétaires,
> Et que chacune et que chacun mange à sa faim.

On nourrit ainsi 12.000 personnes par jour, et on sert 24.000 repas.

Chaque repas se compose de 100 grammes de viande, une livre de pommes de terre et une demi-livre de pain.

Voici les frais généraux pour six jours :

			Fr.
14.198	kilos de viande à..........	0.90	12.778.20
277	— lard..............	1.20	319.20
6.924	— pain.............	0.26	1.880.24
	— sel et poivre.....		89.98
	Total.....		14.987.61

Chaque repas revient ainsi à 0 fr. 1035.

La dépense par jour et par personne à 21 centimes.

Les pommes de terre ne sont pas portées en compte parce qu'elles sont données par les paysans.

Les grévistes s'étaient divisés en 33 sections d'environ 360 personnes. Les chefs de section dressent les listes des familles à secourir, fixent les quantités de vivres nécessaires, faisant ainsi un véritable rôle de fourriers. Chacun était libre d'emporter sa ration, mais nombreux étaient les grévistes qui s'attablaient au *restaurant social*. Chaque repas se terminait par des chansons (chacun chantant la sienne) et par des danses. Ainsi, pensaient les grévistes, on pourrait attendre que la Compagnie *capitulât.*

L'organisation de la police n'était pas moins remarquable que celle de la cuisine.

Les charretiers qui transportaient du charbon devaient se munir auprès du maire ou des adjoints de sauf-conduit sur papier municipal :

« M. X... fait venir des charbons des mines des environs et les vend au commerce. *Ces charbons ne sortent pas des puits de Blanzy.* » Tel en était le libellé.

M. Gabion, rédacteur du *Temps,* voulut se rendre compte du fonctionnement des patrouilles pendant la nuit. Il en rencontra six, composées de deux à six hommes. Et partout les mêmes questions : « Où vas-tu ? Quel est ton nom? Dis ton nom, ou on va te frotter les côtes. » En revanche, pas une seule patrouille de gendarmerie. Certaines patrouilles surveillent les hameaux, où logent les mineurs. « *Nous surveillons le hameau, et personne ne peut sortir de sa maison la nuit, sans que nous le voyions.* »

Cependant la Compagnie ne paraissait pas disposée à céder. L'augmentation de 25 centimes par jour pour tous les ouvriers à la journée équivalait à une augmentation de 5 % et à un excédent de frais de 750.000 francs. Or, déjà au début de l'année, la Compagnie avait concédé une première augmentation de 5 % sur les salaires, valable pour neuf mois. Et cette concession avait été célébrée alors par les journaux socialistes comme une grande victoire du syndicat. Accorder de nouveau 5 %, c'était accorder en somme les 10 % primitivement refusés, c'était aussi la rupture de la convention de janvier 1900.

Les grévistes répondaient, sur la question de la majoration des salaires, qu'il était injuste de confondre une majoration de 25 centimes par jour avec une augmentation de 5 %, qui ne favorisait que les gros salaires. Il y avait, faisait remarquer le maire de Montceau, M. Bouveri[1], « des jeunes gens qui ne gagnent à la Compagnie que 80 centimes, 1 franc ou 2 francs. La prime de 5 % accordée en janvier n'augmente leur salaire que de 4 centimes, 5 centimes ou 10 centimes. Qu'on leur accorde 25 centimes, et ils renonceront à la prime de 5 %. Quant aux véritables mineurs, aux ouvriers du fond, ils ne réclament rien et ils ne se sont mis en grève que par pure solidarité ».

Les réunions publiques, qui ne pouvaient se tenir dans aucune salle assez vaste, avaient lieu sur la place de la mairie, qui se trouve en bordure du canal et d'où l'on aperçoit, sur l'autre rive, les bâtiments de la mine et ses grandes cheminées. Du haut du balcon de la mairie, qui sert de tribune, l'orateur peut tendre le poing vers « ces instruments de misère et d'esclavage qu'il faut briser... cette forteresse capitaliste qu'il faut anéantir ». M. Maxence Roldes[2] est l'orateur habituel de ces meetings. Lorsqu'il paraît, nous dit le reporter du *Temps,* « redressant sa haute taille, alors qu'un rayon de soleil se joue dans sa barbe d'or fauve et éclaire ses traits réguliers, il est vraiment beau. Il

1. M. Bouveri était ouvrier mineur lui-même et gagnait 5 fr. 20 par jour. Il devait se lever à trois heures du matin pour aller prendre son travail et ne remontait au jour qu'à trois heures de l'après-midi. Il recevait comme maire une indemnité annuelle de 2.400 francs, presque entièrement absorbée par les dépenses imposées par ses fonctions municipales.

2. M. Maxence Roldes est originaire de Brantôme (Dordogne). Il était boulanger. Il s'établit ainsi à Paris, puis se lança dans le mouvement socialiste, s'instruisit et entra à *la Petite République.*

domine d'un étage cette foule qui semble lui constituer un piédestal et parle d'une voix sonore, nette, éloquente... Alors des murmures flatteurs s'élèvent des groupes de femmes et montent jusqu'à lui ».

*
* *

Pendant ce temps une véritable émeute se déchaînait à Chalon, préparée et organisée par trois cents anarchistes que Sébastien Faure avait catéchisés dans cette petite ville.

Les ouvriers de l'usine de ferblanterie Juillet s'étant mis en grève au nombre de soixante-dix, le patron les remplaça presque immédiatement. Aussitôt ces ouvriers parcourent la ville, visitent toutes les usines, entraînent leurs camarades dans un but de protestation contre les « renégats ». C'est ainsi qu'ils débauchent les trois cents ouvriers du Petit Creusot, ceux de l'usine Galland dont ils ont défoncé les portes, ceux de l'usine Prinette. Chargés par la troupe, ils se donnent rendez-vous pour le lendemain 16 février, devant l'usine Juillet. Ce jour-là, les grévistes enfoncent les portes de la verrerie Aupècle, en débauchent les ouvriers, ainsi que les ouvriers de la société coopérative « les Fondeurs-Réunis », les ouvriers de la raffinerie de pétrole, ceux des usines Adelot, et Heithlin et Brill, puis le cortège, ainsi grossi, arrive au contact des troupes qui sont au nombre de 4.000 ou 5.000 hommes, sous l'autorité du sous-préfet, M. Trépont. Une femme en avant agite le drapeau rouge. Le sous-préfet s'avance et donne aux grévistes l'ordre de se disperser. Ils s'y refusent et crient : « Vive les soldats! A bas les officiers ! » Puis, découvrant leurs poitrines : « Assassins, tirez donc! » Les trois sommations légales sont faites, les roulements de tambours retentissent. Les grévistes ne reculent pas. Alors les agents et les gendarmes font un mouvement tournant et coupent les premiers rangs des manifestants qu'ils font prisonniers. Cinquante d'entre eux sont enchaînés et conduits à la prison.

La grève de Chalon était terminée. Elle avait été violente, mais de courte durée, et les Montcelliens qui s'étaient bercés de l'espoir d'une grève générale départementale, qui devait leur faire obtenir la victoire, se voyaient cruellement déçus. Ils vont essayer, suprême argument, d'en appeler à la fédération de leur métier.

*
* *

Le syndicat jaune, dont le titre réel était « Syndicat des corporations ouvrières », aurait voulu reprendre le travail. Il comprenait 526 noms, mais sur ce nombre, fort peu d'ouvriers du fond.

Ne pouvant travailler, ils ne participaient pas néanmoins à la distribution des subsides réservés aux « rouges ». Ils firent alors un appel « aux travailleurs français » *au nom de la solidarité qui doit unir tous les travailleurs français de toutes les classes et de tous les partis.* Comme on le voit, ils étaient éclectiques.

« Nous sommes en grève malgré nous, disaient-ils, parce qu'il a plu à quelques révolutionnaires de venir organiser le chambardement chez nous.

« Si les chantiers étaient ouverts, nous n'hésiterions pas à passer malgré les menaces et les coups et à opposer la force à la force, malgré l'infériorité de notre nombre.

« Nous aimerions mieux risquer d'être tués en allant au travail que de voir souffrir de la faim nos femmes et nos enfants.

« Mais les chantiers restent fermés, et les grévistes se moquent de notre misère, parce que nous n'avons plus de pain, alors qu'eux-mêmes, soutenus par les syndicats révolutionnaires, font la fête et dansent la *Carmagnole* autour de leur soupe populaire.

« Pour donner à nos jeunes syndicats la force de lutter contre ceux qui font le jeu de l'Angleterre et de l'Allemagne, il faut que les bons citoyens viennent à notre secours, comme d'autres viennent au secours des syndicats révolutionnaires.

« Il faut qu'ils nous aident à défendre la liberté du travail, à organiser notre secrétariat du peuple et les autres œuvres ouvrières de paix sociale, dont nous voulons opposer la fécondité à la stérilité des syndicats de haine et de guerre sociale.

« C'est pour la liberté que nous luttons!

« C'est pour les travailleurs français que nous souffrons!

« C'est pour la France que nous vaincrons!

« A nous les Français! »

La Liberté, la Croix, la République, le Nouvelliste de Lyon, organisèrent des souscriptions pour répondre à cet appel. En quelques jours, 100.000 francs furent envoyés aux *jaunes.*

La grève semblait sans issue, et il fallait, pour ceux qui s'en étaient improvisés les chefs, en sortir d'une façon honorable. Car si nul avantage ne devait être le résultat de cette grève inconsidérée, adieu la confiance que les Montcelliens manifestaient pour les théories révolutionnaires. Bien vite ils auraient repris leurs idées d'antan et rallié le syndicat jaune qui représentait assez bien les idées paternalistes de l'ancienne administration.

Les secours même commençaient à diminuer. M. Guesde se faisait fort, avec les 40.000 adhérents qu'il dit appartenir à son parti, de fournir les 2.000 francs par jour nécessaires pour faire la soupe — « 2.000 francs, disait-il, c'est-à-dire 40.000 travailleurs y allant chaque matin de leur sou »; — les 40.000 adhérents restaient sourds à la voix ordinairement si écoutée.

Il ne restait plus qu'un espoir : la déclaration de grève générale. Le 24 février, le Comité fédéral des mineurs vote, à Saint-Étienne, *la grève générale;* mais cette décision est noyée dans un chaos de formules diplomatiques, et il n'est pas aisé de comprendre si la grève générale a été votée en principe seulement, ou bien si elle est décidée réellement dans un délai rapproché.

Une commission était en effet déléguée pour obtenir du gouvernement qu'il *obligeât* les compagnies de Montceau-les-Mines et de Saint-Éloy à donner satisfaction à leurs ouvriers, faute de quoi les troupes devaient être retirées et les mines faire retour à l'État.

Cette même commission devait également obtenir du gouvernement le vote immédiat de lois donnant à la corporation des mineurs :

1° La retraite de 2 francs par jour après 25 ans de service sans condition d'âge et proportionnelle, en cas d'invalidité du travail ;

2° La fixation à huit heures de la journée de travail, descente et montée comprises;

3° L'établissement du *minimum de salaire* fixé par les fédérations syndicales régionales.

Une réponse ferme devait être donnée sur ces trois questions pour le prochain Congrès national de mineurs qui était décidé pour la première quinzaine de mai.

La grève générale était donc ajournée d'ores et déjà à la seconde quinzaine de mai, et ce fut une première désillusion pour les mineurs de Montceau. Personne, le premier jour, n'osa leur rendre compte des résolutions votées à Saint-Étienne. M. Maxence Roldes lui-même fut atteint d'une grippe soudaine. Il n'osait expliquer que les résolutions accessoires démentaient la résolution par laquelle la grève générale était votée, et excluaient l'idée de grève générale immédiate. Sa déception était aussi cruelle que celle des grévistes, et probablement hésita-t-il entre l'acceptation de ces résolutions et la lutte farouche contre le Comité fédéral des mineurs qui avait encore la naïveté d'espérer dans le gouvernement. Il se décida à plaider la cause du Comité fédéral.

« Que signifie, dit-il le lendemain aux grévistes, cette intrusion dans vos affaires du comité qui représente l'armée des mineurs tout entière? Elle signifie que l'ensemble du prolétariat minier a dit : « Leur « cause est la nôtre, c'est nous qui prenons la direction « du conflit! » Les camarades du Conseil fédéral ont estimé qu'on ne pouvait pas organiser en quelques jours la grande bataille qui a nom la grève générale. Voilà pourquoi ils ont voté la grève générale seulement en principe. Ils ont dit : « Donnez-nous le temps de « nous organiser, de saisir le prolétariat tout entier de « nos projets. Laissez-nous faire, non pas une démar- « che, mais *une sommation aux pouvoirs publics.* »

Cependant ce retard épuisait les grévistes de Montceau, qu'on continuait à alimenter tant bien que mal avec du bouillon maigre et des pommes de terre. Les enfants commençaient à n'avoir plus de sabots et plus d'habits, le père n'avait plus de tabac. Mais il ne pouvait être question de tenter un pas vers la conciliation. Compagnie et chambre syndicale estimaient que l'autorité morale de celle qui d'entre elles ferait le premier pas serait compromise. Et de plus les grévistes se voyaient entraînés par des événements étrangers à leur vie propre.

Une autre déception suivit la première. Le groupe socialiste avait annoncé une interpellation à la Chambre. Cette interpellation n'eut aucun succès. La lassitude se manifestait. 3.000 *rouges* seulement prenaient maintenant part aux réunions et aux processions — chiffre très réduit des premières manifestations. — Le syndicat jaune prétendait avoir reçu, dans la seule journée du 6 mars, 75 adhésions de *rouges* qui avaient laissé comme gages de soumission leurs livrets et leurs insignes. Le 16 mars, il faisait signer à son siège social — le fort Chabrol — tous ceux qui désiraient reprendre le travail et il obtenait 700 signatures dont 150 de mineurs du fond.

Quelques-uns de ces malheureux, en venant prendre part au vote, étaient frappés et couverts de crachats par les *rouges*.

*   *
*

Enfin une dernière désillusion — la dernière — attendait les grévistes.

Le Congrès de Lens, réuni le 12 avril, votait le principe — toujours ce fameux principe si souvent voté — de la grève générale, *si, dans un délai de dix jours,* le gouvernement n'avait pas obtenu de la compagnie qu'elle renonçât aux 450 renvois qu'elle avait annoncés comme nécessaires ; *mais* il ajoutait, sur la proposition de M. Basly, un amendement à cette résolution, portant que la *grève générale,* votée en principe, *ne pourrait être déclarée que si, dans un délai de quinze jours, la majorité des mineurs consultés par voix de referendum y était favorable.* La complication de cette formule indiquait déjà que la grève générale ne serait pas encore déclarée cette fois-ci. C'était en tout cas un nouvel ajournement dont devaient profiter les *jaunes* pour renforcer leurs troupes, car les jaunes avaient repris le travail, depuis le 25 mars, en petit nombre il est vrai, mais leur exemple pouvait être facilement suivi par tous ceux que ces déceptions successives finissaient par lasser.

La grève générale devait complètement échouer. Votée par 36.012 mineurs contre 18.401 opposants sur

162.000 mineurs français et 61.724 syndiqués, elle n'éclata pas. On craignit d'engager ce mouvement où 107.000 hommes s'étaient abstenus. Les mineurs du Pas-de-Calais particulièrement, sous la direction de MM. Basly et Lamendin, répugnaient à la grève générale et ne se gênaient pas pour la combattre. Ils reprochaient également au syndicat rouge de Montceau d'avoir jeté dans la balance leurs 6.000 suffrages, alors qu'ils n'avaient pas le droit de prendre part dans cette délicate affaire où ils se trouvaient juges et parties.

Sous le prétexte que tous les centres houillers n'avaient pas pris part au vote, on ajourna encore à huit jours la *terrible échéance de la grève générale* pour permettre, disait-on, aux retardataires de voter. C'était une nouvelle reculade. « Ajourner encore l'effet du referendum, disait M. Létang, député blanquiste de l'Allier, cela constitue un procédé inqualifiable, et j'en rends responsable le gouvernement qui a malheureusement des amis parmi nos camarades du bureau fédéral. Si le *referendum* avait été favorable à la grève, les ministériels l'auraient considéré comme acquis ; comme il est défavorable à la grève, on veut en sophistiquer l'expression et l'on spécule sur la misère des pauvres mineurs de Montceau. Dans huit jours, on espère bien qu'ils seront vaincus par la misère. »

*
* *

Cet atermoiement nouveau causa une véritable fureur parmi les grévistes qui avaient déjà escompté le succès de la « révolution libératrice ». Déjà ils avaient déclaré qu'ils repoussaient toutes les offres et tous les points sur lesquels la Compagnie avait répondu, se disant plus résolus que jamais à continuer la lutte, et protestant contre l'insolence patronale de la Compagnie. Et ils allaient arborer des drapeaux aux fenêtres pour fêter la résistance à outrance et leur centième jour de grève.

Les ressources étaient épuisées. Il ne restait même plus d'argent pour faire bouillir les marmites populaires ; le 6 mai, la grève de Montceau était terminée et la grève générale, devenant sans objet, était complètement abandonnée.

La grève ne rapportait aux ouvriers qu'une augmentation *valable jusqu'en octobre seulement* — de 5 ou 10 centimes pour les ouvriers gagnant moins de 3 francs par jour et une augmentation de 20 centimes pour quelques mineurs de Montmaillot. — La p.ime de 2 %, qui devait récompenser la régularité du travail, s'était trouvée, par contre et par le fait même de la grève, entièrement supprimée.

Les pertes que les Montcelliens subissaient pouvaient s'élever à 100 jours de salaires environ, soit 3.800.000 francs, d'où il faut déduire cependant les salaires payés aux jaunes et aux autres mineurs qui avaient travaillé : 50.000 francs en février, 100.000 francs en mars, 200.000 francs en avril. — Les pertes de salaires s'élevaient donc réellement à 3.450.000 fr.

A cette somme, il fallait ajouter les versements de 1/2 % à la caisse de secours et 3 1/2 % à la caisse de retraites que la Compagnie n'avait pas effectués, c'est-à-dire 180.000 francs, et enfin la prime conditionnelle de régularité de 2 % à laquelle les ouvriers avaient perdu leurs droits. Le paiement de cette prime aurait coûté à la Compagnie 240.000 francs.

Les concessions sur la répartition de la prime de 5 %, valable jusqu'en octobre, ne représentaient, par contre, qu'une dépense totale de 70.000 fr. C'est tout ce que les ouvriers obtenaient par cette longue grève.

*
* *

Le personnel employé à la mine comptait 5.861 ouvriers — dont 4.630 du fond, et 1.231 du jour — et 147 contremaîtres.

Le personnel des établissements annexes comprenait 3.021 ouvriers et 600 femmes. Les 3.021 ouvriers se répartissaient ainsi : 659 dans les ateliers de réparation et d'entretien, 188 terrassiers, 2.069 manœuvres non attachés à la mine et 205 employés dans une scierie.

Les 600 femmes étaient employées dans un tissage.

C'était sur ce personnel accessoire que portait la discussion, qui empêchait la grève de se clore.

La mine affirmait la nécessité du renvoi de 100 ouvriers des ateliers de réparation, 110 terrassiers, 185 manœuvres et 55 ouvriers de la scierie.

« Nous n'admettrons jamais le principe des renvois, disaient les ouvriers.

— Mais, leur répondait-on, vous savez bien que la Compagnie ne cédera pas, que comptez-vous donc faire ?

— Nous emmènerons les ouvriers renvoyés en exode à Paris. Nous dirons au président du conseil : « Monsieur Waldeck-Rousseau, voilà votre œuvre. Vous n'avez pas « voulu obliger la Compagnie à leur donner du travail, « donnez-leur du pain ! »

Et c'est avec de semblables naïvetés qu'était bercée leur crédulité.

Cependant la reprise du travail avait commencé dès le 25 mars et la grève finissait réellement le 6 mai, dans les conditions que nous avons signalées.

La grève de Calais.

(Grève législative.)

Une grève peut être justifiée par un salaire insuffisant, un renvoi injustifié, une vexation gratuite. Ici, rien de tout cela. Les salaires sont des plus élevés qui existent dans l'industrie française, il n'y a pas eu de renvoi, pas de vexation. La grève est déclarée pour faire respecter la loi. Mais le gouvernement est assez fort pour faire observer ses édits, et ce n'est point à un syndicat à se substituer à un gouvernement.

D'ailleurs la loi était-elle applicable dans la circonstance? Le point a été contesté; en admettant que la loi soit applicable, devait-on l'appliquer strictement? Il est toujours dangereux de vouloir faire des lois générales pour toutes les industries. Ici l'effet est salutaire, là la répercussion peut être désastreuse. Et c'est à ces inconvénients qu'obvient des règlements d'administration publique.

A Calais, la pratique de la loi avait pour résultat immédiat de *réduire la journée de onze ou même douze heures à huit heures*, avec les deux aggravations suivantes :

1° Nottingham, qui est le grand concurrent anglais de Calais, continuait à faire dix heures ;

2° Les ouvriers tullistes payés à la tâche devaient être les premiers à souffrir lourdement de la diminution de salaire provenant de la diminution du travail, à moins que les patrons ne consentissent à majorer les salaires de 20 et même de 30 %, ce à quoi ils se refusaient énergiquement.

*
**

Le grand centre de la fabrication de la dentelle

12.

mécanique est Calais. L'ouvrier tulliste est payé au rack (1.920 tours de métier), c'est-à-dire à la tâche, d'après un tarif établi en 1890 par une commission mixte de patrons et d'ouvriers. Il gagne des semaines de 50 à 80 francs. Lorsqu'il fait des changements au montage de son métier, il est payé 4 francs par jour. Le personnel accessoire est payé à la semaine.

Chaque métier comporte deux ouvriers se succédant de quart en quart, du lundi matin au samedi soir, les métiers battant jour et nuit et ne s'arrêtant que pour le grand repos du dimanche. Le travail s'arrête en effet du samedi soir à 6 heures au lundi matin à 9 heures. Il existe encore un arrêt consacré par l'habitude du lundi soir au mardi matin, les ouvriers étant fatigués par les parties de plaisir du dimanche.

Calais eut une grande période de prospérité pendant laquelle certains ouvriers gagnèrent plus de 400 francs par mois. Ce fut de 1880 à 1883. Le chiffre des affaires s'éleva à 120 millions par an, c'est-à-dire au double du chiffre actuel, alors que la fabrique ne disposait que de 1.200 métiers et qu'on en compte 1.800 aujourd'hui. On voyait, dit-on, des tullistes venir en landau pour prendre leurs *quarts!*

Ces salaires n'existent plus; mais il est évident que le tulliste d'aujourd'hui gagne dans son année 1.800 fr. environ, bien que son salaire hebdomadaire soit très réduit pendant les périodes de morte-saison. Et ici encore il est nécessaire de faire une distinction entre les ouvriers, en les classant par catégories de maisons :

Les 1.830 métiers de Calais sont répartis entre 360 fabricants; 170 industriels ne possèdent que de 1 à 3 métiers, 130 possèdent de 3 à 7 métiers, une soixantaine en ont un nombre supérieur à 7. L'un d'eux possède 3 métiers et un autre 60.

Les petits fabricants écoulent assez difficilement leurs produits et ne travaillent guère que sur commande. Les grandes maisons au contraire ont une vaste clientèle, de nombreuses relations et assurent à leurs ouvriers un minimum de salaire — 50 francs par semaine — pendant les périodes de chômage. Leurs ouvriers gagnent parfois 3.000 et même 4.000 francs.

*
* *

La loi du 30 mars 1900 est ainsi conçue :

ARTICLE PREMIER. — Les articles 3, 4 et 11 de la loi du 2 novembre 1892 sur le travail des enfants, des filles mineures et des femmes dans les établissements industriels sont modifiés ainsi qu'il suit :

Art. 3. — Les jeunes ouvriers et ouvrières jusqu'à l'âge de dix-huit ans et les femmes ne peuvent être employés à un travail effectif de plus d'onze heures par jour, coupé par un ou plusieurs repos, dont la durée totale ne pourra être inférieure à une heure et pendant lesquels le travail sera interdit.

Au bout de deux ans, à partir de la promulgation de la présente loi, la durée du travail sera réduite à dix heures et demie et, au bout d'une nouvelle période de deux années, à dix heures.

Dans chaque établissement, sauf les usines à feu continu et les mines, minières ou carrières, les repos auront lieu aux mêmes heures pour toutes les personnes protégées *par la présente loi.*

Art. 4, § *additionnel.* — A l'expiration d'un délai de deux ans à partir de la promulgation de la présente loi, les dispositions exceptionnelles concernant le travail de nuit prévues aux paragraphes 2 et 3 du présent article cesseront d'être en vigueur, sauf pour les travaux souterrains des mines, minières et carrières.

Art. 11, § 3. — Dans les établissements visés par la présente loi autres que les usines à feu continu et les établissements qui seront déterminés par un règlement d'administration publique, *l'organisation du travail par relais,* sauf ce qui est prévu aux paragraphes 2 et 3 de l'article 4, *sera interdite pour les personnes protégées par les articles précédents,* dans un délai de trois mois à partir de la promulgation de *la présente loi.*

*En cas d'organisation du travail par postes ou équipes suc-
cessives, le travail de chaque équipe sera continu, sauf l'interruption pour le repos.*

* *

ARTICLE DEUXIÈME. — Il est ajouté à l'article 1er du décret-loi
des 9-14 septembre 1848 la disposition suivante :

Toutefois, dans les établissements énumérés dans l'article 1er
de la loi du 2 novembre 1892 *qui emploient dans les mêmes locaux* [1] *des hommes adultes et des personnes visées par ladite loi,
la journée de ces ouvriers ne pourra excéder onze heures de travail effectif.*

Dans le cas du paragraphe précédent, au bout de deux ans
à partir de la promulgation de *la présente loi*, la journée sera
réduite à dix heures et demie et, au bout d'une nouvelle période
de deux ans, à dix heures.

La présente loi, délibérée et adoptée par le Sénat et par la
Chambre des députés, sera exécutée comme loi de l'État.

Fait à Paris, le 30 mars 1900.

Il semble bien qu'il y ait deux parties distinctes dans
cette loi nouvelle :

. Une partie qui modifie la loi de 1892 sur le travail
des femmes et des enfants ;

Une partie qui modifie le décret-loi des 9-14 septembre 1848, en ce qui concerne le travail des ouvriers
adultes.

Aucune connexité ne paraît exister entre ces deux
lois modifiées, et, si l'on refond nos Codes, chacune de
ces modifications rentrera dans la loi qu'elle concerne,
comme dans un tiroir approprié, et il n'y aura aucune
confusion possible entre la loi qui régit les femmes
et les enfants et celle qui régit les ouvriers adultes.

---

1. L'expression « mêmes locaux » s'entend non seulement des locaux
où se fait un travail en commun du personnel protégé, mais de tous
ceux qui servent de lieu de travail à toute industrie, où tous efforts
sont combinés pour concourir à une même production. Définition du
rapporteur M. Dubief. Rapport du 27 mars 1900.

Avant le vote de cette loi, les femmes et les enfants des fabriques de Calais faisaient une journée de neuf heures et demie ou dix heures, coupée par un repos de une heure et demie. La nouvelle loi ne pouvait donc s'appliquer à eux puisqu'elle stipulait un temps de travail plus long. Elle ne visait pas davantage les tullistes en admettant que les ateliers de Calais pussent être considérés comme ateliers mixtes. Les ouvriers travaillaient en deux équipes : la première, de 9 heures du matin à 1 heure du soir et de 6 heures du soir à 2 heures du matin, avec un repos de 10 à 11 heures du matin ; la seconde, de 1 heure à 6 heures du soir et de 2 heures à 9 heures du matin, avec un repos d'une heure, ce qui représentait pour chaque équipe une durée de travail effectif de onze heures.

***

Les patrons calaisiens ne s'étaient donc pas préoccupés de la loi nouvelle, lorsque, au commencement d'octobre, l'inspecteur du travail les mit brusquement en demeure de modifier l'organisation du travail par équipes pour les adultes, en prétendant que ce système était contraire à la loi.

Les patrons, pris au dépourvu, se mirent en rapport avec le syndicat ouvrier l'*Union,* pour rechercher avec lui une organisation du travail qui permît de supprimer l'alternance des équipes, considérée comme illégale. Une convention fut signée.

Mais ce système, qui réduisait la durée de travail, eut comme second résultat d'amoindrir les salaires. Et les ouvriers furent les premiers à protester contre son application, malgré le doux optimisme de M. Jaurès qui leur annonçait le rétablissement des prix anciens par la hausse du prix de main-d'œuvre.

Le second syndicat ouvrier, l'*Émancipation*[1], écrivit alors aux patrons pour leur indiquer que le système approuvé par une délégation des patrons n'était pas légal et se trouvait en contradiction avec la loi nouvelle en ce qui concernait les repos pour le personnel protégé. Les repos n'avaient pas lieu à la même heure pour les hommes, les femmes et les enfants.

Les patrons s'empressèrent de profiter de cette protestation pour dénoncer la convention.

La grève éclata immédiatement.

*\
* *

Le système prôné par la fameuse convention était critiqué à l'aide d'arguments que nous allons développer :

La première équipe prenait le travail à 4 heures du matin jusqu'à 1 heure de l'après-midi avec repos de 8 heures à 9 heures du matin.

La seconde de 1 heure de l'après-midi à 10 heures du soir avec repos de 6 heures à 7 heures du soir.

L'ouvrier de l'équipe du matin est forcé de se lever à 3 heures pour se rendre à son travail. L'heure de repos ne lui permet pas de rentrer chez lui : il va au cabaret.

L'ouvrier de l'équipe du soir ne peut, lui non plus, profiter de son heure de repos que pour aller au cabaret.

Si, de plus, l'on tient compte que la semaine commence généralement le lundi à 9 heures du matin, pour se terminer le samedi à 6 heures du soir, l'ouvrier ne fait plus guère que sept heures de travail par jour ; ce qui est insuffisant pour lui assurer un bon salaire, puisqu'il est *à la tâche*.

---

1. Il y avait deux syndicats : l'*Union*, qui déclara la grève et la soutint de toutes ses forces ; l'*Emancipation*, qui se montra hostile à la grève et qui devint une des causes les plus efficientes de son insuccès.

On ne peut lui demander en effet de venir le lundi à 4 heures du matin, alors que le dimanche est son jour de repos hebdomadaire, dont il profite pour faire des parties de pêche et de campagne, et qu'il se couche tard ce jour-là. On ne peut admettre non plus qu'il travaille le samedi jusqu'à dix heures du soir, car l'heure serait trop tardive pour faire la paye hebdomadaire et l'industriel se verrait obligé de faire revenir ses ouvriers le dimanche matin pour toucher leur semaine.

*
* *

En échange de ce premier système, les patrons, d'accord avec le syndicat ouvrier l'*Emancipation*, proposaient un nouveau système de quarts, qui permettait à tout le personnel ouvrier de prendre le repas en commun.

Voici ce mode de travail :

1ᵉ équipe dite quart du matin :
 3 h. 1/2 du matin à 8 h. du matin...... 4 h. 1/2.
 2 h. du soir à 7 h. 1/2 du soir......... 5 h. 1/2.
   Total.................. 10 heures.

2ᵉ équipe dite quart du soir :
 8 h. du matin à midi 1/2............... 4 h. 1/2.
 7 h. 1/2 du soir à 1 h. du matin........ 5 h. 1/2.
   Total.................. 10 heures.

Personnel du jour et personnel protégé :
 8 h. du matin à midi 1/2............... 4 h. 1/2.
 2 h. du soir à 7 h. 1/2 du soir......... 5 h. 1/2.
   Total.................. 10 heures.

Ainsi tout le monde faisait dix heures : le personnel protégé et le personnel adulte rentrait en même temps à l'usine et en sortait aux mêmes heures : ce qui empêchait des fraudes de se produire dans l'application de la loi.

Les usines étaient totalement fermées de midi 1/2 à 2 heures le principal repas pouvait être pris en famille, et la vie de famille se trouvait ainsi restaurée... en partie, ainsi que le voulait la loi.

Le système des quarts, disaient les patrons, était nécessaire pour l'industrie de Calais, qui produit un article sujet à toutes les fluctuations de la mode. Le travail de nuit semblait donc nécessaire pour cette industrie dont la marche ne se fait que par à-coups. Ainsi il arrive qu'un métier n'a rien à faire au début d'une semaine et que des commandes surviennent le mercredi ou le jeudi. Il sera de l'intérêt de l'ouvrier de pouvoir travailler un nombre suffisant d'heures, pour gagner sa semaine en un court laps de temps. Il ne faut pas non plus oublier que la morte-saison d'été laisse parfois des ouvriers pendant deux mois sans travail. On ne doit pas empêcher l'ouvrier de regagner le temps perdu, quand les affaires marchent bien.

A ces motifs ainsi exposés par les fabricants et — il faut l'ajouter — par un grand nombre d'ouvriers, les partisans du travail continu répliquaient qu'il serait facile de commencer la période de grand travail quinze jours plus tôt qu'aujourd'hui et de la terminer quinze jours plus tard. Les commissionnaires se disent pressés : ils donneraient leurs commandes de meilleure heure, pour la voir exécutée en temps voulu.

Le débat qui s'agite sur cette question rappelle exactement la discussion sur les veillées des couturières. Doit-on satisfaire les commandes urgentes et accepter l'ultimatum des clientes pressées? Ou bien le souci de la santé des ouvrières doit-il primer le désir d'être agréable à une clientèle exigeante? Partout se retrouve la coercition de la concurrence.

D'autre part, Calais n'est pas la seule ville à fabriquer ces tissus légers et artistiques qui ont fait la renommée de ce centre industriel. Les commandes, qui ne peuvent être exécutées à temps par Calais, sont portées à Nottingham. Et l'industriel français, qui refuse le délai qu'on exige de lui, peut craindre que l'industriel anglais se soumette plus facilement aux conditions de l'acheteur.

Nottingham emploie en effet les quarts de dix heures. Et il est permis de se demander comment ce système des quarts réputé « barbare » par M. Jaurès se trouve encore en usage dans ce pays pratique et où les forces ouvrières sont si formidablement organisées. Sans nul doute, le système des quarts n'est pas une inéluctable nécessité, mais peut-être conviendrait-il, pour en réclamer la déchéance, d'attendre que nos voisins anglais l'aient proclamée les premiers. Ce sera un Fontenoy industriel !

Il y a plus. Le système des quarts de 10 heures, repoussé par les ouvriers de l'*Union*, aujourd'hui que les patrons le leur proposent, ces mêmes ouvriers le réclamaient depuis 1896 avec la plus vive instance. Ce n'est que depuis le vote de la loi de 1900 qu'ils ont changé de tactique et répudié leurs anciens programmes. Le vote de la loi nouvelle était-il une raison suffisante pour rendre non acceptables pour eux leurs anciennes prétentions ?

Le système des quarts permet de donner plus d'heures de travail. Il semblait donc étonnant que les ouvriers de l'*Union* fussent partisans d'un autre système qui devait réduire leurs salaires ? C'est qu'ils avaient l'espoir d'amener par la suite toute la population ouvrière à réclamer des augmentations de tarifs. Nous en avons la preuve dans les paroles dites à la réunion du 20 octobre 1900 par M. Jaurès :

« Que les femmes n'avaient à s'inquiéter si, jusqu'au 13 janvier, les salaires de leurs maris se ressentaient de la nouvelle organisation du travail ; qu'elles n'avaient qu'à prendre patience et qu'à cette date *il leur promettait*, il s'engageait d'honneur d'obtenir, pour 8 heures de travail, le même salaire que pour 12 heures [1]. »

Enfin il est une dernière raison qui semble motiver la nécessité d'une recrudescence de travail, dans les périodes d'activité, c'est que le métier coûte cher et doit être amorti en vingt ans. En admettant que le prix, moyen des métiers soit de 20.000 francs — et ce prix est souvent dépassé — les frais d'amortissement ressortent à 66 francs par mois, et par mois de travail aussi bien que par mois de chômage.

* * *

Au début de la grève, le syndicat l'*Union* avait en caisse environ 160.000 francs. Et il semble bien que ce trésor de guerre n'ait pas été sans influence sur la déclaration de grève. Calais fut *le champ d'expérience des huit heures*, sur lequel le prolétariat du monde, d'après l'expression de M. Jaurès, avait les yeux.

« Les ouvriers tullistes, écrivait-il [2], en profitant des remaniements industriels imposés par la loi Millerand pour faire la première application de la journée de huit heures dans l'industrie textile, ont pris *une initiative d'un intérêt véritablement historique*. Jamais il ne fut plus vrai de dire que *tout le prolétariat est engagé dans la bataille. C'est la journée de huit heures qui entre dans les faits...* Il n'y a pas un honnête homme qui ne doive soutenir les hardis ouvriers tullistes de Calais contre leurs patrons déloyaux et routiniers. »

La grève avait éclaté le 11 novembre 1900, par

----

1. Texte cité dans l'affiche de l'Association des fabricants (fin nov. 1900).
2. *Petite République* du 15 nov. 1900.

suite de la rupture de la convention passée entre les délégués de la chambre patronale et les délégués de l'*Union*. Et les patrons avaient lancé une proclamation dans laquelle ils déclaraient que l'application de la nouvelle loi sur le travail était difficile, sinon impossible, et que la convention primitivement établie avait été reconnue vicieuse et en contradiction avec la loi, et ils prétendaient reprendre le système des quarts, en réduisant cependant chacun de ces quarts à cinq heures. Le travail ainsi organisé, ajoutaient-ils, est en concordance complète avec le texte de la loi et ne peut donner lieu à aucune contravention. Comme exemple, la chambre syndicale citait à ses adhérents celui de la place de Lyon, qui n'a rien changé à ses habitudes anciennes et, forte de son droit, bravant les procès-verbaux, a décidé de demander à la Cour de cassation un avis suprême sur l'interprétation véritable à donner à une loi qui ne devrait pas être applicable à l'industrie tullière.

Cette décision de la chambre syndicale des fabricants était à peine affichée sur les murs que l'*Union* convoquait ses adhérents, au nombre de dix-sept cents, déclarait maintenir la convention et décidait que les ouvriers tullistes ne reprendraient le travail qu'avec un tarif nouveau s'élevant à 20 % au-dessus des prix fixés par la convention de 1890.

Pendant ce temps, l'autre syndicat ouvrier, l'*Émancipation*, s'opposait à la grève et acceptait le système des quarts de cinq heures proposé par les patrons. Six cents ouvriers sur deux mille continuèrent le travail.

Le 17 novembre, se fit, aux bureaux de l'*Union*, la première paye hebdomadaire des grévistes. Ils comptaient toucher vingt francs pour les ouvriers tullistes, dix francs pour les remonteurs. Ils eurent un léger désappointement en ne recevant que douze francs pour les premiers et six francs pour les seconds. Ce désappointement fut encore plus vif pour les non-syndiqués qui ne reçurent que quatre francs pour leur première semaine de grève.

D'autre part, les fabricants lançaient un nouveau manifeste pour convier les grévistes à réintégrer les ateliers. « Mais si, ajoutaient-ils, vous persistiez à écouter les conseils pernicieux que vous suivez aveuglément, que le sort en soit jeté et malédictions à ceux qui auront fomenté la grève et travaillé à la ruine de notre cité. Nous serions forcés d'accepter la guerre à outrance. Travailleurs, réfléchissez! »

Chacun des deux partis semblait accepter la lutte. Les patrons avaient groupé 352 fabricants, représentant 1.762 métiers, et organisé une assurance mutuelle. Aux industriels façonniers, qui n'auraient pu résister à une longue grève, ils donnaient hebdomadairement dix francs par métier. Pour cela, chaque fabricant avait pris l'engagement de verser 3 francs par semaine et par métier pendant trois ans, si cela était nécessaire, et une banque avait immédiatement avancé 100.000 francs.

La fabrique de Calais se trouva groupée comme un bloc autour de la chambre syndicale. Rien ne pouvait dès lors l'entamer, alors que les ouvriers étaient eux-mêmes profondément divisés par les querelles politiques qui déchiraient l'ancien parti guesdiste, si fort naguère à Calais. Ainsi groupée, la fabrique était invincible et aurait tenu plusieurs mois. Un capital d'un million aurait été trouvé pour cette défense collective, tandis que les ouvriers allaient rapidement épuiser leurs dernières ressources.

Les ouvriers songèrent à demander de l'argent aux

ouvriers anglais, riches et fortement organisés. Ne pouvaient-ils pas d'ailleurs compter sur leur simple reconnaissance? Lors de la grande grève des mécaniciens anglais, il y a environ trois ans, l'*Union* des tullistes avait voté une *levée* de 500 francs par semaine pour leurs camarades d'outre-mer et cette *levée* s'était régulièrement poursuivie pendant vingt-huit semaines. Une délégation fut donc adressée aux syndicats anglais. En tête de cette délégation, était M. Camélinat, ancien proscrit de la Commune, que sa connaissance de la langue anglaise avait désigné pour ce choix.

Le 15 novembre, M. Barnes, secrétaire général de l'Union des mécaniciens anglais, envoyait un premier chèque de 500 francs. C'était, écrivait-il à M. Salembier, « le premier gage des vœux que nous formons pour vous. Nous avons conservé les sentiments de gratitude la plus vive des magnifiques efforts que vous avez faits pour nous, il y a trois ans ». Mais il était nécessaire de consulter les membres de l'association anglaise avant de faire une *levée*.

« Les fabricants de Calais, disait à ce sujet *la Petite République*, s'imaginaient qu'ils n'auraient à lutter qu'avec l'*Union* des tullistes toute seule; ils vont s'apercevoir qu'ils ont affaire à plus forte partie! »

Les fabricants, qui avaient encore continué à faire travailler les ouvriers non grévistes, ouvriers indépendants ou affiliés à l'*Emancipation*, prenaient le 23 novembre la décision de fermer leurs ateliers. Tout le travail était arrêté. Mais en même temps, pour mettre les ouvriers grévistes forcés sur le même pied que les grévistes volontaires, ils prenaient l'engagement de fournir aux premiers un secours de 20 francs par semaine.

Le 1ᵉʳ décembre, l'*Union* des tullistes de Nottingham votait un secours de 1.500 francs et promettait 1.250 francs par semaine. L'*Union* de Nottingham consentait de plus un prêt de 25.000 francs.

De leur côté, les mécaniciens anglais votaient une *levée;* mais cette *levée* fut la seule.

Les sommes distribuées alors aux ouvriers grévistes s'élevaient à près de 90.000 francs.

* *

A ce même moment, des industriels anglais proposèrent aux chefs d'industrie de Calais de transporter chez eux leurs métiers, par la lettre suivante :

La tyrannie des syndicats et des lois qui les protègent en France, dont les effets peuvent être si désastreux, s'ils ne sont pas combattus par la prévoyance des fabricants, peuvent ruiner l'industrie tullière de Calais.

Il n'est pas à espérer, ni même à croire, qu'une telle calamité puisse se réaliser, mais en supposant que le commerce de Calais soit ruiné, ce n'est pas une raison pour que les fabricants le soient individuellement.

L'Angleterre et l'Amérique sont, aujourd'hui, les principaux acheteurs des dentelles de Calais.

Les cotons fins employés à la fabrication des valenciennes faites à Calais et dans le monde entier sont, en grande majorité, filés en Angleterre.

Il ne serait pas pratique, pour les fabricants de Calais, de s'installer à Nottingham pour y fabriquer les genres ordinaires déjà exploités, mais il y a de la place, de l'ouvrage et de beaux bénéfices assurés pour ceux qui voudraient s'installer en Angleterre et y produire les belles dentelles, pour lesquelles le bon goût de Calais est si justement apprécié.

MM. G... and Cᵒ, fabricants de métiers à tulles, sont propriétaires de vastes usines à D..., joli village situé à 16 kilomètres de Nottingham.

Une de ces usines possède à elle seule cent quarante-huit places et se trouve bâtie spécialement à l'usage des nouveaux métiers de grandes dimensions.

On peut trouver des ouvriers libres autant qu'on en désire.

Le village possède hôtels, églises et toutes les commodités usuelles en Angleterre. Il s'y trouve beaucoup de maisons d'ouvriers et d'autres d'un ordre supérieur pour les employés et les patrons.

En conséquence, les fabricants contraints de quitter Calais sont certains d'être accueillis avec empressement en Angleterre, dans une jolie contrée, où ouvriers français et anglais pourront être logés très confortablement. Si les usines sont insuffisantes, MM. G... and C° seront très heureux de pourvoir aux agrandissements nécessaires.

D'autre part le maire du Puy proposait aux Calaisiens de transporter leur industrie dans la Loire [1].

1. Le maire du Puy offrait, au nom de cette ville et au nom de l'unanimité du conseil municipal, « les ressources de sa région, ainsi que les avantages d'une main-d'œuvre abondante et modérée dans ses prétentions » :

« Nous n'avons pu lire sans émotion dans les journaux, écrivait-il, les propositions faites par l'étranger aux industriels de Calais, les invitant à porter hors de France une des branches de notre travail national. Si la crise actuelle doit devenir malheureuse, au point de vous contraindre à songer de quitter un pays que les exigences ouvrières rendent impossible aux affaires, nous avons pensé que, plutôt que d'émigrer, votre choix se porterait sur des régions françaises.

« Comme vous le savez, notre pays est le siège d'une fabrication importante de dentelles à la main. Sa réputation n'est plus à faire et, si une fusion des deux industries sœurs, la dentelle mécanique et la dentelle à la main, pouvait s'opérer, à laquelle viendrait s'ajouter la fabrication des tulles, notre région serait appelée, de par ses sources et au profit commun, à devenir un centre de première importance.

« Le pays possède des forces hydrauliques considérables et disponibles; il est proche d'un centre houiller; la population ouvrière abonde et attend le travail qui doit occuper ses bras. En outre, vous pouvez compter sur toute la sollicitude, sur toute l'influence de la municipalité, de la chambre de commerce, et des représentants des pouvoirs publics.

« Nous osons donc espérer que vous apprécierez la sincérité de notre offre et que vous verrez, dans nos propositions, en même temps que l'intérêt particulier que nous portons à notre pays, un témoignage de solidarité nationale. »

Enfin un Calaisien, habitant à Lodz (Pologne), écrivait cette lettre qui est assez symptomatique et que nous reproduisons sans aucun commentaire :

« Monsieur le Président,

« J'apprends qu'une firme anglaise a invité les fabricants de tulle de

Nous devons dire qu'aucune de ces propositions ne fut prise au sérieux. On ne déplace pas un centre d'industrie et d'art comme Calais, de la même façon qu'on transporterait un atelier typographique. Il faut l'*ambiance* de tous les éléments qui concourent à cette production artistique, et l'Espagne et l'Amérique, qui ont acheté des métiers à Calais pour les transporter chez elles, sont restées tributaires de Calais, pour le choix des modèles à exécuter et la discussion de leur industrie.

*
* *

Le 8 décembre, M. David Holmes, membre du Comité parlementaire des Trade-Unions, arrivait à Calais et portait les premiers fonds anglais : c'était un chèque de 10.000 francs. M. David Holmes fut accueilli avec le plus grand enthousiasme. « Ayez confiance, disait-il, les ouvriers d'Angleterre vous soutiendront. » Cette prédiction ne devait pas se réaliser, et le syndicat de Calais l'*Union*, qui avait envoyé des secours sans compter dans toutes les grèves françaises et anglaises, devait se voir bientôt abandonné par la majo

Calais à transporter leurs métiers dans le district de Nottingham, à cause de la grève existant à Calais. C'est une dérision. Tout le monde sait que l'Angleterre est le château fort des Trade-Unions, et les fabricants calaisiens, une fois installés, auraient certainement à compter avec eux.

« C'est plutôt en Pologne que les fabricants trouveraient *de la tranquillité du côté de leur personnel, car en Russie on ne permet pas de tels embarras à la fabrication.*

« Dernièrement les directeurs d'une firme de filage de coton à Lodz décidèrent de ne faire travailler leurs ouvriers que cinq jours par semaine. Les ouvriers, au nombre de cinq mille, se mirent en grève, exigeant pour les cinq jours d'ouvrage la paye de six jours.

« *Les autorités renvoyèrent dans leur province natale deux cents des meneurs qui n'étaient pas nés à Lodz, ou dans la province de Petroko, et ainsi la grève fut enrayée.*

« Un Calaisien. »

rité des ouvriers anglais et presque complètement par les syndicats français.

Ce même jour, le Comité distribuait des secours hebdomadaires de quinze francs à chaque gréviste. Le total des secours ainsi répartis s'élevait à 31.000 francs.

Le 14 décembre, le président de l'*Union*, M. Salembier, rendait compte à ses commettants d'une entrevue qu'il venait d'avoir avec le président du conseil. « Nous lui avons donné l'assurance, affirmait-il, que, quoi que prétendent les patrons, *nous étions sûrs de pouvoir tenir aussi longtemps qu'il faudrait.* Nous lui avons dit que les tullistes ne reprendraient le travail que lorsque toutes les questions posées sur les conditions de travail et sur les salaires auraient été résolues avec le syndicat l'*Union*.

« Vous allez entendre le citoyen Camélinat, qui vous rapporte d'Angleterre les meilleures nouvelles... Grâce à la solidarité de nos camarades anglais, nous sommes assurés de prolonger la résistance le temps qu'il faudra.

« *Maintenant nous attendons les patrons!* »

A son tour, M. Camélinat prenait la parole pour rendre compte de sa mission en Angleterre.

« Vous aviez en main, disait-il aux grévistes enthousiasmés, tous les arguments pour obtenir la sympathie de vos camarades d'Angleterre. D'abord vous demandiez la réduction des heures de travail. Ensuite il s'agissait du travail des femmes et des enfants, ensuite il y avait la loi contre laquelle se rebellent vos patrons, ensuite il y avait la convention qu'ils avaient signée et violée. Cette dernière circonstance a excité non seulement l'indignation des ouvriers, mais encore l'étonnement des patrons, qui ne pouvaient comprendre

comment des patrons qui avaient signé un contrat
pouvaient prétendre s'y soustraire. Et enfin, vous
aviez la solidarité internationale, à laquelle vous avez
sacrifié vous-mêmes quand on a fait appel à vous ! »

*
* *

Cependant la grève tirait à sa fin. Les souscriptions
n'arrivaient pas. La lassitude des grévistes commençait
à se faire sentir.

Le syndicat l'*Union* avait encaissé, au début de la
grève, environ... 160.000 fr.
Il avait reçu d'Angleterre à titre de prêt........... 27.500 »
A titre de don....................................... 80.000 »
De *la Petite République*............................ 18.000 »
D'Allemagne.. 1.250 »
De syndicats français................................ 10.000 »
      Soit un total de............................... 296.750 fr.

Il ne lui restait plus à ce moment que 20.000 francs environ.
Et il devait 27.500 fr. au syndicat des tullistes de Nottingham.

Les ouvriers avaient reçu pendant la
    première semaine..................... 12 fr. par gréviste.
    deuxième   —   15   —
    troisième   —   15   —
    quatrième   —   15   —
    cinquième   —   15   —
    sixième   —   15   —
    septième   —   .... 7 50   —
    huitième   —   15   —
    neuvième   —   5   —
    dixième   —   5   —
    onzième   —   5   —
    douzième   —   3   —

Le 22 janvier, les fabricants décidaient de rouvrir
les ateliers. Le travail de nuit n'était pas repris, pour
ne pas créer de difficultés avec l'inspecteur du travail.

Un seul ouvrier était employé sur chaque métier : ce qui laissait inoccupé un millier environ d'ouvriers.

Le 6 février, le syndicat l'*Union* acceptait la reprise du travail sans condition.

Au même instant, le Comité consultatif des arts et manufactures donnait son avis sur deux projets de décret, dont l'un intéressait la fabrique calaisienne. Ces projets devaient être encore soumis à la Commission supérieure du travail dans l'industrie et faire ensuite l'objet de l'examen du Conseil d'État.

Cependant le Ministère du Commerce les publiait, pour permettre aux intéressés de présenter leurs observations.

Le projet, concernant l'industrie des tulles, guipures et dentelles, permettait à l'équipe de préparation et de finissage, composée uniquement de personnel protégé, de ne pas avoir les mêmes heures d'entrée, de sortie et de repos que les équipes de fabrication presque entièrement composées d'adultes.

Il semblait en effet assez anormal d'obliger les patrons à faire deux équipes de femmes, alors qu'une seule suffisait, et de faire venir les femmes à 3 heures du matin à l'atelier, alors que leur présence n'y était pas nécessaire. Les femmes ne sont employées en effet que pour la préparation et le finissage, et elles ne sont pas utiles pour la confection même de la dentelle. Là, seuls des adultes et quelques jeunes gens sont employés. Encore ces jeunes gens — *les remonteurs* — peuvent être facilement remplacés par des hommes faits.

Ce règlement d'administration publique avait une portée énorme, puisqu'il renversait tout l'échafaudage de la loi de 1900, destinée surtout à unifier le travail et à faire concorder les heures d'entrée, de sortie et de repos de tout le personnel, pour permettre à la sur-

veillance de l'inspection du travail de s'exercer utilement.

La loi de 1900 n'était donc pas intangible, puisque
ici elle était atteinte dans son essence même. On remé-
diait à cet inconvénient en obligeant les fabricants à
afficher à la porte de leur usine les heures d'entrée et
de sortie des différentes équipes.

Le 7 février, les grévistes se réunirent à l'*Élysée*,
qui est une salle de bal de St-Pierre, pour se rendre en
corps à leurs ateliers respectifs. Mais un grand nombre
de patrons répondirent à leurs anciens ouvriers qu'ils
ne faisaient plus travailler qu'un seul homme par métier
et qu'il leur était impossible de les reprendre tous.
Douze cents grévistes à peu près restaient sans place.
Ce nombre se réduisit de plus en plus, jusqu'au jour
où les patrons, bravant les procès-verbaux de l'autorité
inspectorale, se décidèrent à reprendre le système des
quarts réduits à cinq heures.

Le syndicat sortait ruiné et diminué de cette lutte,
dans laquelle certains encouragements donnés à la légère l'avaient fait s'entêter en vain. Est-ce à dire que
le système des quarts soit une nécessité inéluctable?
Nous ne le pensons pas, quand du moins la journée
de travail aura pu être réduite à huit heures. Mais
nous n'en sommes pas encore là. Il semblait difficile
de réduire la journée de douze heures qu'elle était
auparavant à huit heures, c'est-à-dire d'un tiers. Le
travail étant un travail à la tâche, ou les salaires auraient dû être proportionnellement diminués, ou bien
les patrons auraient dû augmenter la base des salaires
de 30 %, et la fabrique de Calais ne pouvait supporter
cette brusque majoration. Enfin il semblait encore plus
difficile d'adopter la journée de huit heures, alors que
les concurrents les plus proches et les plus ardents de

la fabrique de Calais, les industriels de Nottingham, conservaient l'habitude des dix heures.

Nottingham, où le nombre des métiers est le double de celui de Calais, est singulièrement favorisé au préjudice de Calais. Là ni droits prohibitifs, ni tracasseries administratives. Bien au contraire, comme le fait remarquer M. Émile Combe (dans les *Débats* du 4 décembre 1900), l'administration, comprenant le caractère tout spécial de cette industrie, où les périodes d'activité aiguë sont contre-balancées par des périodes de long chômage, et dont la production est influencée par tous les caprices de la mode, l'a favorisée d'un règlement spécial qui la protège et assure son développement. De plus, les soies et cotons filés y jouissent de la franchise, si bien que le fabricant de Calais se trouve de ce chef, et malgré la faveur illusoire du *drawback* qui est escompté par le filateur et le commissionnaire, dans une infériorité manifeste, vis-à-vis du fabricant anglais. Enfin le prix d'achat du métier constitue une nouvelle infériorité pour l'industriel de Calais. Ses métiers achetés ordinairement en Angleterre sont frappés d'un droit d'entrée de 10 %. Sur le terrain industriel, nous nous trouvons donc en moins bonne situation que nos voisins, et il serait ridicule de vouloir leur donner de généreux exemples qu'ils s'empresseraient probablement de ne pas imiter.

CHAPITRE VIII

LA CONCILIATION ET L'ARBITRAGE.

**Comment l'arbitrage a-t-il joué en France et comment
cet organisme délicat pourrait-il fonctionner ?**

Dans la discussion du projet de loi qui fut déposé
à l'ouverture de la session parlementaire de 1863-1864,
et qui devint la loi des 25-27 mai 1864, sur la liberté de
coalition, M. Émile Ollivier, rapporteur de la commission, demanda s'il ne serait pas possible d'organiser
des mesures de prévention contre ce droit brutal que
l'on mettait aux mains d'ouvriers inorganisés.

Avant de plaider, on était obligé de comparaître en conciliation devant le juge de paix. Pourquoi la guerre industrielle ne serait-elle pas, comme la guerre judiciaire, précédée d'un essai de conciliation? — Souvent la division naît d'un malentendu que des propos mal rapportés enveniment et que l'amour-propre rend à la fin irréconciliable. *L'obligation de comparaître* devant des tiers désintéressés et d'expliquer les griefs réciproques, aurait l'avantage de dissiper les malentendus, de ne laisser subsister que les motifs réels de désaccord.

Si, malgré tous les efforts, la réconciliation ne s'opérait pas, la coalition du moins serait une lutte à armes loyales, et non une surprise organisée dans des conciliabules obscurs.

Plus tard, le ministre socialiste du commerce, M. Millerand, ne parlera pas autrement.

Au mois de février 1873, la Chambre syndicale du papier, sous l'influence de Mᵉ Vavasseur, conseil du Syndicat, formait, de concert avec le Syndicat des ouvriers papetiers et régleurs, une commission mixte, chargée de trancher les différends et d'empêcher la fréquence des grèves. A défaut de règlement spécial, patrons et ouvriers, qui voulaient se séparer, étaient tenus de se prévenir huit jours à l'avance. Cette institution donna les meilleurs résultats, et, à partir de 1874, les grèves furent évitées dans cette corporation.

La considération dont jouissait à juste titre ce conseil syndical mixte, ainsi que le faisait remarquer, en 1892, M. Choquet, président de la Chambre syndicale du papier, était due en grande partie à l'esprit démocratique qui animait le syndicat patronal et qui avait eu pour conséquence : d'abord d'appeler les ouvriers à participer aux fêtes patronales et à juger les travaux des apprentis appartenant à l'École professionnelle entretenue par les patrons; ensuite de procurer des emplois aux ouvriers et enfin d'alimenter la caisse ouvrière de secours mutuels. Ici l'entente était loyale, cordiale et fructueuse.

A Rouen, également, patrons et ouvriers typographes s'entendaient pour constituer une commission arbitrale et réussissaient à éviter toute grève, générale ou partielle.

Citons encore un exemple remarquable des résultats heureux que peut produire une entente loyale entre patrons et ouvriers. Au moment où se préparait l'exposition de 1878, des ouvriers peintres voulurent profiter de l'occasion qui leur était donnée d'obtenir une augmentation de salaires. Mais le syndicat ouvrier était tenu par une convention avec les patrons et il refusa de soutenir cette grève, que son appui eût certainement rendue victorieuse. Puisqu'on accuse si facilement les ouvriers de ne pas respecter les conventions signées, il n'est pas mauvais de citer cet exemple de probité, à leur honneur.

Des exemples semblables de cette loyauté dans l'exécution des engagements il nous serait facile d'en trouver dans la puissante Fédération des travailleurs du Livre. A la tête de cette fédération se trouve un homme de la plus haute probité, qui n'hésite pas à donner tort aux ouvriers de sa profession, lorsque ces ouvriers ont tort. C'est la corporation syndicale qui se rapproche le plus des puissantes unions anglaises, dont tout le monde connaît la valeur et la loyauté.

*
* *

Mais si la situation de nos syndicats français ne nous permet pas encore d'espérer des résultats généraux au sujet de la conciliation préventive des conflits, il nous est cependant permis de citer quelques cas, où la législation arbitrale a pu étouffer les grèves les plus violentes.

En mai 1891, éclatait la grève des omnibus de Paris, D'abord les ouvriers avaient chargé M. Vacquerie, rédacteur en chef du *Rappel*, M. Mesureur, député de Paris, et M. Pierre Lefèvre, de demander audience, pour le bureau de leur syndicat, au président du conseil d'administration de la Compagnie. Celui-ci répondit simplement qu'il recevrait volontiers M. Mesureur, en sa double qualité de député de la Seine et d'ancien conseiller municipal de Paris. — C'était un refus déguisé d'entrer en relations avec les représentants du syndicat pour lesquels l'audience avait été demandée. La grève éclata aussitôt et 4.000 grévistes quittèrent le travail, tout en priant M. Levraud, président du conseil municipal, de proposer un arbitrage à la Compagnie. Une convention fut présentée par M. Levraud et signée par les représentants de la Compagnie. La durée de la journée de travail était fixée à douze heures. — Le travail reprit; mais bientôt la clause de la durée de travail, dans le contrat accepté par la Compagnie, se trouva violée par elle. Et le tribunal de Commerce de la Seine fut appelé à juger cette contravention (26 mai 1891). Les réclamants obtinrent gain de cause, et c'est un des cas les plus intéressants où la jurisprudence des tribunaux vint sanctionner la jurisprudence arbitrale.

*
* *

Dans la grève générale des mineurs qui éclata dans le Pas-de-Calais, à la fin de l'année 1892, il y eut également recours à l'arbitrage. — Les revendications des mineurs portaient sur plusieurs points, d'ailleurs assez mal précisés : répartition plus équitable des salaires (?) — moyenne de 5 fr. 50 par jour (prime non comprise) pour les ouvriers à la veine; — augmentation de 50 centimes par jour pour les autres catégories; réor-

ganisation des caisses de secours et de retraites ; journées de 8 heures ; réintégration des ouvriers renvoyés
pour faits de grèves. — Le comité des houillères du
Nord et du Pas-de-Calais répondit d'abord par une fin
de non-recevoir.

La compagnie de Lens, qui ne faisait point partie
du Comité, répondit dans le même sens. L'arbitrage
fut alors imposé par la Chambre. Les compagnies s'y
soumirent forcément, et, dès la première conférence,
les arbitres tombèrent d'accord et trouvèrent le terrain de conciliation qui convenait à tous les points en
litige, sauf à la question des ouvriers renvoyés pour
faits de grève. Dans la seconde séance, ce dernier
point fut réglé à la satisfaction des ouvriers. — Ce fut
la première conférence d'Arras — et c'est un moment
à noter, car les compagnies acceptèrent alors d'entrer
en rapport avec les représentants des syndicats ouvriers, qu'elles avaient refusé de reconnaître jusqu'à ce
jour. Il fut convenu que l'on prendrait comme base des
salaires de tous les ouvriers du fond, les salaires de
la période de douze mois qui avait précédé la grève
de 1889, en y ajoutant les deux primes de 10 %, qui
avaient été obtenues depuis, mais qui n'avaient pas
toujours été régulièrement appliquées. Enfin seuls furent exclus de l'ammistie générale pour faits de grève
les ouvriers grévistes condamnés pour délits de droit
commun. — La compagnie de Lens se soumettait en
même temps à un arbitrage, dont les conclusions étaient
presque identiques.

*
* *

A Carmaux, en mars 1892, on appliqua pour la
première fois les procédés d'un arbitrage régulier, car
les faits que nous venons de citer pour les mineurs du

Pas-de-Calais sont mieux à leur place sous la rubrique de la conciliation que sous la rubrique de l'arbitrage. — Ici, par deux fois, un tiers-arbitre fut appelé à trancher le débat et sa sentence fut souveraine. — La première fois, il s'agissait de modifications à apporter aux conditions du travail. Les arbitres pour la Compagnie se trouvaient être : le baron Reille, M. Albert Gigot et M. Humblot, directeur de la Compagnie; pour les ouvriers : M. Rondet, M. Calvignac et M. Gandiol. — Ne pouvant s'entendre, ils firent appel à M. Séguéla, ingénieur, à M. Soulié, maire de Rosières (Tarn), et à M. Aguillon, ingénieur en chef des mines, comme tiers-arbitre. Toutes les catégories des salaires furent fixées par ce tribunal arbitral et le travail reprit.

Mais voici qu'au mois d'août de la même année s'élève un nouveau conflit, politique celui-là et non plus professionnel.

M. Calvignac, ouvrier ajusteur aux forges de la mine, venait d'être nommé conseiller municipal, puis maire de Carmaux. Et il demandait l'autorisation de s'absenter deux jours par semaine, pour satisfaire aux exigences de sa nouvelle fonction. Il subit un refus et, pendant un congé qu'il prit pour cause de maladie, il fut renvoyé de la mine. Il venait, pendant ce congé, d'ailleurs régulièrement accordé, d'être nommé conseiller d'arrondissement. — Les ouvriers réclamèrent la réintégration de cet employé, qui était à la mine depuis dix-neuf ans, mais ce fut en vain. Alors, sur un coup de colère, les mineurs envahirent la maison du directeur M. Humblot, le forcèrent à signer sa démission et déclarèrent la grève. Cette grève se continua pendant deux mois. — L'affaire fut portée au Parlement et le baron Reille, président du conseil d'administration de Carmaux et député, déclara le 18 octobre qu'il s'en remettait à l'arbitrage de M. Loubet, alors président du conseil. Le 26 octobre, M. Loubet rendit son arrêt dont voici les conclusions :

« Calvignac sera réintégré dans ses fonctions d'ouvrier de la compagnie. Un congé lui sera accordé pendant tout le temps que dureront ses fonctions de maire ; seront repris par la Compagnie tous les ouvriers qui se sont mis en grève, à l'exception toutefois de ceux qui ont été condamnés par le tribunal correctionnel d'Albi;

« Il n'y a pas lieu de pourvoir au remplacement de M. Humblot. »

Les délégués des ouvriers, qui étaient MM. Clémenceau, Millerand et Pelletan, protestèrent vivement contre cette sentence. Dans les considérants de l'arrêt, M. Loubet avait en effet écrit : « *Le renvoi de M. Calvignac ne peut être justifié par son absence du 5 juillet au 2 août... Le renvoi peu après son élection à la mairie et au conseil d'arrondissement a pu légitimement paraître une atteinte portée au suffrage universel; dès lors la Compagnie a outrepassé son droit.* » — Et cependant, lorsqu'il s'agit de M. Humblot, seul auteur du renvoi ainsi qualifié, l'arbitre concluait : « *Il n'est rien allégué qui soit de nature à motiver le renvoi de cet agent de la Compagnie.* »

« Nous n'avons rien épargné, ajoutaient les arbitres, pour obtenir un résultat plus conforme à la justice et nous restons avec vous pour la défense de vos droits. »

Et les grévistes refusaient de se soumettre à cette sentence et faisaient « appel devant l'opinion républicaine. »

L'opinion, qu'on l'appelle républicaine ou publique, montra peu d'enthousiasme pour la déloyauté des grévistes, et quelques jours plus tard, la grève était terminée.

Ce n'est pas un si piètre avantage de l'arbitrage que

de faire cesser des grèves, alors même que les grévistes ne sont point satisfaits de la sentence rendue. Et cet exemple nous montre qu'il ne faut pas médire de ce mode de pacification, alors même qu'on s'en sert mal. Nous verrons plus tard quel doit être le caractère du véritable arbitrage, dans lequel, pour notre part, nous avons une foi profonde.

*
* *

Passons à la période actuelle, à la grève générale (?) des mineurs qui vient d'éclater au mois d'octobre 1902. Là encore l'arbitrage donne tort aux mineurs et réussit cependant, après quelques hésitations, à être accepté par eux. Voici la vérité sur cette grève. Pendant plus de trois ans, les cours du charbon ont été extrêmement élevés, les dividendes des actionnaires très brillants et le cours des actions minières en rapide croissance. Mais pendant cette période brillante, les mineurs du Nord et du Pas-de-Calais se trouvaient « muselés » par des majorations de salaires qui s'étaient élevées pour le Pas-de-Calais à 40 % du salaire type (4 fr. 80); ceux de la Loire avaient également, à la suite de l'arbitrage Grüner-Jaurès, obtenu une prime de 9 % des salaires. Tout le monde était ou paraissait satisfait. — Ce n'est que lorsque la décroissance des cours (le charbon industriel passant de 22 francs à 13 francs la tonne) eut forcé les Compagnies à baisser leurs primes, que les mineurs songèrent à réclamer. — « Les réserves, dit M. Jaurès à la Chambre, doivent servir à égaliser les salaires dans les périodes de crise. » — Mais les Compagnies avaient émis d'autres prétentions. Elles avaient distribué des dividendes élevés et il paraissait difficile de réclamer aux actionnaires une partie des sommes qu'ils avaient em-

pochées. — Puis, elles avaient utilisé leurs réserves
pour le forement de nouveaux puits et l'amélioration
de travaux préparatoires. Comme les carabiniers d'Of-,
fenbach, les mineurs arrivaient trop tard pour réclamer
leur dû. La question posée devant les arbitres fut
celle-ci : « En raison du prix *actuel* du charbon, les
salaires peuvent-ils être haussés? » Naturellement, les
arbitres répondirent « non », et c'était l'exacte vérité.
Les arbitres du Pas-de-Calais crurent cependant devoir
ajouter que la question était mal posée et qu'il ne s'a-
gissait pas seulement de faire concorder les salaires
avec les prix actuels de la houille et qu'on aurait dû,
peut-être, faire entrer en ligne de compte les énormes
bénéfices de la période précédente. — En effet, tout le
monde, aujourd'hui que les grèves houillères sont si
fréquentes, sait que l'industrie minérale traverse des
périodes successives de crise et de prospérité. — Après
les vaches grasses, viennent les vaches maigres et
après elles encore reviennent les vaches grasses. —
Mais n'était-ce pas la faute des directeurs attitrés des
ouvriers mineurs de n'avoir pas vu le moment précis
où des revendications avaient chance d'être exaucées?
— Ils choisirent juste le moment où les Compagnies
avaient intérêt à la grève.

Et ce qui le prouve bien, c'est la progression rapide
du cours des actions pendant la grève. Du 9 au 30 octc-
bre, les actions d'Aniche montèrent de 75 francs, celles
d'Anzin de 45 fr., celles de Bruay de 21 fr., celles de
Béthune de 85 fr., celles de Douchy de 25 fr., celles de
Dourges de 100 fr., celles de Liévin de 60 fr., celles
d'Ostricourt de 51 fr., celles de Carmaux de 45 fr. —
On savait donc que la grève ne pourrait durer longtemps
et que l'arbitrage ne pourrait imposer de nouveaux sacrifices pour les salaires aux Compagnies houillères.

Les projets de loi sur l'arbitrage.

La première proposition de loi sur l'arbitrage qui ait été soumise au Parlement est la proposition de MM. Camille et Benjamin Raspail, déposée le 25 mai 1886.

L'arbitrage était obligatoire. Chaque partie devait nommer deux arbitres, choisis en dehors de l'industrie dont les intérêts étaient en litige, et *de préférence* dans les corps élus. — Mais à l'obligation de l'arbitrage *il n'y avait pas de sanction*.

Ce ne fut que le 23 janvier 1890 que M. Camille Raspail compléta sa proposition.

Si le patron se refusait à l'arbitrage, le maire devait rendre public ce refus par des affiches placardées à la mairie et au domicile du patron récalcitrant et par une communication aux journaux de la région. — Si, au contraire, le refus d'accepter l'arbitrage provenait des ouvriers, les bénéfices de la loi du 27 mai 1864, sur la liberté de coalition, leur étaient immédiatement retirés. — Mais, s'ils se soumettaient à la comparution arbitrale et que la sentence leur déplût, ils restaient parfaitement libres de se mettre immédiatement en grève.

Remarquons ici qu'en retirant les bénéfices de la loi sur le droit de coalition aux ouvriers, on les mettait sous le coup des peines qui frappaient autrefois la simple coalition : l'amende et la prison.

*
* *

En même temps que les frères Raspail, M. Lockroy, ministre du commerce, avait déposé (le 29 mai 1886) un projet de loi sur l'arbitrage. Et lui aussi n'avait trouvé comme sanction au régime de l'obligation qu'une sanction morale, « *la publication des jugements répandue de tous côtés, la nation prononçant en dernier ressort* ».

« Déjà, ajoutait M. Lockroy, dans les dernières grèves, l'influence de l'opinion publique semble avoir été plus forte que la volonté même des parties. Elle a, pour ainsi dire, imposé bien des fois des dénouements ; sa toute-puissance est incontestable ; elle fait mieux que des lois, elle fait des mœurs. »

D'après ce projet de loi, le maire recevait la demande d'arbitrage et la transmettait à l'autre partie. — Si l'arbitrage était refusé, le maire donnait à la partie demanderesse une attestation de ce refus, avec les motifs invoqués. — Le nombre des arbitres était laissé au choix des parties, mais il semblait désirable que ce nombre ne fût pas supérieur à deux.

L'année suivante, les députés catholiques, MM. de Mun, Le Cour-Grandmaison et de Lamarzelle, déposèrent une proposition de loi pour établir des conseils *permanents* de conciliation et d'arbitrage.

La proposition de ces trois députés récusait le maire comme instrument indirect de conciliation. A ce magistrat, qui pouvait être suspect de partialité, en sa qualité de personnage politique, était substitué le président du tribunal de commerce, sans doute moins accessible d'ordinaire aux pressions politiques, mais qui — il faut bien le dire — est l'élu des patrons et peut voir récuser son impartialité « économique » avec plus de raison encore que l'on récusait l'impartialité « politique » du maire. — A défaut du président du tribunal de commerce, là où il n'en existait point, le président du tribunal civil était choisi, et enfin, dans les localités où il n'existait pas de tribunal civil, le juge de paix était appelé à remplacer le président du tribunal civil. Le rôle que remplissait d'ailleurs le magistrat — à quelque ordre qu'il appartînt — se bornait à la transmission des propositions faites de part ou d'autre. Il n'était que le témoin et l'*enregistreur* d'un accord. Il ne devait pas peser sur le choix des arbitres, mais les parties pouvaient s'en rapporter à lui pour cette désignation, surtout pour celle des tiers-arbitres, étrangers à la profession, chargés de départager les arbitres nommés. — La convocation faite par ce magistrat devait avoir pour effet, dans l'esprit des auteurs de la proposition, de rendre les arbitrages plus fréquents. Il était grave, en effet, pour les patrons aussi bien que pour les ouvriers, de paraître se refuser à toute discussion et à tout arrangement.

Mais la partie la plus importante de la proposition de loi consistait dans la création de conseils permanents de conciliation et d'arbitrage, destinés à *prévenir* les conflits.

*
* *

Le 24 novembre 1891, M. Jules Roche, ministre du commerce, présentait un nouveau projet de loi.

Ce projet n'imposait pas la comparution arbitrale, mais en facilitait l'usage, en instituant une procédure simple et gratuite, et en chargeant le juge de paix de mettre en mouvement la justice arbitrale. Enfin le 22 octobre 1892 la loi sur l'arbitrage professionnel était acceptée en première délibération par la Chambre. — Cette loi était basée sur le projet de M. Lockroy avec les deux modifications suivantes :

Le juge de paix était chargé de proposer l'arbitrage, dans le cas où les parties n'y recouraient pas spontanément;

Le choix de l'arbitre définitif était confié au président du tribunal civil, quand les parties n'avaient pu s'entendre sur ce choix.

Cette loi était adoptée le 21 décembre par le Sénat, votée en seconde délibération le 24 décembre par la Chambre et promulguée le 27 décembre 1892.

*
* *

Cette loi a-t-elle donné des résultats satisfaisants? Il semble bien que non et que la nécessité ait souvent été démontrée d'aller plus loin dans la voie de prévention des grèves. — C'est ce qu'a pensé M. Millerand, qui se déclarait partisan de la pacification sociale, en déposant son projet de loi sur l'arbitrage obligatoire. En voici les principales dispositions :

Tout chef d'établissement industriel ou commercial, occupant au moins cinquante ouvriers ou employés, devait faire connaître à son personnel s'il acceptait que les conditions du travail dans son usine fussent soumises à l'arbitrage obligatoire. Ainsi, à l'entrée de l'atelier, engagement formel était pris par les ouvriers, de se soumettre au nouveau régime, s'il était accepté par le patron.

Il y avait donc faculté pour les patrons d'accepter le régime; mais cette faculté était limitée par l'obligation imposée à tous les établissements travaillant au compte de l'État, à tous les

14

concessionnaires nouveaux des mines, à toutes les compagnies de chemins de fer d'intérêt local et de tramways, enfin à tous les concessionnaires de travaux départementaux et communaux, si les départements et les communes profitaient de l'autorisation que la loi leur accordait de les y astreindre. — Ainsi toutes les grandes industries, qui sont plus ou moins en relations d'affaires avec l'État, les département ou les communes, devaient être bientôt soumises au régime de l'arbitrage obligatoire. C'était, du moins, l'opinion du ministre qui pensait que cet exemple, si largement répandu, ne tarderait pas à être suivi par la grande industrie tout entière.

Dans tout établissement industriel ayant accepté ce mode obligatoire d'arbitrage, les ouvriers et les employés devaient choisir parmi eux des délégués permanents chargés de les représenter auprès des chefs d'établissement. Chaque groupe de 50 à 150 ouvriers ou employés formait une circonscription électorale, nommant un délégué et un délégué adjoint chargés de recevoir les doléances du personnel et de les transmettre à la direction. — Toute demande écrite de ces délégués devait recevoir une réponse écrite. Faute de cette réponse, dans les quarante-huit heures, la grève pouvait être légitimement déclarée, pourvu que plus du tiers du personnel s'y fût montré favorable. — A ce moment, la grève devenait obligatoire pour tous. Le vote devait cependant être renouvelé tous les sept jours, pendant toute la durée de la grève; mais étaient exclus du droit de voter tous les ouvriers et employés qui auraient quitté la localité ou qui se seraient fait embaucher dans un autre établissement.

Si la cessation du travail n'était pas votée au début, le personnel *devait* continuer le travail; si la grève n'était pas votée à nouveau, le personnel *devait* également reprendre immédiatement le travail.

Enfin, la grève déclarée, les sections compétentes du conseil de travail étaient appelées d'office à trancher le différend. Les sentences arbitrales avaient force de convention pour une durée de six mois.

Quelles étaient les sanctions?

Amende de 100 à 2.000 francs pour quiconque aura influencé le vote d'un ouvrier.

Amende de 16 à 100 francs pour quiconque aura mis obstacle à l'accomplissement des fonctions d'un délégué ou d'un arbitre.

Et, en cas de récidive, la peine sera de six jours à un mois de prison et de 100 à 2.000 francs d'amende.

Ceci à l'adresse des patrons, naturellement; l'ouvrier, en ce cas, paraît insaisissable, non seulement parce que le délit de sa part serait difficile à prouver, mais aussi et surtout parce que de fortes amendes seraient difficiles à exiger d'un ouvrier sans économies.

Mais, en cas d'inexécution des engagements résultant de la convention d'arbitrage, il y a une autre sanction qui peut atteindre les ouvriers, et celle-ci consiste en privation des droits électifs, dans les divers scrutins relatifs à la représentation du travail. Ici, évidemment, la sanction existe, mais combien légère et inefficace!

*
* *

Les critiques ont d'ailleurs été nombreuses sur ce projet de loi de M. Millerand.

« Quand la sentence sera défavorable à l'ouvrier, demande la chambre de commerce de Lille, quel moyen emploiera-t-on pour lui faire réintégrer l'atelier? »

« Si la résistance vient du côté du chef de l'établissement, dit à son tour la chambre de commerce de Bordeaux, son outillage, ses approvisionnements et sa fortune personnelle peuvent assurer le paiement de l'indemnité; mais si ce sont les ouvriers qui résistent, quels moyens coercitifs mettra-t-on en œuvre, non seulement pour leur faire payer l'indemnité, mais simplement pour les contraindre à reprendre le travail? »

« Au cas où les abstentions seront nombreuses, — comme il arrive souvent, — dit la chambre de Rouen, 101 ouvriers sur un personnel de 300 pourront obliger les 199 autres à cesser le travail. — La grève sera déclarée et elle durera contre le gré de la majorité. Qui pourrait penser que des ouvriers, quand ils veulent prolonger une grève, seront arrêtés par la crainte de perdre leurs droits électoraux? Dans l'hypothèse inverse, il pourra arriver que des ouvriers, plus touchés par les privations de leurs familles que par l'intérêt des revendications soulevées, voudront reprendre le travail, nonobstant une grève légalement votée. Quelle autorité, armée de quelle sanction, pourra jamais interdire à qui que ce soit de travailler pour subsister? »

Mais ce projet de loi, si mal accueilli des patrons, ne recevait pas un meilleur accueil de la part des ouvriers.

« Cette loi, dit le comité de propagande de la grève générale, sous son apparence de bonhomie, est une des plus scélérates que jamais législateur aient conçues.

« ... Les grèves seront soumises à la décision des intéressés et ne pourront avoir lieu que si la majorité des ouvriers y consent. Or, il est bien certain que jamais envisagées de cette nouvelle manière, les grèves n'obtiendront les résultats qu'aujourd'hui l'on est en droit d'en attendre.., Il est bien certain que, lorsqu'un mouvement de grève se produit, ce sont toujours les minorités qui, parce que plus hardies et mieux douées, décident le sort du combat. — La nouvelle loi, issue du cerveau génial de l'un des plus fervents disciples de Loyola, est le moyen d'anéantir toute l'organisation syndicale. »

« Plus de grèves, dit, d'autre part, M. Briand, des procès! »

Il nous reste à voir d'où vient cette impossibilité d'assurer, pour le moment, une organisation sérieuse de l'arbitrage.

Il est des pays où l'on ne trouve pas de pierres pour la construction des maisons. On prend alors des blocs de terre inutilisables sous leur forme primitive, on les fait cuire pour leur donner de la consistance, et avec ces blocs ainsi solidifiés on élève des constructions. — Les masses ouvrières sont encore friables et ne se sont pas solidifiées au feu des syndicats. Tant que ce premier travail n'aura pas été fait, on ne pourra construire que des monuments fragiles qui s'écrouleront au premier orage. — Il faut donc commencer par le commencement et créer d'abord des syndicats sérieux et compacts, pour asseoir sur cette base une organisation résistante.

Tant que les syndicats ne sont pas plus solides que les syndicats de façade qui n'existent que sur le papier

et où les ouvriers entrent en masse, à la suite d'une déclaration de grève, mais en sortent avec la même faci-
lité et ne versent même pas les cotisations nécessaires
pour faire prospérer les organismes, il n'y a pas à
compter sur eux.

On est malheureusement forcé, en ce moment, d'être
modeste dans ses projets; on ne peut poser le bouquet
triomphal qu'arborent les charpentiers au faîte d'un
édifice, lorsque cet édifice est parachevé. Il est indispensable de limiter ses prétentions à ce qui peut être
et de ne pas manifester de trop hautes ambitions.

*
* *

Le système le plus simple qui nous apparaît, quant
à présent, consiste à obliger patrons et ouvriers à comparaître devant le tribunal arbitral.

Et qu'on ne parle pas ici d'obligation intolérable. La
moindre discussion avec un fournisseur force les citoyens les plus honorables à comparaître devant un
juge de paix. Et la comparution devant le tribunal des
prud'hommes, pour un patron, n'est pas plus vexatoire
que ne le sera une comparution devant un tribunal sagement composé et impartialement établi. Et là, il
s'agira de la paix de l'atelier et de la sauvegarde des
intérêts d'une industrie considérable.

Mais à quoi aboutira cette obligation? — Simplement
à faire la clarté sur la situation. — Les ouvriers pose-
ront leurs questions, le patron y répondra, et le procès-
verbal relatera les questions et les réponses. On pourra
juger ainsi de la légitimité des revendications ouvrières.
— Le patron aura intérêt à exposer nettement sa situation et à répondre victorieusement, s'il le peut, aux
questions de ses ouvriers. Et cette lumière portée dans

le débat permettra à l'opinion publique de se faire juge des parties. Que l'on ne dise pas que cette pure constatation sera inutile. Les procès entre patrons et ouvriers auraient souvent été vite jugés, si l'on avait su, dès le début, ce qu'on n'a appris qu'après de longues enquêtes. L'opinion publique est une force, devant laquelle les mensonges s'évanouissent et le bon droit triomphe.

Et la preuve, je la trouverai facilement dans tous les arbitrages si imparfaits qui ont mis fin à certaines grèves. — Vainement les mineurs de Carmaux ont essayé de récuser l'arbitrage de M. Loubet; vainement ceux du Pas-de-Calais et du Nord ont protesté contre l'arbitrage qui a mis fin à la grève actuelle. Une fois la sentence arbitrale prononcée, la grève était morte et c'est sans succès qu'on a essayé de la ressusciter.

Mais, si l'on veut aller plus loin et permettre à l'arbitrage de manifester, à coup sûr, sa puissance, il faut deux conditions essentielles :

Si la grève n'est pas encore déclarée, que les ouvriers n'abandonnent pas le travail avant la sentence rendue.

Et si la grève est déjà déclarée, que les ouvriers reprennent immédiatement le travail et manifestent ainsi leur intention sincère de se soumettre à la sentence.

La paix sociale est à ce prix.

Tant pis pour ceux qui ne cherchent dans les grèves que plaies et bosses. La guerre industrielle est souvent plus dangereuse pour les ouvriers que pour les patrons.

*
* *

On s'est demandé quelles circonstances avaient décidé le gouvernement de la Nouvelle-Zélande à adopter le principe de l'arbitrage obligatoire. Plus d'une fois, écrit M. Daniel Villard dans *la Dépêche* de Toulouse[1], aux États-Unis, le parti ouvrier s'est montré hostile à l'arbitrage officiel et plus confiant dans sa force que dans le succès des transactions. Pour faire des ouvriers australiens des partisans de l'arbitrage pacifique, il a fallu qu'une cruelle expérience leur fît sentir l'inefficacité de la grève. Ce fut la grève de 1890, qui éclata à la suite du renvoi d'un ouvrier par une compagnie de navigation. Les patrons s'organisèrent et remportèrent une facile victoire. « Les événements, écrivait un socialiste anglais à M. Métin, ont établi d'une manière définitive que la fédération ouvrière la plus gigantesque, à moins d'être dirigée par des stratégistes plus habiles que ceux d'Australie, se brisera *comme un œuf contre un cuirassé*, si elle se heurte à l'opposition systématique des patrons fédérés. »

C'est alors qu'un homme d'État libéral et clairvoyant, William Pember-Reeves, ministre du travail en Nouvelle-Zélande, résolut d'empêcher le retour de semblables désastres. — L'exemple de l'Europe et des États-Unis lui prouva que l'arbitrage facultatif ne pouvait apaiser que des conflits sans importance. En cinq ans l'Europe avait souffert de deux mille grèves. Il proposa l'arbitrage obligatoire.

« Je ne puis, dit-il au Parlement, proposer une loi d'un caractère moins rigoureux sans avoir conscience de proposer une duperie. La grève, c'est la guerre. La guerre est un moyen maladroit et barbare de régler les différends entre nations ; les grèves sont le moyen le plus maladroit et le plus barbare de résoudre les difficultés dans le monde du travail. »

On lui reprocha de tenter une expérience.

« Au nom du ciel, répliqua-t-il, si nous n'avons pas recours à une

1. Nᵒˢ du 1ᵉʳ et du 7 novembre 1901.

expérience, à quoi aurons-nous recours? Tout changement utile et grand dans le monde a été une expérience; toute grande invention scientifique est sortie d'une expérience. »

La loi fut adoptée en 1894.

Elle ne s'applique qu'aux industries dans lesquelles existent des syndicats ouvriers.

« L'histoire, dit encore M. Reeves, montre que les batailles importantes et désastreuses entre le capital et le travail ne se livrent jamais qu'entre le capital et le travail organisé [1]. » Les autres ouvriers non organisés devaient profiter des bénéfices de la victoire, — par simple incidence, — et ce fait n'est pas contestable. — En ne s'occupant que des ouvriers syndiqués et considérés dans leur ensemble, les conseils de conciliation et la cour d'arbitrage évitaient de perdre leur temps à régler de mesquines querelles.

Dorénavant la grève et le *lock-out* étaient interdits. — En attendant le règlement du conflit, les ouvriers ne devaient pas déserter l'usine, et le patron ne pouvait pas fermer son atelier. Les conseils, au nombre de six, étaient composés de patrons et d'ouvriers, en nombre égal, et d'un président nommé par eux « impartial et disposé à agir ». — La Cour d'arbitrage était composée d'un délégué patron, d'un délégué ouvrier et d'un magistrat de la Cour suprême. Les conseils essayaient d'arranger les conflits à l'amiable, la Cour jugeait en dernier ressort et faisait respecter ses décisions par de *lourdes amendes*.

Dès qu'un conflit surgit, aucun moyen pour l'une des parties d'éviter l'intervention de l'État, réclamée par l'autre. *Les ouvriers ne peuvent échapper à l'arbitrage en quittant leur syndicat;* car ils doivent faire connaître leur intention de se retirer trois mois à l'avance.

Aujourd'hui la Nouvelle-Zélande est un pays sans grève. Les conditions du travail étant fixées pour une longue période, les propriétaires d'usines peuvent conclure des contrats à long terme en toute sécurité. Les conseils de conciliation sont des bureaux de réclama-

1. Il en est ainsi parce que les grèves, pour être moins fréquentes, sont mieux préparées et plus obstinées.

tions toujours ouverts, où la plainte de l'ouvrier est examinée avant que la querelle ne soit envenimée. Aussi la Cour a-t-elle rarement à se servir des pénalités dont elle dispose.

« D'ailleurs, disait un député néo-zélandais à M. Daniel Villard, la Cour n'est jamais *forcée* de punir la désobéissance. C'est une originalité de plus de notre loi très sage : le législateur n'a pas voulu que la Cour fût contrainte à sévir par ses propres arrêts. Elle a pu se tromper, rendre un jugement tel qu'un patron fermera son usine plutôt que de s'y conformer. — A la Cour d'examiner à nouveau l'arrêt dont les conséquences ne sont apparues qu'ensuite, et de rechercher, avant de punir, si l'obstination n'a pas son excuse. »

Cette loi pousse à la formation d'associations syndicales, aussi bien chez les ouvriers que chez les patrons. Elle engage les patrons à ne prendre que des ouvriers syndiqués et les ouvriers à travailler de préférence chez des patrons syndiqués.

« Les avantages obtenus par les syndicats pour leurs membres, dit un arrêt de la Cour d'arbitrage, ne le sont pas sans quelque dépense ; par conséquent, il n'est que juste — à la condition que l'accès au syndicat soit libre — de donner la préférence aux syndiqués. Tant pis pour les non-syndiqués, s'ils ne veulent pas payer la faible cotisation qui leur assurerait les mêmes avantages. » — Un autre arrêt de janvier 1900 invite « les ouvriers des industries, où préférence est donnée aux ouvriers syndiqués, à travailler de préférence chez des patrons syndiqués ».

Le Journal du Département du Travail de Willington publie tous les arrêts de la Cour. — On y remarque le souci de la plus grande justice, l'abandon des principes généraux et l'oubli des précédents. Chaque affaire est jugée en elle-même et dans un sens pratique et absolument loyal.

⁎

Comment pourrait-on imiter cette législation en

France, et quels sont les éléments qui distinguent notre situation de la situation de cet heureux pays « sans grèves » ?

D'abord, il faudrait qu'il existât en France des syndicats nombreux, puissants et responsables, voulant bien accepter cette responsabilité.

« La grande difficulté pour instituer aux États-Unis un arbitrage efficace, dit un rapport du gouvernement des États-Unis, c'est que les ouvriers n'ont pas encore formé des organisations assez fortes et assez stables, et que les patrons ne sont pas arrivés à cet état d'esprit qui leur ferait considérer l'organisation du travail comme un phénomène naturel et inévitable, et reconnaître franchement les syndicats comme la représentation légitime des classes ouvrières... Ce n'est que lorsque les patrons et les ouvriers sont complètement organisés que l'arbitrage donne les meilleurs résultats. En sorte qu'il est plus que probable que le développement de l'organisation du travail prépare la paix industrielle et non une guerre plus acharnée. »

Que pourrions-nous dire en France où il n'existe pas de syndicats, mais des squelettes de syndicats ?

Enfin il faudrait, pour qu'un jugement pût intervenir entre deux parties, que ces deux parties se présentassent avec des chances égales. Vit-on un cul-de-jatte se battre en duel avec un habile escrimeur ? — Et cependant ici c'est la faiblesse de l'un qui fait sa force. Si l'on décrète des sanctions pécuniaires, on voit bien le patron facilement frappé, pendant que le syndicat, indigent, est insaisissable. — Le syndicat se trouve dans la situation de ces êtres trop faibles qui insultent et qu'on ne peut frapper. Qu'il ne craigne donc pas de grandir et de se fortifier, pour se présenter, à partie égale, devant le patronat. Dirait-on qu'il redoute les responsabilités ? — Alors ce souci pourrait être taxé de lâcheté.

Pour remplir son rôle, tout son rôle, le syndicat doit

savoir endosser de redoutables responsabilités. —
Quand il aura à réfléchir à cette éventualité, les grèves,
dit-on, deviendront moins nombreuses. Mais elles seront, quand elles éclateront, plus sérieuses et mieux
fondées. Et d'ailleurs de cette diminuation des grèves,
il ne semble pas que le syndicat aurait à en souffrir.
L'ouvrier a intérêt à la prospérité de l'industrie qui le
fait vivre. Cela ne saurait être contesté par personne;
or l'industrie ne pourra qu'être favorisée par des périodes d'accalmie et de certitude dans l'avenir. L'industrie pourra ainsi se lancer, s'étendre et se reposer sur
des contrats à longue échéance. L'ouvrier sera le premier à profiter de ces bons effets de la paix sociale et
lorsqu'il réclamera une amélioration de son sort, on ne
pourra pas lui répondre qu'un état de crise ne concorde
pas avec la hausse des salaires.

Mais encore une fois, il faut que le syndicat soit sol-
vable et qu'à la responsabilité du patron basée sur les
bâtiments de l'usine, les machines et le crédit, il puisse
opposer une responsabilité qui lui permettra de traiter
d'égal à égal avec son patron.

En Nouvelle-Zélande, les amendes qui frappent les
syndicats ouvriers peuvent s'élever jusqu'à 12.500 francs,
celles qui frappent les ouvriers eux-mêmes jusqu'à
250 francs. Mais à ce prix les syndicats ne sont plus les
syndicats mendiants, qui réclament des faveurs et ne
peuvent faire valoir leurs droits; ils traitent à égalité
avec les chefs d'industrie, ils combattent à armes
égales et ils triomphent facilement devant le tribunal
arbitral, lorsqu'ils ont le bon droit pour eux. Et n'est-
ce pas le rôle des personnes sensées de n'engager des
procès que lorsqu'elles se croient sûres de la justice de
leur cause?

CHAPITRE IX

LES CONSEILS DE CONCILIATION.

Nécessité de prévenir les grèves. — Les conseils de conciliation. — Les quatre types de conseils.

S'il est utile d'arrêter les grèves et de mettre fin à ces luttes désastreuses par des traités de paix, il semble encore plus désirable d'éviter que les grèves puissent éclater — du moins, aussi fréquentes et aussi stupides — et de prévenir, en dissipant des malentendus, des luttes qui excitent patrons et ouvriers les uns contre les autres.

Les conseils de conciliation sont de date récente.

Jadis, sous le régime de la petite industrie, la fréquentation constante du patron par son ouvrier, leur vie presque égale, la légère différence de salaires que chacun d'eux prélevait sur le bénéfice du travail, étaient autant de motifs à la cordialité des rapports et à la pacification de l'atelier. D'ailleurs, la corporation servait de tribunal pour juger les différends.

Mais depuis que les corporations ont été supprimées et que la petite industrie familiale a disparu devant la grande industrie usinière, l'ère des conflits est venue ; patrons et ouvriers ne se sont plus connus, ne se sont plus compris : la haine même a pénétré dans leurs rapports, envenimant les moindres malentendus, grossissant les moindres querelles.

On a donc songé à rétablir les rapports directs entre l'employeur et l'employé, entre le patron et l'ouvrier.

Une grève survenue dans l'industrie de la bonneterie à Nottingham fut le prétexte d'un arbitrage. Le succès de cet arbitrage décida de l'établissement d'un conseil permanent de conciliation. L'auteur de cette idée fut un patron, M. Mundella.

Le conseil de conciliation prouve au patron et aux ouvriers que c'était faute de se connaître qu'on se jugeait défavorablement, il dissipe les préventions injustes et explique les malentendus, causes de tant de grèves meurtrières.

Mais si les grèves éclatent, malgré toutes les concessions faites pour les éviter, alors fonctionne le comité d'arbitrage, devant lequel sont portés les griefs des uns et des autres. Le conseil d'arbitrage est composé d'un nombre égal de membres choisis par les deux parties, il est présidé par un arbitre indépendant agréé par elles et qui remplira au besoin le rôle d'arbitre répartiteur.

C'est le triomphe de la sagesse raisonnée, se substituant à la force brutale et concluant une paix honorable, au lieu d'une simple trêve provenant de la lassitude des partis belligérants.

On distingue quatre types de conseils de conciliation et d'arbitrage :-

1° Ceux qui régissent toutes les industries d'une contrée;

2° Ceux qui régissent les différentes industries d'un seul centre industriel;

3° Ceux qui régissent une seule industrie s'exerçant dans toute une région;

4° Ceux qui régissent un seul établissement.

Les conseils à juridiction très étendue se trouvent dans les pays où des unions puissantes groupent la presque totalité des ouvriers d'une même industrie, comme l'Angleterre et l'Amérique.

Au premier type se rattache le conseil officiel d'arbitrage de l'État de Massachusetts, créé en 1886.

Le gouvernement nomme trois arbitres : un patron, un ouvrier, et un tiers-arbitre proposé par les deux premiers. Pour obtenir les bons offices de ce conseil, lock-out et grèves doivent préalablement être suspendus. Le conseil a le droit de citer des témoins, de leur faire prêter serment, d'exiger la production des livres. Si les parties refusent l'arbitrage, l'enquête peut être faite quand même pour dégager les torts. Les séances sont prbliques et les sentences publiées.

Du deuxième type dépend le conseil de conciliation de Londres, créé en 1889 par la chambre de commerce, à la suite de la grande grève des dockers, et composé de douze patrons et de douze ouvriers qui représentent les industries principales de la capitale. Chaque industrie d'ailleurs a son comité corporatif, mais lorsque les différends ne peuvent être tranchés par le comité corporatif, ils sont portés devant le conseil de conciliation, qui joue ainsi le rôle de Cour suprême.

Le troisième type est représenté par le conseil du Nord de l'Angleterre, composé d'un représentant des ouvriers et d'un représentant des patrons de chacune des usines de fer affiliées. Chaque usine a d'ailleurs son conseil qui représente le premier degré de la juridiction. Toute affaire non tranchée passe alors au conseil permanent qui est une délégation du grand conseil; enfin le conseil du Nord de l'Angleterre représente la souveraine juridiction, devant laquelle sont jugées les questions les plus délicates, débrouillées les causes les plus ardues.

Au quatrième type appartient le conseil de conciliation et d'arbitrage des charbonnages de Mariemont, créé en 1877 par M. Weiler, et composé de six délégués et de six suppléants de l'administration et de six délégués et de six suppléants des ouvriers, ces derniers désignés par un groupe de trente-six délégués choisis eux-mêmes par la généralité des ouvriers. Le conseil se réunit tous les mois. Il a à examiner les questions qui ont déjà passé devant les chambres d'explication de chaque groupe d'ouvriers et devant le bureau de conciliation qui est composé d'un représentant de l'administration, du représentant ouvrier effectif du groupe et de deux secrétaires représentant l'administration et les ouvriers.

Les résultats obtenus par ces divers tribunaux montrent que toujours les parties finissent par s'entendre et se font des concessions mutuelles, *quand on réussit à les mettre en présence*.

Et ici, il nous souvient de cette affirmation donnée à M. de Rousiers, dans son enquête en Angleterre, par M. Eli Bloor, magistrat verrier de Birmingham.

« Chaque fois, disait cet ouvrier, qu'une difficulté s'élève entre les patrons et nous, nous constituons spontanément un comité mixte, et, une fois en séance, nous nous disons :

« Maintenant l'affaire est entre nos mains, il dépend de nous que tous nos camarades soient privés de leur travail et de leur salaire pendant des semaines et des mois peut-être; il dépend de nous que l'industrie qui nous fait vivre courre pendant la même période un grave danger. — Si nous parvenons à nous entendre, nous éviterons ce malheur. *Eh bien! ne nous séparons pas avant d'être arrivés à nous entendre !* Et depuis vingt-cinq ans, ajoutait-il d'un air triomphant, nous y avons toujours réussi! »

Doit-on hésiter, après ce convaincant exemple, à prôner la conciliation et l'arbitrage et à y découvrir le gage suprême de la pacification sociale? La force patronale et la force ouvrière sont deux grandes puissances, dont les rapports peuvent être pacifiques et cordiaux; les grandes puissances entretiennent des ambassadeurs chargés d'atténuer les rancunes et de dissiper les malentendus. Ces ambassadeurs ici sont les délégués de ces chambres d'explication, où sont discutées les questions d'où dépend la paix de l'atelier.

TABLE DES MATIERES

Défauts constatés sur le document original